公共行政与公共管理
经　典　译　丛

"十三五"国家重点出版物出版规划项目

PUBLIC ADMINISTRATION AND PUBLIC MANAGEMENT CLASSICS

公共行政与公共管理经典译丛 经典教材系列

公共部门战略管理

[美] 保罗·C·纳特 (Paul C. Nutt)
罗伯特·W·巴可夫 (Robert W. Backoff) / 著

陈振明 等 / 译校

STRATEGIC MANAGEMENT OF PUBLIC AND THIRD SECTOR ORGANIZATIONS

A HANDBOOK FOR LEADERS

中国人民大学出版社
·北京·

"公共行政与公共管理经典译丛"
编辑委员会

总　序

在当今社会，政府行政体系与市场体系成为控制社会、影响社会的最大的两股力量。理论研究和实践经验表明，政府公共行政与公共管理体系在创造和提升国家竞争优势方面具有不可替代的作用。一个民主的、负责任的、有能力的、高效率的、透明的政府行政管理体系，无论是对经济的发展还是对整个社会的可持续发展都是不可或缺的。

公共行政与公共管理作为一门学科，诞生于 20 世纪初发达的资本主义国家，现已有上百年的历史。在中国，公共行政与公共管理仍是一个正在发展中的新兴学科，公共行政与公共管理的教育也处在探索和发展阶段。因此，广大教师、学生、公务员急需贴近实践、具有实际操作性、能系统培养其思考和解决实际问题能力的教材。我国公共行政与公共管理教育和学科的发展与繁荣，固然取决于多方面的努力，但一个重要的方面在于，我们要以开放的态度，了解、研究、学习和借鉴国外发达国家研究和实践的成果。另一方面，我国正在进行大规模的政府行政改革，致力于建立与社会主义市场经济相适应的公共行政与公共管理体制，这同样需要了解、研究、学习和借鉴发达国家在公共行政与公共管理方面的经验和教训。因此，无论是从我国公共行政与公共管理教育发展和学科建设的需要来看，还是从我国政府改革实践层面的需要来看，全面系统地引进公共行政与公共管理经典著作都是时代赋予我们的职责。

出于上述几方面的考虑，我们于世纪之交开启了大型丛书"公共行政与公共管理经典译丛"的翻译出版工作。自 2001 年 9 月本译丛首部著作《公共管理导论》出版以来，十五年间出版著作逾百种，影响了国内公共行政与公共管理领域无数的学习者和研究者，也得到了学界的广泛认可，先后被评为"十五""十一五""十二五""十三五"国家重点图书出版规划项目，成为国内公共行政与公共管理出版领域的知名品牌。

本译丛在策划之初分为"经典教材系列""公共管理实务系列""政府治理与改革系列""学术前沿系列"四个子系列，后来又增加了"案例系列""学术经典系列"两个子系列。在本译丛出版十五年后，为了更好地服务于国内公共行政与公共管理学科的发展，更方便读者查找译丛的相关图书，我们将译丛简化为"经典教材系列"和"学术前沿系列"两个子系列。"经典教材系列"图书出版的主要目的是满足国内公共行政与公共管理教育对教材和教学参考书的需求。这个系列所选教材的内容全面系统、简明通俗，涵盖公共行政与公共管理的主要知识领域，涉及公共行政与公共管理的一般理论、公共组织理论与管理、公共政策、公共财政与预算、公共部门人力资源管理、公共伦理学等。这些教材都是国外大学通用的公共行政与公共管理教科书，多次再版，其作者皆为该领域的知名学者，他们在自己的研究领域多次获奖，享有极高的声誉。"学术前沿系列"图书出版的主要目的则是介绍国外公共行政与公共管理学科的重要学术成果。这个系列选取学科发展历程中不同学术流派代表性人物的代表性著作，并持续介绍学科发展的最新研究成果。

2

总的来看，本译丛体现了三个特点：第一，系统性，基本涵盖了公共行政与公共管理学科的主要研究领域。第二，权威性，所选著作均是国外公共行政与公共管理大师或极具影响力的学者的代表作。第三，前沿性，反映了公共行政与公共管理研究领域最新的理论和学术主张。

在半个多世纪以前，公共行政大师罗伯特·达尔（Robert Dahl）在《公共行政学的三个问题》中曾这样讲道："从某一个国家的行政环境归纳出来的概论，不能立刻予以普遍化，或应用到另一个不同环境的行政管理上去。一个理论是否适用于另一个不同的场合，必须先把那个特殊场合加以研究之后才可以判定。"的确，在公共行政与公共管理领域，事实上并不存在放之四海而皆准的行政准则。立足于对中国特殊行政生态的了解，以开放的思想对待国际的经验，通过比较、鉴别和有选择的吸收，来发展中国自己的公共行政与公共管理理论，并积极致力于实践，探索具有中国特色的公共行政体制与公共管理模式，是中国公共行政与公共管理学科发展的现实选择。

本译丛的组织策划工作始于 1999 年底，我们成立了由国内外数十位知名专家学者组成的编辑委员会。当年 10 月，美国公共行政学会时任会长，同时也是本译丛编委的马克·霍哲教授访问中国行政管理学会，两国学会签署了交流合作协议，其中一项协议就是美国公共行政与公共管理领域著作在中国的翻译出版。2001 年，中国行政管理学会时任会长郭济先生率团参加美国公共行政学会第 61 届年会，其间，两国学会签署了新的合作协议，并再次提及已经启动的美国公共行政与公共管理领域知名学者代表作品在中国的翻译出版。可以说，本译丛是中美两国行政管理（公共行政）学会与公共管理学术界的交流合作在新阶段的重要成果。

在译丛的组织策划和翻译出版过程中，中国人民大学政府管理与改革研究中心、国务院发展研究中心东方公共管理综合研究所给予了大力的支持和帮助。我国的一些留美学者和国内外有关方面的专家学者参与了外文原著的推荐工作。中国人民大学、北京大学、清华大学、中山大学、复旦大学、厦门大学、武汉大学等高校许多该领域的专家学者参与了本译丛的翻译工作。在此，谨向他们表示敬意和衷心的感谢。

"公共行政与公共管理经典译丛"编辑委员会

译者序

纳特和巴可夫的《公共部门战略管理》是在美国较早出版的系统论述公共和第三部门战略管理的著作之一，自问世以来，在美国以及西方公共管理学界被广泛引用，被许多大学的 MPA（公共管理或公共行政硕士）及 MPP（公共政策硕士）等研究生专业用作教材或教学参考书，也被公共部门管理者当作战略管理实践的指南。该书在西方有着广泛的影响，称得上是公共部门战略管理领域的一本经典性教材。

作为一种新的研究途径或新的学科分支，公共部门的战略规划与战略管理兴起于 20 世纪 80 年代。它是作为"新公共管理运动"以及"（新）公共管理"范式的一个重要组成部分而出现，并受到了私人部门（工商企业）战略管理途径的深刻影响。传统的公共行政学以内部取向，关注行政过程和日常管理，文官（常务文官）被假定为仅仅是执行政治家（政务官）所制定的政策与法律，他们不必去考虑组织的外部环境、长远目标以及如何通过资源的优化配置去实现目标。因此，在传统的公共行政学中，战略思维是没有地位的，它很少考虑外部环境、长期目标或组织的未来一类的问题。

战略管理途径力图克服传统公共行政学的这些局限性，着眼于处于与外部环境发生相互作用的组织，系统考虑组织的未来远景、长期目标和近期目标，将关注的焦点由内部转向外部，从注重日常管理转向组织未来的发展管理。用纳特和巴可夫在本书中的话来说，"战略为组织提供方向，从而降低它所面临的不确定性"；"组织通过制定战略行动的计划、计谋、模式、定位和观念，将战略用于创造焦点、一致性和组织的目的"。波兹曼和斯特劳斯曼在《公共管理战略》一书中则认为，战略包含着处理组织的外部环境、使命和目标，战略管理途径有三个主要的特征，即界定目标和目的，提出一个能协调组织与环境的行动计划，设计有效的执行方法。① 而且，公共战略管理是具有如下四个基本特征的管理：(1) 关注长期；(2) 将长期目标和近期目标整合成一个连贯的层级；(3) 认识到战略管理和计划并不是自行贯彻的；(4) 采取一种外部观点，强调不是去适应环境，而是期待和塑造组织的变迁（这一点是最重要的）。此外，战略性的公共管理必须充分认识到政治权威的影响。②

公共部门战略管理途径的兴起与私人部门战略管理模式的示范性影响分不开。"战略"一词来源于军事领域，第二次世界大战后被逐步引入工商管理领域，最终发展成为一种新的管理研究途径或新学科分支。20 世纪 60 年代兴起的战略规划是战略管理的先导［加拿大著名的管理学家亨利·明茨伯格（Herry Mintzberg）在《战略规划的衰落与兴起》一文中说战略规划兴起于 60 年代中期］；到了 80 年代，战略规划衰落，代之而起的是战略管理。按照美国学者安索夫（Igor H. Ansoff）在《新公司战略》(1988) 一书中的说法，战略计划与战略管理的区别在于，前者的焦点是制定最优战略决策，而后者的焦点是关注产生新的战略结果——新市场、新产品和新技术。③ 战略规划是一个专门的部门制定的，而战略管理涉及所有组织部门，它更综合，将战略扩展到所有组织单位。战略管理包含了战略规划，但它更关注战略的执行，关注整合组织的力量去实现战略目标，而且规划或计划的制定不再是一个特殊部门的活动，而是全部管理者的责任。战略规划和战略管理途径的兴起使一般的组织与管理理论的研究焦点转移，即从过去关注内部管理机制和过程转向关注战略和商业政策；它对管理教育尤其是 MBA 教育也产生了重大影响，战略管理（或公司战略）和商业政策一类的课程成为 MBA 的核心课程（这与当时的全美商学院联合会的提倡和引导是分不开的）；20 世纪 70—80 年代许多商学院（School of Business Administration）纷纷更名为"管理学院"（Management School），据说这也与战略管理途径的兴起密切相关。

在私人部门战略规划和战略模式的示范性影响之下，公共部门战略规划和战略管理途径也随之兴起。按照休斯（Owen E. Hughes）在《公共管理与行政》一书中的说法，公共部门战略规划途径兴起于 80 年代初，比私人部门战略规划途径的兴起晚了十余年；而公共部门战略管理途径的采用比私人部门仅仅晚了几年。④ 20 世纪 80 年代末 90 年代初，在公共部门管理领域出现了首批论述公共和第三部门（非营利组织）战略管理的著作或教科书。最早较系统讨论公共部门战略管理的著作要算加州旧金山的 Jossey-Bass 出版社出版的"公共行政系列丛书"中的两本书，即波兹曼和斯特劳斯曼的《公共管理战略》(1990 年) 和纳特、巴可夫的《公共部门

①② Barry Bozeman and Jeffrey D. Straussman, *Public Management Strategies*. San Francisco: Jossey－Bass Publishers, 1990, p. 54, pp. 29－30.

③ Igor H. Ansoff, *The New Corporate Strategy*. New York: John Wiley, 1988, p. 235.

④ Owen E. Hughes, *Public Management and Administration* (2nd. ed). Macmillan Press Ltd. 1998, p. 152.

战略管理》（1992 年）。该丛书还收进了一本后来很有影响的论公共部门战略规划的著作，即布赖森的《公共组织和非营利组织的战略规划》（1988 年）。① 尽管纳特和巴可夫的书比波兹曼和斯特劳斯曼的书晚出了两年，但是从系统性和作为教科书的用途而言，前者比后者显然要更好、更合适一些。

《公共部门战略管理》一书是作为公共部门管理者的实践指南和作为公共管理的学生尤其是 MPA 及 MPP 学生的入门教科书或教学参考书而编写的。有如作者在"序言"中所说，该书有两种用途，即既可以作为培训未来的战略管理者（领导者和推动者）的学术材料和工作手册，又可以作为战略管理的入门教科书或教学参考书。本书通过战略管理理论和方法的介绍，为战略管理者提供实施战略管理的有效途径，并为学生们提供公共管理尤其是战略管理方面的知识准备。在纳特和巴可夫看来，战略管理是由推动者和领导者发起和实施的。推动者通过提供指导和方向来帮助组织发起战略过程，本书列出战略管理的程序与技术，可供推动者传授给其客户使用；战略领导者或管理者对战略过程负责，全书提供相关的知识和真知灼见，让战略领导者发起战略过程，并使它朝预定的方向发展。

《公共部门战略管理》一书的基本内容、特点及优点表现在如下几个方面：

首先，它较系统、全面地探讨了公共和第三部门战略管理概念、理论、方法及技术，既重视内容分析，解决战略管理"是什么"方面的问题，又重视过程分析，解决"如何"进行战略管理的问题。该书建立起一个较为完整的公共部门战略管理的理论体系。全书由 5 篇（15 章）、一个结论和两个附录所组成。

第 1 篇可以说是本书的导论，讨论公共和第三部门战略管理的重要性以及公共和第三部门组织对战略管理的特殊要求。作者先通过几个公共和第三部门组织被迫进行改革的案例，说明当代公共部门组织所面临的挑战而迫切需要战略思维和战略管理（第 1 章）；然后，将私人部门与公共和第三部门进行比较，指出公共和第三部门组织因其特殊性而需要一种不同于私人部门的战略管理模式（第 2 章）。

第 2 篇是战略管理的内容分析，主要讨论战略的起源、性质、用途、种类以及战略行动（第 3 章）；公共和第三部门组织如何应用战略管理（第 4 章）；战略管理中的问题议程及问题张力概念以及如何用这一概念框架来准备和发起战略管理（第 5 章）。

第 3 篇是战略管理过程分析。涉及战略管理过程的基本理念、战略过程中的角色以及如何构造战略问题议程（第 6 章）；战略过程的六大环节、阶段或步骤——历史背景、形势评估、问题议程、备选战略、可行性评估和战略实施（第 7 章），以及如何将战略过程的各环节结合起来，形成战略管理的各种途径与方法（第 8 章）。

第 4 篇是技术篇，讨论战略管理过程中所需要的各种方法和技术。作者认为，

① John M. Bryson, *Strategic Planning for Public and Non-Profit Organizations*. San Fracisco: Jossey-Bass.

战略过程的六个环节或阶段都包含有搜寻、综合和选择三个步骤或三种活动——搜寻是为了获取知识和思想，综合用以揭示模式，选择旨在辨识优先行动。因此，本篇分别讨论搜寻的技术（第9章）、综合的技术（第10章）和选择的技术（第11章），以及如何根据不同的战略类型来选择和组合这些技术（第12章）。

第5篇是案例分析篇，讨论实践中的战略管理。在第13、14、15章中，作者从其咨询实践中选取了一个精神卫生中心、一个县图书馆和一个州儿童服务机构三个案例进行分析，说明如何将战略管理的概念、程序和技术应用于实际的战略管理过程之中。用作者自己的话来说，"每个案例都详细地介绍组织的历史、促使变革发生的事件及其后果"，"每个案例都具体说明本书所提出的概念和如何应用于战略管理过程，所产生的战略及其对组织所产生的影响"。

结论（"组织转型的战略"）对战略管理的理论和过程进行归纳，提出战略管理的一般原则以及展望战略管理的未来。作者认为，这些战略管理原则来自于公共和第三部门组织的特定要求，可以有效地用以指导公共部门的战略管理实践。此外，该书还有两个附录，为战略管理者提供进行战略管理所需要的表格、工作清单和其他资料。

其次，本书立足于公共和第三部门组织的背景以及公共管理实践，提出了一整套符合公共和第三部门特点以及适应公共管理实践需要的战略管理理论。公共部门管理历来有借鉴私人部门管理的理论、方法和模式的传统。但在这一过程中，却往往存在照搬照套的倾向。公共部门的战略管理途径的发展中同样存在这一问题，将一般的组织与管理特别是私人部门管理所发展出来的战略管理模式套用到公共部门的战略管理上。纳特和巴可夫认为，现在公共部门使用的许多战略管理方法——如果不是全部的话——最初都是私人部门发展出来并为私人部门所使用的。这些嫁接的方法，有的成功了，有的则失败了。目前私人部门所发展起来的战略管理方法和模式已经误导了公共部门的战略管理。公共部门有其自身的特征（尤其是具有"公共性"这一本质特征）和需要，"正是这些特征使得一些适用于私人部门的战略管理方法不能搬到具有公共背景的组织中去，否则，就可能误导这些组织。公共背景的特殊性可以帮助我们确定哪些是有用的实践方法，并为整合我们所提出的战略管理新思想和新方法提供了基础"。尽管纳特和巴可夫在本书中仍借用或汲取了私人部门所发展起来的许多概念和方法，但它们是与公共及第三部门的背景有机地结合在一起的。的确，《公共部门战略管理》称得上是一本名副其实的公共部门战略管理著作。

再次，本书将理论与实践密切结合，具有强烈的实践性、应用性和现实性。纳特和巴可夫是依据自己的战略管理咨询经验来写作本书的，本书建立在作者帮助美国联邦、州、市和县的政府机构和第三部门组织进行战略管理咨询的实践经验基础上，用了大量的实际案例来说明问题，涉及的机构有历史学会，志愿者组织（如联合劝募协会），日托中心，全国肾脏基金会，公路安全计划，大学的系、学院和行政机构，消防署和警察署，大学管理委员会、董事会和受托者委员会，就业服务处，自然资源部，青少年犯罪预防处，青少年服务和矫正计划，工商业促进会，公园和娱乐服务处，心理咨询机构，等等。本书一开始就用了全国防止暴力攻击中心、州历史学会、州劳工赔偿管理局和县图书馆四个单位面临的挑战及困境来说明战略管理在公共和第三部门中的极端重要性；书中的相关概念、理论和方法都用大量的实际例子来说明；书中的第 5 篇则详细解剖了三个案例，说明如何具体地将战略管理的程序和技术应用于实际的战略管理过程中；附录还提供了战略管理实践中常用的表格、工作清单和其他有用的资料。本书实际上是一本关于公共部门战略管理的工作手册或实用指南，既对公共部门的管理者从事战略管理具有指导作用，也为公共管理专业的学生们提供了丰富的战略管理案例及经验。

最后，本书具有一系列理论创新。由于立足于公共和第三部门组织背景之上并以作者自己的战略管理咨询实践为基础，再加上作者的理论洞察力，本书具有大量的创新性观点。作者自己在"序言"中已有所列举。这些创新之点包括：提出"历史背景"概念以检验塑造组织的各种力量；用"理想"概念取代难以辨认且往往有争论的"目标"概念，以更好地统一对组织的远景或未来的认识；提出"问题议程"及"问题张力"概念以更积极主动地发起战略管理过程；分析了公共部门战略管理过程的程序，指明战略管理或战略行动的途径；说明战略制定（规划）和执行的具体方法和技术；等等。由此可见，《公共部门战略管理》是一本有相当高的学术水平的著作。

公共部门战略管理途径的兴起是全球化、信息化和知识经济时代发展特别是当代政府改革运动的产物，它是由传统的公共行政范式向（新）公共管理（或"管理主义"）范式转变的一个重要组成部分。作为一种新的管理途径或思维方式，战略管理日益受到公共部门管理者的重视。在当代西方的政府改革（新公共管理运动、重塑政府运动、管理主义改革等）背景下，公共部门尤其是政府的职能、角色、地位、组织结构及其与社会的关系都发生了深刻的变化，公共机构经常面临重组、合并和私有化的威胁，并被置于与私人部门竞争来提供公共物品及服务的境地。因此，任何公共部门都再也不能像过去那样对自身的生存、发展和未来高枕无忧了。考虑组织所面临的环境（优势、劣势、机遇和威胁），考虑组织的长远发展目标和未来，提高自身竞争力成为公共部门管理者最基本的管理任务及内容。公共部门管理者需要战略思想，这正是公共部门战略管理途径兴起的现实原因。在我国，随着市场经济的发展和行政体制改革深化以及政府职能的转变，我国的公共管理者与西方的公共管理者面临着某些类似的困境，我国的公共管理迫切呼唤战略思维。

在公共管理教育领域，自从 20 世纪 90 年代以来，战略管理成为西方尤其是美国大学 MPA 及 MPP 等研究生教育的一个重要课程领域（核心课程或必修课程）。例如近几年哈佛大学肯尼迪政府学院的 MPP 项目中，"公共组织的战略管理"与"市场与市场失败""公共政策的经济学分析""量化分析和经验方法""公共行动的责任""公共部门组织的财政管理"等课一起，并列为 MPP 的核心课程。而在我国，尽管在工商管理教育尤其是 MBA 教育中，战略管理早已成为一门重要课程（学位课或必修课），但在公共管理教育特别是行政管理研究生以及 MPA 专业学位研究生教育中，战略管理课程的重要性并未被人们所认识，除了极少数学校（如厦门大学）之外，我国大部分院校的公共管理尤其行政管理专业研究生及本科生都没有设置"公共部门战略管理"一类的课程。中国公共管理研究生教育尤其是 MPA 专业学位教育呼唤"公共部门战略管理"课程及教材。这也正是我们翻译本书的初衷。

　　本书的翻译任务由厦门大学公共管理中心承担，陈振明组织本书的翻译并负责统校工作。各章节的分工是：陈振明，序言、致谢和作者简介；伍满桂，第 1、2篇；王蔚，第 3 篇；黄秀兰，第 4 篇；孟华，第 5 篇、结论和附录。另外，伍满桂协助陈振明做了部分的校译工作。鉴于译者的水平所限、翻译时间仓促等原因，本书难免有错漏、不准确之处，敬请读者批评指正！

陈振明

作者介绍

保罗·C·纳特（Paul C. Nutt）系俄亥俄州立大学商学院管理学退休教授。他主要在管理科学系任教，并在公共政策与管理学院、管理与人力资源系兼职，他也是该校医学与工程学院的教师。纳特曾获得密歇根大学的工业和运作工程学士学位（1962年）和硕士学位（1963年），并获得威斯康星-麦迪逊大学的工业工程博士学位（1974年）。他是注册的职业工程师。

他的主要研究和咨询领域是战略管理和决策（描述性和规范性研究）。在到俄亥俄州立大学任教以前，他曾在几家公司（Elil-illy，TRW 和 Eastman Kodak 等）工作过，并当过独立的咨询师。他的工作经历也包括按联邦合同为政府机构进行非营利协会的开发和运营。

纳特是许多组织的顾问，包括国家科学基金会、国家卫生基金会、国立卫生研究院、几个州政府和许多私人和非营利组织。他也在几个全国和国际的专业学会中活动，并且是一个受人欢迎的演讲者。他发表论文 150 余篇，出版著作多部，其中包括《困境中的决策》（1989 年）和《管理预定的变革》。纳特曾担任1992—1993 年美国管理学会公共与非营利组织分会的项目主席。

罗伯特·W·巴可夫（Robert W. Backoff）是俄亥俄州立大学公共政策与管理学院和政治科学系的教授。他获得了伊利诺伊大学的政治学荣誉学士学位（1960 年）、约翰·霍普金斯大学的国际关系硕士学位（1967 年）和印第安纳大学的政治学博士学位（1974 年）。

巴可夫的研究与咨询活动集中在公共和非营利组织的战略计

划及其应用领域。巴可夫已在许多联邦、州和地方政府机构（包括美国政府审计办公室和退伍军人管理局医疗中心以及大量的非营利组织）担任顾问。他与人合著了许多本书，独撰或与他人合撰了不少关于战略计划方面的论文，有的发表在《美国计划学会杂志》和《公共行政评论》上。1990 年，他和纳特合写的《组织的公共性及其对于战略管理的内涵》一文获得美国管理学会颁发的"查尔斯·H·列文最佳论文奖"。

巴可夫曾于 1989—1990 年担任美国管理学会公共与非营利组织分会主席。

公共和第三部门组织的战略管理经常向那些想当战略领导者的管理者们提出"什么"和"如何"的问题。"什么"的问题涉及内容。战略领导者想了解战略是什么样的，以及如何用它来影响组织的变革。"如何"的问题涉及过程。战略领导者同样关心如何形成一种战略和如何使它为组织所用。本书探讨这些问题，并为战略领导者和推动者（facilitator）提供一条实施战略过程的途径。

本书的读者

本书为两种使用者而写。战略管理是由推动者和领导者所实施的。推动者通过提供指导和方向来帮助组织发起战略管理过程。在某些场合中，这种指导仅仅是告知组织的领导者应该做什么。但是，我们并不赞成这种立场。我们信奉这样一句中国古话："授人以鱼，不如授人以渔"。本书列出了与战略管理相关的程序和技术，那些想帮助组织制定战略并试图培训组织成员继续推行战略管理过程的推动者，可以将这些程序和技术传授给他们的客户，从而使他们在战略上变得更加积极主动。

《公共部门战略管理》一书对于战略领导者具有特别重要的意义。我们鼓励任何希望影响组织变革或负有此责任的人士考虑变成战略领导者。为了变成战略领导者，管理者必须对战略过程负责，将本书提出的过程和技术加以改造以适合自己的需要。本书提供了相关的知识和洞见，让战略领导者发起战略过程，并使它朝预定的方向发展。控制良好的组织的战略管理是一个连续的过程。通过将战略上的关注与组织正在从事的活动相结合，我们为那些想采取战略行动的管理者提供了若干种方法或途径。

本书的用途

《公共部门战略管理》一书有两种用途。首先，它可以作为培训未来的战略推动者和领导者的学术材料；其次，实际的战略推动者和管理者可以将它作为一本手册来使用，以厘清他们自己关于战略管理的内容和过程方面的知识。

本书可用作战略管理的入门教科书，也可以作为关于战略管理的课程的辅助读物。这种课程的焦点应是如何均衡地对待战略管理，根据组织公共性程度的不同而加以具体考虑；这种课程也可以将焦点集中于讨论公共和第三部门组织的战略管理。第二种课程在许多学科专业（包括商业管理、公共行政、城市事务、政治科学、卫生行政、护理、药学、艺术管理、建筑学、城市规划等）中被讲授。

本书的案例取自于我们帮助联邦、州、市和县政府机构和第三部门组织的管理者进行战略管理的实际咨询经验，涉及的组织或人物有历史学会，志愿者组织（如联合劝募协会），日托中心，全国肾脏基金会，公路安全计划，大学的系、学院和行政机构，儿童照料服务部，消防署和警察署，大学管理委员会、董事会和受托者委员会，就业服务处，自然资源部，青少年犯罪预防处，青少年服务和矫正计划，工商业促进会，公园和娱乐服务处，以及心理咨询服务机构等。本书对学生特别有吸引力，因为通过对书中所描述的案例和经验的学习，他们能够做出有用的职业评价。

本书是为公共和第三部门的组织而编写的，因为私人部门的方法已经误导了这些组织。为营利组织而提出的战略管理思想在用于公共和第三部门组织中时，至少要求视角的转移并完全抛弃某些观念。例如，成本最小化对于交响乐团来说意义不大。医院追求利润与为穷人治病和提高服务质量的目标相冲突。本书考虑公共和第三部门组织的独特需要，并将这些需要整合到我们所提出的公共和第三部门组织的战略管理途径之中。

创新特征

我们提出了大量关于战略发展的新思想，它们扩展了现有的理论，并为观察者提供了在环境动荡的形势下预测未来的各种方法。这些思想和概念已经在我们的咨询实践中得到了成功的检验。

第一，我们引入了"历史背景"（historical context）概念，以检验塑造组织的种种力量。这种评估确定了各种可能背离组织"理想"的"方向"。方向和理想及其统一是新的概念。我们发现，每一概念都提供了新见，并清除了那些经常让战略领导者苦恼的含糊不清的观念。例如，许多战略过程要求对反映了意图的目标做出抽象的陈述。众所周知，在公共和第三部门组织中，目标是难以辨认且往往是有争议的，而理想则较容易说明，并较少引起争议，因为它们涉及诸如服务对象、所提供的服务、所要求的人物和维护组织正在为之奋斗的目标等方面的细节。

第二，我们构造能够抓住战略管理者注意力的"问题议程"。我们用"议题张力"（issue tension）概念来说明同时在两个不同方向推拉着许多公共和第三部门组织的相反力量。我们将这些议题张力划分成两种类型，以指出公平、转变和保存的价值是如何可能被忽略和避开的。组织的领导者必须认识这种价值，以便"解冻"他们的组织，准备对组织进行变革。将议题当作"张力"来处理，使这些冲突明朗化，并鼓励双赢的解决办法。

第三，我们提出一种方法来导出关于议题张力与战略行动如何相关的共识。这些关系提供了思想发展和执行方面的真知灼见。

第四，与许多其他的战略途径不同，我们为战略领导者提供了采取战略行动的方法。为了取得成功，战略管理必须既包括战略（思想）的规划，又包括战略的实施。

第五，我们表明领导者怎样才能制定战略。如果一个领导者能为组织带来一种远景（vision），或通过关键人物的共同努力而创造一种远景，或者回应那些据说有某些构成远景成分的变化要求，那么，他就是成功的。战略是作为战略领导者与组织的利益相关者和选民一起"走向远景"而被实施的。

第六，我们判明组织的转变是怎样出现的——在其中，新的服务、客户和人物被查明，并且可以被塑造成为一种战略。最后，我们界定一种"共生者战略"（mutualist strategy）——在这种战略中，动荡环境的管理是通过发展各种合作关系来实现的，并表明这种战略是如何增加转变的前景。

内容概述

本书由 15 章、结论和两个为战略管理者提供工作清单的附录所构成。读者可以从本书获得战略管理过程定向教育的一揽子资料。本书共分为 5 篇。第 1 篇说明为什么需要进行战略管理。第 1 章根据战略管理者所面临的两难困境，指出战略管理的挑战，并提出他们应如何做出反应的建议。第 2 章对公共和第三部门与私人部门进行了区分，说明了这种类型的组织采取战略行动的独特需要，从而扩展了第 1 章的论证。

在第 2 篇中，根据战略的历史和现在的文献，我们讨论战略管理的概念和原则。第 3 章追溯战略思想的起源，概述战略管理的类型并说明组织如何应用每种战略管理类型。第4章扩展这些思想，并提出一些可用于公共和第三部门组织的新思想。这一章也总结出一些本书赖以建立的战略管理方法，并对那些易受战略行动影响和不易受战略行动影响的组织类型加以辨别。本章还提供了一个框架，以帮助对作为张力的议题加以分类。被表述为张力的议题显示出组织的核心价值，它将那些受到战略管理者关注的价值与未被关注的价值加以区分。那些被系统地排除了的价值可能成为行动的障碍。

第3篇展示战略管理过程。第6章弄清关键的过程考虑因素、在这一过程中各方的角色和如何将指导战略行动的搜寻的张力构建为议题。第7章描述过程的每个阶段，包括阶段内活动的细节，并提供来自于我们的咨询实践的例证。第8章说明如何对这一过程加以裁剪以适合一天的休假会议，以及推动者如何帮助组织发起战略管理，并使它能够实施持续性战略管理。

第4篇提供各种可用于搜集、整理和筛选每一阶段所需信息的技术。第9章提供帮助搜集信息的技术。第10章提供在这些信息中梳理出模式与主题的技术。第11章提供在每个阶段中出现的各种选择方案，确定优先性的技术。第12章表明如何在这些技术中做出选择以形成特殊类型的战略。

第5篇说明实践中的战略。第13、14、15章提供了取之于我们的咨询实践的三个案例，它们分别描述了一个精神卫生中心、一个县图书馆和一个州的儿童服务机构的战略管理。通过每个案例具体说明本书所提出的概念和如何应用战略管理过程、所产生的战略及其对组织产生的影响。我们选择这几个案例来说明第三部门组织、县和州政府的战略管理。精神卫生的案例提供了有关程序的许多细节，指出所应用的技术和形式、如何应用每种技术以及所获得的信息量。其他的案例也表明所从事的活动，但程序上没有讨论得如此详细。结论讨论战略管理的原则——它们总结了组织领导者为创造组织转变所必须知道的知识。我们相信，组织是在领导者与主要的利益相关者的"对话"（conversation）中形成的。我们所提出的战略原则有助于有效地促成这些"对话"。而有关使转变更有可能的领导原则是我们正在研究的和将要继续研究的书的主题。

本书的使用

本书的素材可加以剪裁而适合于不同的用法及使用者。那些想大致了解如何进行战略管理的战略领导者可以阅读第1、6、8章和结论。浏览这些章节能获得在战略上变得更加积极主动所需的工作知识。对这类使用者来说，为强化所获得的这些思想，评述第5篇中的一个与其组织最相似的案例也将获益匪浅。推动者应在上述内容之外，加上第4篇各章——它们把重点放在战略过程的展开上，并为推动者提供各种技术，以满足他们所遇到情况的需要。

教师可以将本书作为几种类型课程的教科书。可以通过介绍第1、2、3篇来理解战略管理概念；也可以替代地采用"亲自实践"的方法——与第3篇和第1章的简介一起，指定一个案例和使用第 4 篇中所强调的技术；或者通过使用一个或更多的案例来说明战略和战略变化的性质而强调战略内容。

许多其他的组合也是可能的。我们鼓励本书的使用者组成适合其需要的材料。我们对您所采用的材料及其结果感兴趣。请与我们联系，欢迎就本书以及如何改进它展开交流。我们也有完整的案例说明材料，我们会高兴地与将本书用作教材的使用者共享这些信息。

保罗·C·纳特
罗伯特·W·巴可夫
于俄亥俄州哥伦布市

致 谢

　　我们要对许多人表示感谢，他们的思想为我们提供了借鉴，并让我们在他们的组织中验证我们的思想。我们衷心感谢战略管理文献的作者们，他们的思想为我们建立本书的理论体系奠定了坚实的基础。马丁·詹金斯（Martin Jenkins）提出了书中的许多真知灼见；我们也感谢马蒂（Marty）为本书所做出的贡献。我们的客户是本书主要的激励和帮助来源，因为他们让我们进行思想实验，并提出了许多有益的批评意见。苏塞·辛达尔（Suse Cindar）和史蒂文·米斯（Steven Meese）打印并编辑了本书的文稿，我们真诚地感激他们在繁杂的本职工作之余所提供的帮助，以及卓有成效的工作。我们将本书献给我们的家人——他们是我们的生活中真正重要的人。

保罗·C·纳特
罗伯特·W·巴可夫
于俄亥俄州哥伦布市

目　录

第 3 篇　战略管理过程

第 4 篇　有效的支持技术

第 5 篇　战略实践：三个案例

第
1
篇

公共和非营利部门中
战略的重要性

　　第1篇将论述公共和第三部门组织实行战略管理的必要性。在第1章中，我们首先指出战略给组织领导者所带来的挑战以及这些领导者在采取战略时所面临的困境，然后概述领导者在应对这些挑战和困境时可以采取的战略管理过程。在第2章中，我们将这些论述加以扩展，将私人组织对战略管理的需要与公共和第三部门组织对它的需要做细致的区分。

第1章

实行战略管理的必要性

本章将描述那些促使公共和第三部门（私人非营利）组织的
领导者进行组织变革以重新注入活力的一些问题和困难（con-
cerns and difficulties）。本章提到了最近出现的一些使变革成为
必要的新情况。我们根据自身的经验来说明最终引发了行动的诸
种问题和这些问题出现的原因。在这个大背景下，我们来探讨组
织实行战略变革（strategic change）的各种动机以及组织如何通
过我们所说的"战略管理"来实行战略变革。领导者用战略管理
来调整组织的方向以使其与组织的目标相符。这种调整通常在顾
客、服务、程序和政策等有了新的需要并被付诸实践时产生。

1.1 一些面临困境的组织

为了将战略管理带来的挑战引入话题，我们举几个公共和第
三部门组织被迫进行改革的案例。虽然我们隐匿了组织和其中主
要人物的名称，但所有案例都是真实的。我们之所以隐匿了他们
的真实姓名，是因为我们曾向他们如此承诺过。这些案例在失败
的程度、行动的迫切程度和问题产生的根源上都互不相同，但每
个组织都能够在某种程度上实行战略管理以应对动荡环境的变革
要求。

全国防止暴力袭击中心

全国防止暴力袭击中心（National Center for Assault Prevention/NCAP）最初是由地方上一群反对强奸的妇女发起。经常发生的强奸事件和它的严重后果促使一群关注此事的妇女成立一个组织，以寻求对一些相关教育项目的支持。这个组织成功地获得了多个基金会和它所在城市、州的赞助，并发起了一系列反响良好的教育项目。

随着组织资金的日益充足，它的项目越办越多，并推广到全国。全国范围内的推广又使得该组织加大了项目开发的力度，拓宽了教育项目的种类。在它所开发的项目中，暴力袭击的种类扩大到了包括家庭暴力和针对儿童的犯罪。

NCAP 的全国分支机构以及它们对前景的要求，导致 NCAP 发生了许多变化。它们成立了一个监事会以显示组织的正当性。一些公众越来越广泛关注的问题，如虐待儿童等，也成为该组织项目的内容并且得到了部分监事会成员的有力支持。不仅如此，监事会还组织了新的利益团体并且得到了公众的认同，从而形成了对其他项目的诉求。与此同时，对教育系统的关注逐渐取代了 NCAP 的防止强奸及其相应的教育项目。

NCAP 的创始人和一些监事会成员间开始出现意见分歧。他们各自关注不同的虐待形式，主张以自己所关注的问题作为组织优先关注的对象，并对这些问题提出了截然不同的解决途径。一部分女权主义者要求 NCAP 优先关注与强奸有关的问题，一些妇女则支持关注虐待儿童项目。在这两者中间，NCAP 必须选择一个方向。但两班人马互相争论，都不愿妥协。由于这两部分人主张组织选择不同的目标团体和项目，组织的优先关注对象和方向问题便成了争论的焦点。

NCAP 既不能解散它的监事会，也不能在不损害其资金募集能力的前提下变更监事会成员。监事会的每个成员都负有帮助募集资金的义务，他们接近某些组织并举行一些特别的活动以达此目标。NCAP 的执行官清醒地认识到，捐款者只会将钱捐给那些有形的、能将需要帮助的人群细分出来的项目。为了得到公司的捐款，就必须向他们清楚地阐述那些陷入困境的人的迫切需要。女权主义者和倡导儿童权益的两班人马间的冲突妨碍了该组织赖以生存的资金募集活动，因此，必须设法控制这一冲突。某些心情不悦的监事会成员以公司内部的骚乱为由拒绝了许多现有的公司捐款人。NCAP 面临着将监事会成员融入组织创立者所设立的传统中去的难题，在将确定公司方向的权力移交给监事会之前，这项工作显得尤为重要。

NCAP 正在努力探索重新定义其使命的途径以解决内部出现的优先目标团体之争。该组织的执行官认为，他们必须向旧的管理模式注入活力，并设计出一种新的管理模式，以确保组织能够继续生存下去。

州历史协会

我们曾向一个州历史协会（State History Association）提供过咨询服务。该历史协会的董事会有 12 名成员，各成员由州长指定并定期更换。董事会负责监督执行官及另外 7 名高级职业管理者。协会的主要工作有：管理州历史博物馆，该馆藏有具有历史意义的档案和文物；经营几个较小的博物馆和有历史纪念意义的公园；

支持地方社区的历史协会、与本州的历史有关的重要项目和活动；经营一个拓荒者村（pioneer village），这个村保存了一些在历史上有重要影响的建筑，并且将该州曾经发生的一些重大历史事件编成戏剧演出。

许多志愿者团体为该协会项目的实施提供了协助，他们为该协会一些重要的项目投入大量人力。当在有历史意义的地方举行活动时，志愿者们往往提供了所需的大部分人力。这些免费的人力成了这些活动和项目得以举行的不可或缺的条件。

执行官经常为处理来自志愿者和董事会两方面的要求发愁，当董事会和志愿者的要求不一致而且都不愿妥协时，问题会变得更加棘手。更麻烦的是，董事会每年都会更换三分之一的成员，为了使新来的董事们的工作步入正轨，每年都得在教育工作上花费不少精力。

一次，在对新来的董事们进行年度教育时，其中一位代表工商企业的董事问协会为什么不能"像企业一样"对工作加以计划，并且说愿意帮助开展这项工作。不幸的是，该协会上次执行的计划完全失败了，现在都还没有完全从其阴影中走出来。上次制订计划时，各位雇员在如何确定协会工作的侧重点方面产生了激烈的冲突，他们为了保护自己的利益，陷入了没完没了的争论之中。各方都拉拢了一些董事来支持自己的项目、责任范围和预算方案，并形成了数个派别，进而出现了一种僵持局面，使得协会早先投入了大量时间和金钱的一个计划难以付诸实施。

执行官认为，开展计划工作固然是一件好事，但是，如果还要像上次那样没完没了地争论并最终以失败告终，他宁可不要计划。执行官正在计划为期两天的董事会新成员年度教育会议。那位建议开展计划工作的新董事希望在这次会议上发动战略管理，并且已经为此雇用了一个推动者。执行官看来是不得不照办了。

州劳工赔偿管理局

我们曾向一个州劳工赔偿管理局（State Bureau of Worker's Compensation）提供过咨询服务。该局负责管理一个处理劳工工伤赔偿申请的系统。该局依据法律条文，在审查治疗建议书后决定是否给予工伤赔偿。正如许多其他州的劳工赔偿管理局一样，该局与雇主们结成了伙伴关系。雇主可以向州基金付款，也可以自己买保险，州则像保险商一样，从基金中付款给那些合格的赔偿申请者。少数雇主是自己买保险的，当他们单位中有人提出赔偿申请时，其处理方式和其他的申请一样。

这个机构采用典型的输入—处理—输出系统处理自己的业务。个体提出申请，该局依据法律条文提出建议。当申请得到批准后，他们则开出一张支票给申请者以偿付其药物治疗和康复的开支。当申请者不满该局所做的决定时，他们可以上诉到另一机构的一个委员会，该机构将就此举行正式的听证，律师和州有关官员出席听证并做出裁决。

长期以来，该局一直是大众批判的对象。批评者认为该局对申请的久拖不决使申请者不得不等很长时间才能得到赔付。完全处理好一项赔偿申请通常要花五个月的时间。申请者就是经过长时间地在办公室外排队等候，也得不到对很简单的问题的回复。如此迟钝的反应使很多申请者怒不可遏，纷纷向议员们致电投诉，这些议员则会向州长抗议。该局的办事程序极为混乱，加上差劲的员工管理和手工操作赔偿请求处理系统，导致赔偿申请丢失事故频繁发生。

雇主们对日益增加的劳工赔偿也感到极为不满，纷纷要求进行改革。批评者说这些日益增加的赔偿费用与该局的低效率有关。州长成天忙于接听各方面的投诉电话，受伤劳工、医疗部门和议员投诉该局办事不力、态度冷漠，雇主则要求降低处理赔偿申请的费用。

州长被该局的无能和没完没了的投诉弄得苦不堪言，最后，他解雇了该局的负责人，在该局进行改革，引入私人机构管理方法。为了显示改革该局的决心，他在该局成立了一个监事会，并以年薪 26 万美金的代价为该局聘请了一个在机构改革方面富有经验的执行官。新来的执行官必须尽快向公众展示他的改革成果。

县公共图书馆

最近，一个县图书馆（County Library）的领导们承受了不少压力。这个图书馆所在的县有一个较大的城市和许多比较富有的郊区居民点。由于计算机和其他新技术的发展，人们对图书馆的服务提出了新的要求。该馆一方面要提供传统的服务，另一方面又必须不断创新以提供新的服务，这样一来，它的预算就难免不捉襟见肘了。尽管如此，人们还是不断施压，要求图书馆在维持传统服务的同时，尽力满足人们新的需要。但是，图书馆的许多场所受空间限制，难以进行技术改造。另外，如果图书馆真要计算机化，还必须对馆员进行大量培训。

在过去的十年中，该县的人口增长主要集中在郊区，但图书馆在这些地方的分馆却非常少，这也是人们投诉其服务不好的一个主要原因。郊区居民给这个县的管理委员会以巨大的压力，要求他们在郊区提供图书馆服务。于是，管理委员会要求图书馆的馆长考虑在目前没有图书馆设施的地方设点。在一些富裕的郊区，居民们自筹资金开设了图书馆与公共图书馆竞争。这些图书馆拥有最新的技术装备，显示出公共资金所能产生的巨大能量。所有这些都在侵蚀县图书馆的传统服务领域。

县图书馆的馆长感到潜在威胁的同时，也觉察到了其中所蕴含的机会。但不管怎样，只要缺乏资金，任何好的计划都无法实现。图书馆正在努力制定一个报告，以清楚地陈述其对资金的迫切要求。

1.2　诱因

在我们处理过的案例中，以上四个机构所遇到的问题和困难非常有代表性。许多公共和第三部门组织的负责人认识到了改变旧的工作方式和传统运作方法的必要性。他们都面临着许多复杂而难以理清的困境，且感受到了必须果断采取行动的巨大压力。在研究了许多类似的案例后，我们认为以下的一种或几种情况使得战略改革成为必要。

新成立或成长中的组织

个人的首创精神或立法行动不断地创造出新的公共和第三部门组织。其中一些组织能够非常迅速地笼络到一批懂得寻找、筹募和管理资助资金的人才，从而取得一定程度的成功。当前的成功也使他们不得不思考未来的发展。许多这类组织希望能不断壮大，但却苦于不知道将侧重点放在哪里。要获得稳定和长期的资助，他们就必须先确定自己将来要扮演的角色并制定新的使命。

以劳工赔偿管理局、县图书馆和历史协会为例，在其取得任何进展之前，必须紧紧把握住将要扮演的角色。新成立的组织也会面临类似的困境。如果不能在短时间内决定将要做的事情，批评就会接踵而至，说它们已经花了钱，却没有采取什么实际行动。

稳定资助的需要

NCAP 这类组织在增加和稳定它们的资金来源方面承受着巨大的压力。通常情况下，这类组织不能出售它们的服务，或者其出售行为受到一定的限制。例如，NCAP 相信，如果它们收费的话，便会赶走一部分它们希望帮助的人。在另外的一些个案中，组织的文化或其主要捐助人的指令使得收费服务难以实现。例如，精神病康复中心在 80 年代末面临着严重的资助缩减问题。联邦资助的终止使它们的预算收入减少了 30%。这类中心提供免费服务的原因是它们得到了地方专项征税的资助。中心的董事会不愿意下令收费，因为选民已经为此交了税，他们有权得到免费的服务。这类精神病康复中心的领导人在财务方面给组织重新定位时，开始认识到战略思维的重要性。财务危机，或一场迫近的危机，通常会使人们提出有没有必要进行变革的问题。

如果人们认为某一机构有必要私有化，这通常是因为它的资金出现了问题。劳工赔偿管理局的例子说明了这一点。我们还碰到了许多其他类似的个案。以联合劝募协会为例，各方面都要求该协会所资助的代理和慈善机构对其提供的服务收取费用，为达到这一目标，立法机构提高了可以获得免费服务的人员的适用标准。受到这些法案影响的组织的领导认为，这些做法将导致组织的专职人员减少、部分无力负担费用的客户流失，这样一来，就必须重新确定组织的方向和目标。

扩张的欲望

组织经常会看到通过分支、附属机构和提供多样化服务而进行扩张的必要。例如：大学建立分校；医院为了增加收入，收购了紧急救护中心之类的"支线服务"（feeders）；县图书馆募集资金以在郊区建立分馆；NCAP 希望在原有的项目之外增加新的服务。

为了就组织的扩张行为向其监督者做出合理的解释，这些组织需要制定一个战略计划。战略计划的制定一般有这样一个不可或缺的程序：意欲扩张的组织向有监督权的机构游说，直到其成员认识到扩张的必要性和组织实施这一行为的根据。

对组织扮演更多角色的要求

人们可能会要求组织提供更多服务以增加它所扮演的角色。更多的服务通常会引来更多有不同需求的顾客。例如：精神病康复机构增加了帮助酗酒者的项目；水质监督并入了环保署的工作范围；找出那些被虐待的妇女成了卫生服务机构的责任；资金使用审查本是一项控制功能，现在却由负有计划功能的机构来承担，而在以前，这些机构只负责提高卫生部门的服务水准。

依据合约从另一单位获得资助以提供服务的组织，通常会有一个监事会和一群执行人员。监事会和执行人员必须通力合作才能达到共同的目标，但现在，双方却对这一点产生了分歧。这些组织的领导人必须行动果断才能掌握主动权，否则就会被各方纠缠不清的利益所淹没。更糟糕的是，监事会的成员有一定任期并是由其他人委任的，因此，在更换监事会成员时，这些机构的领导人可能会失去好几个花了很大气力才培养出来的、支持他们工作的监事。

监事会成员的流动使得组织必须再花气力来培养监事会的新成员，与资助单位的工作安排也必须重新修订。这类组织的领导人意识到各方朝同一目标努力是非常必要的。他们试图寻求一个可以驾驭不断更新的监事会、执行人员和资助单位的办法。

监事会的教育

公共和第三部门组织的监督机构处于不断变化之中，其成员定期更换或增加，由此而出现的新问题层出不穷，它们既带来挑战，也带来机遇。但不管是挑战还是机遇，对监事会成员进行教育都是不可忽略的。州历史协会每年定期更换三分之一的成员。在要求劳工赔偿管理局和 NCAP 的监事会批准任何新行动之前，他们必须得到合适的教育。

这类组织的领导者经常面临的挑战是：尽力使大家认识到某些必须加以保护的传统，同时，也要意识到一些要求变革的因素。这些领导者必须想出一个两全其美的办法，以同时达到两个目标：既说服监事会成员看到当前的工作方式的价值，又看到变革这些方式的必要性。但是，既要保存传统又要进行变革的困境经常使一些必要的行动成为不可能的事情。NCAP、历史协会和县图书馆的例子说明了这一点。

领导的更换

公共和第三部门组织领导的任期通常很短。大学附属医院不停地更换执行官，交响乐队不停地更换指挥，公立学校不停地更换校长。他们当中，一些领导人有自己关于组织的远景目标（vision），并努力说服监事会和主要的雇员接受这个目标；另一些领导人试图与监事会和雇员们一起制定一个远景目标。聪明的领导人则认识到必须改变自己的努力方向，在各方接受统一的远景目标之前，树立大家可以接受的短期目标（aims），只有这样，变化才可能发生。劳工赔偿管理局的领导便面临着这样一个难题。

缺乏领导的组织也需要战略发展。这些组织战略发展的目的是为了清楚地界定其目标、价值观和具有独特竞争力的卓越中心，以保证它们得到妥善的保护。以一个工商学院为例，这个学院在战略发展上投入了巨大的努力，以使它的上层领导接受学院的价值观，只有这样，他们才会在聘请系主任时，找一个赞同这些价值观的人选。

许多在领导人更换期间着手战略发展的公共和第三部门组织会尽力避免另一个令其头痛的问题。人们经常发现，公立学校、大学附属医院、交响乐队以及其他类似组织的领导人总是在无所作为者和行动者之间轮流更替。在前者最终失去人们的信任之后，他的位置被一个行动者取代。但行动者却什么事也做不成，只能又由另一个无所作为者来顶替。这一模式循环往复，表明这些组织根本不知道它要往哪个方向发展，它真正的需要又是什么。

譬如，一个交响乐队不肯续聘它的指挥，因为这个指挥"傲慢"地推行变革。但是交响乐队的监事会忘了，他们当初聘用这个指挥就是要他提高交响乐队的水平。在同一个城市，公立学校则给了它的校长以很高的评价，因为他实行改革，用新的行政人员取代了原班人马。交响乐队要提高水平，就必须招聘更高明的演奏者；学校要提高水平，就必须雇用更好的教师，这种道理谁都明白。乐队指挥因为解雇乐队成员受到了谴责，校长则因保留现有教师赢得了赞誉。只要乐队和学校的监事会真正了解自己的需要，并且有勇气面对为满足这些需要而行事的后果，这种可笑的事情本不该发生。只有清楚、详细地界定需要以后，才能决定到底是需要一个有创意的人，还是一个有办事技巧的人。因此，在聘请领导人时，考虑其领导风格也是非常重要的。之所以这样说，部分是因为它说明了关键人物已经考虑了自己的需要，并且对这些需要非常清楚。

法令对计划的要求

现在，新的法令要求许多组织制定某种形式的计划。那些希望得到联邦残障人士拨款项目的州必须事先制定计划，否则，联邦就不会予以考虑。联合劝募协会各机构必须制定计划以说明它们将如何募集资金和使用资金。精神病康复中心的监事会必须制定计划，以获得州对精神病人治疗的资助。医院必须向资金使用审查部门出示它们的五年计划，才可能让这些部门考虑它们增加和更新医疗设备的申请。

在所有这些例子中，组织的计划都必须符合其管理部门和资助机构的要求。很多时候，组织不但要对这些要求做出回应，还必须妥善处理与这些部门和机构的关系。能从这类事务中获得最大的收益也成了一个好的领导者所必须具备的素质。

整合的需要

越来越多的州发现有必要对各个部门所提供的服务加以整合。此前，一些相关的服务可能是由几个横向分开的部门提供的，但这会使需要这类服务的人感到茫无头绪；现在，它们另外设立了几个办公室负责制定对这些部门加以整合的计划，以最终使这些部门能向人们提供一揽子服务。这些办公室被授权削减重复性工作和找出服务中的漏洞。它们将一些没有意识到自己的工作与其他单位工作有互补关系的部门召集起来，共同设计改革方案以提高服务的质量和效率。

包括俄亥俄和伊利诺伊在内的许多州都在着手开展这项工作。最近几年，它们所创造的工作模式成了各州政府竞相仿效的对象。这种模式是：政府依据各部门提供的服务内容，如青少年服务、经济发展、环境保护、税收与预算、资源或卫生服务等，将它们分成部门小组。这些小组的领导现在面临着开发战略计划和使受到影响的机构接受这一模式的迫切要求。

协调行动

新官上任和重要民选官员的变更也会给地方、州和联邦政府机构带来新的需求和项目。这类机构的领导者必须引导大家认识到机构已经做了些什么，现在致力于什么目标，将来要向何处发展。对于变革过程来说，这些措施有利于给人指明方向、维持秩序和保持连贯性。领导者希望每个人都能步调一致地朝同一方向努力。劳工赔偿管理局的领导者在设立新的计划和目标时就面临着这个考验，同样，县图书馆、NCAP 和历史协会在进行战略变革时也要协调各方面的行动。

墨守成规

许多组织墨守成规，长期以来对相同的事只做出相同的反应。组织毫无生气，充满了惰性。这类组织的领导者知道，他们的组织需要变革，必须找出一条新的途径，以重新给组织注入活力，给厌倦工作和无所事事的员工以新的挑战。

历史协会和劳工赔偿管理局就陷入了墨守成规的泥潭，并在寻找一个突破口。县图书馆和 NCAP 认识到了变革旧模式的需要，并意识到必须让各方面都尽力支持变革。

政治威胁

某些事态的发展会带来威胁。政治主体可能会仅仅依据某一情况采取行动，从而对组织造成严重的损害。教育委员会可能会因议员投诉教育质量不好而增加那些有明确教学使命的州立大学的拨款，减少其他大学的拨款。县管理委员会得知郊区建立图书馆的计划后，可能会削减县图书馆的拨款，从而损害它的发展潜力。议员和雇主要求劳工管理局改进其工作，却可能不给他们实行改进所需要的时间和资源。

当政治压力足够大时，机构就不得不做出反应，这时便可能形成防御性战略（如大学的案例所示）。但是，在以上的案例中，图书馆要阻止政治行动，就要采取主动性战略；如果州长不想被工人的赔偿案弄得焦头烂额，就要对劳工赔偿管理局进行有力的改革。一般来说，各种机构对政治压力的反应可能会不一样，但它通常都会引起战略变革。

远景目标

某些组织的领导人通过很好地协调组织与监督机构的关系，设法满足以前不能满足的需要。例如，一个教育委员会的执行官认为，如果他既能让人为入学做好准备，又能培养他们为工作做好准备，那么他就可以将教育委员会变成一个教育经纪人。他可以在学校和雇主之间充当协调二者需要的中间人。他所在的州的大学有权凭申请的先后顺序接收该州任何高中毕业生。这些大学觉得补偿教育是一个极大的负担，雇主们则觉得在职培训是一个累赘。他们都只看到了自己的需要，却没有看到另一方的需要。这便产生了一个新的机会。教育委员会的执行官向他的职员和董事们提出了一个新的挑战，要他们以创新的眼光重新考虑这种形势下对教育的承诺并提出建议。

这位执行官想借此开创一个新的战略管理过程，这一过程将充实他的远景目标并使关键人员能对制定此远景目标有所贡献。协作是远景目标之一，他们可以在互相协作的过程中将教育、经济发展、技术进步和工商业联系起来。这一协作过程通过让所有人都参与目标的制定而使他们受到激励。当战略领导以这种方式行事时，就远景目标的内容（the "what"）和它的实施过程（the "how"）与他人沟通是必不可少的。

一些领导者的眼界更加开阔，他们希望对制定战略实施计划有所帮助。这样的例子有 F. 肯尼迪和他的"新前线计划"（New Frontier）。他们希望每一个人都能参与制定远景目标。正如 NCAP 和县图书馆的例子一样，他们首先寻求公众与计划的联系，然后将这些计划移交给公众。另一些领导者则只对自己的需要有一个大致的了解，希望其他人为他制定出详细的计划，如戈尔巴乔夫的改革与开放。这类领导人也希望关键人员与他们一道制定远景目标，但他们寻求可以将这些远景目标与公众联系起来并最终将他们移交给公众的详细计划，这正如劳工赔偿管理案例中所示的情形。

1.3 我们做什么

成功的战略变革必须应对可能诱发行动的新情况。每种新情况都对战略管理过程提出"什么"和"怎样"的问题。组织的领导者不仅应关注采用什么战略，即战略的内容，还应重视如何实行这些战略，后者指明了从想出解决办法到实践这些办法过程中应该采取的各个步骤。我们将波段式地（分阶段地）穿插论述战略内容和战略过程，这也是本书论述战略管理的"什么"和"怎样"的方法。每一阶段都会提出战略的内容和采取下一步行动的方法。在随后的讨论中，我们将对战略管理过程做一概述，并说明它如何帮助公共和第三部门组织的领导处理他们所面临的问题和困难。

理解历史

必须让重要的职员和监事会成员了解组织的历史渊源和创办理念。这些教育可以使大家对组织的历史有共同的理解，因而对决定组织未来的发展方向必不可少。

重要团体（如监事会或计划制定部门）通过揭示组织的方向、发展趋势和重大事件等帮助建立对组织历史的一致认识。方向说明了组织的发展历程和它将来的发展方向，趋势和重大事件主要记录这样一些情况：它们塑造了组织的方向，并将影响组织的未来发展。例如，NCAP 必须要让它的监事会成员了解它为什么会重点关注强奸问题，哪些趋势和重大事件促成了这一点。同时，它也可以介绍一些可能使组织产生新方向的新趋势和重大事件（如儿童虐待）。在讨论了这些新情况之后，NCAP 便可以决定它想保存什么、改变什么。

我们以上面的讨论作为通向理想（ideals）的背景。理想状态是一个组织可能达到的最好境界，它为制定战略提供了目标。例如，NCAP 的理想状态是各派别的利益得到平衡，每一派都得到它们想要的项目。理想为组织创造了一个远景，它可以用组织领导偏好的术语，如顾客或项目等，清楚地陈述出来。

研究现状

通过对历史的研究，制定计划的部门（如监事会）能了解组织的过去，而对理想状态的探讨，则会使它们向往一个理想的未来。下一步将探讨可能阻碍和加快实现理想状态的因素。为此，必须对一个组织进行分析，找出它的优势、弱点、机会和威胁（SWOT），这样，才能辨别出那些促进和制约组织战略变革的事项。像劳工赔偿管理局这样的组织，就要动员组织的能力（优势）、可能性（机会）来处理它的员工和系统（弱点）以及要求变革的政治压力（威胁）。

找出议题

　　对历史和现状的评价可以帮助组织就必须处理好的核心问题（core concerns）达成共识。优先关注的问题成为一个问题议程（issue agenda）①。问题议程记录那些将组织推离理想状态的张力。如教育委员会的例子中，主要的张力就在于未来的工作要求与大学培养目标之间的矛盾，正是这一张力发出了变革的呼声。我们将这种张力称为"生产力—生产力"张力，它可以由转变（教育变革）加以缓和。我们帮助组织寻找其他可能处于张力状态的价值观（values），如人际关系和保存等。在上例中，学习者的需要（人际关系）可能与教育变革之间存在着张力，保存（企业的利润和大学的研究能力）可能与教育改革、大学培养目标和未来的工作要求之间存在着张力。如果组织以这种方式揭示确定了议题的价值观，并把这些价值观当成议题张力议程（agenda of issue tensions），就更有可能发现和处理其长期以来关注的问题和困难。

确定战略

　　问题议程指导对行动方案的探求，它通常首先寻求对最重要的张力的控制方法。仔细研究组织的 SWOT 是至关重要的，在增强优势、克服弱点、抓住机会和挫败威胁的基础上，组织设法寻找控制议题张力的方法。例如，教育委员会的执行官就可以分析优势（教育项目）、弱点（这些教育项目对企业的实用程度）、机会（为在职培训提供贷款的合作项目）以及威胁（企业一致抵制毕业生），看它们能否提供一些有用的主意，以找到一个处理未来工作要求与大学培养目标之间的张力的方法。遵循这些步骤可以帮助组织整理思路、激发创意。

评估可行性

　　实行某一战略所需的资源和主要利益相关者（stakeholder）的反应预示了这个战略的可行性。公共和第三部门组织的资源获取渠道是内部拨款和新的财政资助。例如，县图书馆可以通过在全县范围内的专项征税以支持它的战略计划。精神病康复中心成功地用专项征税取代了失去的资金来源。州自然资源部通过对使用者收费获得了其预算费用的三分之二。战略领导不仅要对现在可用的资金进行盘点，还要对潜在的资金来源心中有数。这些潜在资金负担开销的前景是评估战略可行性的一个重要标准。

　　评估战略可行性的另一个标准是利益相关者。像对组织的可用资源一样，对利

---

　　①　又译为议题议程，但为了符合中文的阅读习惯，我们在下文一律译作问题议程。——译者注

益相关者也要进行盘点和评估。必须清晰地辨明利益相关者以及他们各自的立场，并制定获得支持者和应付敌对者的计划。支持者以及敌视者的特性和数量预示着一个战略成功的可能性。

执行战略变革

在执行阶段，需要制定计划，以处理那些在资源和利益相关者评估过程中提出的问题。例如在劳工赔偿管理局的案例中，虽然主要的利益相关者可能赞同用向雇主方收取的费用来抵消因改革而带来的支出，但法律却可能禁止这一方法。在这个案例中，要改变机构的规定，必须先确定哪些人有权批准这类行动方案。执行过程可能会运用到各种策略，如游说、谈判、讨价还价、教育、联盟、合作、销售和促销等等。组织的领导必须接近那些容易受到这些策略影响的利益相关者以赢得他们的支持。

1. 4　要点

1. 引起机构领导人注意的一些新情况诱使他们对组织实行战略管理。这些诱因有：组织的成长或新组织的成立、对稳定资助的需要、扩张的欲望、对组织扮演多种角色的要求、教育监事会的需要、领导人更换、某些法令要求制定计划、整合各部门的需要、协调行动、墨守成规、政治威胁和远景目标。

2. 组织可以用战略管理对这些新情况做出回应，战略管理要求了解历史、研究组织面临的形势、制定问题议程、确定战略、评估战略的可行性和执行战略变革。

第 2 章

为什么公共和第三部门
组织的战略管理不一样*

本章将讨论传统意义上公共部门和私人部门之间的差异，以及这些差异如何影响战略管理的内容和过程。人们创造了"公共性"（publicness）的观念，根据这一观念，许多组织都具有显著的公共特征。正是这些特征使得一些适用于私人部门的战略管理方法不能照搬到具有公共背景的组织中去，否则，就可能误导这些组织。公共背景的特殊性可以帮助我们确定那些有用的实践方法，并为整合我们所提出的战略管理新思想和新方法提供了基础。

社会上许多组织都具有很显著的公共特征，这使得它们看起来更像公共组织而非私人组织。这些组织的战略领导在运用私人部门管理方法的一些假设——如清晰的目标、利润或经济企图、不受限制的行动权限、秘密发展、对行动承担有限责任、密切关注反映财务结果的市场机制——时，必须小心谨慎，因为这类假设在公共组织中，或者更确切地说，在具有显著公共特征的组织中，并不具有有效性。为了应对公共性而带来的要求，组织的管理者们除了需要为私人部门设计的战略管理方法之外，还需要其他方法。本章将展示公共性所具有的特征，并讨论这些特征如何创造了战略管理必须处理的一些要求。我们所建议的战略管理行为与具有公共特征的组织的特殊需要紧密相关。

长期以来，公共部门就有从私人部门汲取管理方法的传统。现在公共部门使用的许多战略管理方法——如果不是全部的

---

* 本章获得 1990 年度美国管理学会颁发的"查尔斯·H·列文最佳论文奖"。

话——最初都是从私人部门发展出来，为私人部门所用的。为什么不可以沿用这一做法呢？首先，这些嫁接的方法有的成功了，也有的失败了。某些做法在私人部门获得了成功，但这并不能保证它们也适用于具有很明显公共特征的组织。其次，这种嫁接方式明显是由各种具体的程序决定的。例如，公共部门实行弹性工作时间制取得了成功，但这并不意味私人部门的所有战略管理程序都可以应用于公共组织。弹性工作时间制或许能够逃避权威结构的制约，战略管理者却不能。因此，公共权威以及它所带来的制约与问题使得企业的战略管理方法不适用于公共组织。

2.1　公共—私人部门的区别与战略管理

波兹曼（Bozeman，1987）认为，所有的组织都是公共的，公共性是理解组织行为方式的关键。这种公共性观念非常有用，因为它可以让人们注意到公共权威在何种程度上影响了组织的行动。由于所有的组织都在一定程度上受到公共权威的影响，所以可以将所有的组织都看成是公共的。

然而，这种公共性观念极大地模糊了各个部门间的界限。在这一观念下，公共组织不再仅仅是那些政府机构，而是包括了各种各样的营利性服务组织，以及由私人非营利组织构成的第三部门（Nutt，1982a）。交响乐团、历史协会、慈善机构、医院、老人院、州自然资源管理部门、公共图书馆、福利机构、美国陆军工程师部队、大学各院所、儿童服务机构、家庭医疗保健机构、国防合同承包商、公用事业、就业服务、康复机构、卫生部门、诊所、航空航天署、戏剧团、画廊、教堂、市民组织、全国铁路客运公司、自愿者协会、行业协会（如美国医院协会）以及通信卫星公司等，都在一定程度上达到了公共性标准，因此，它们在制定战略时，都不能忽视其公共性。

将所有的组织都称为公共组织似乎有点极端，但它的确说明了这一点，即有必要注意组织的公共性。我们相信，战略管理经常忽视那些源于公共权威的制约和授权，而这些制约和授权往往是非常重要的。本章的目的就是找出这些因素，并证明为什么在制定战略时，需要对这些因素加以考虑。

如果说所有的组织都具有公共特征的话，那么将这一论断稍微加以延伸，我们便可以得出这样一个结论，即战略管理过程适用于所有组织。对此，我们不敢苟同，因为有些组织并没有受到直接的公共监督。尽管如此，绝大多数组织，特别是那些提供服务的组织，对它们的公共监督已经大到足以使其战略管理者认真考虑组织的公共性及其影响。现在，我们将注意力转向对公共性这一概念的定义及它如何影响战略管理过程。

"公共"（public）和"私人"（private）两个词源于拉丁语："公共"的意思是"人们的"；"私人"的意思是"分开"。人们用不同的标准来界定这两个词，以区分公共组织和私人组织。佩里和雷尼（Perry and Rainey，1988）认为两者的区别在于环境、制约、动机和文化。本与高斯（Benn and Gaus，1983）则用以下标准来区分公共组织和私人组织：收益和损失是公共的还是个人的，以及组织作为为社会而不是某些个人服务的机构的程度。还有一些人则用"公共利益"（public interest）的定义来区别公共组织和私人组织（Mitnick，1982）。"公共物品"（public goods）这一概念也经常用来作为区分公共和私人的标准（Downs，1967）。例如，饮用水的氟化将有益于所有人的健康，不论人们是否为此支付了费用。由于此项服务能让所有人受益，政府便会对这项服务征税，从而形成经济学家们所说的公共物品。当市场不能公正地分配某些物品，或不可能向使用这类物品收费时（如向使用干净空气收费），它们就成为公共物品。所有权和财产权也使得公共组织与其他组织区别开来，因为这些权利不能转让，其行动的风险由数个监督机构承担。

公共部门和私人部门间的差异激发了一系列的研究，这些研究旨在找出将公共部门和私人部门区分开来的要素，并试图确定公共部门的特性所产生的影响。佩里和雷尼的研究发现，公共组织的独特需要限制了许多为私人部门设计的方法——特别是那些用以决定使命和战略方向的方法——在公共组织中的适用性。艾利森（Allison，1984）与纽斯塔特（Neustadt，1989）等学者发现了一些反映了公共部门特性的因素，但他们似乎都只是吸收了雷尼、巴可夫与莱文（Rainey, Backoff and Levine，1976）的观点（这些观点由雷尼于 1989 年修正）。这种分类区分了公共和私人部门间在环境、交易和程序三个方面的差异，并在每一类别下又分出了更多的小类，每一小类都对公共和私人部门的差异做了详尽的说明。我们将这个清单稍做扩充，使它包括其他对战略管理有特别重要的影响作用的因素。同时，增加了第三部门组织这一概念以便包括那些具有中等程度公共性的组织。表 2—1 对以下几个部分要讨论的因素做了一个概括。

表 2—1　　　　　　　　　　反映公共—私人部门差异的因素

因素	部门		
	公共部门	第三部门	私人部门
环境 市场	市场由监督机构构成	市场由监督机构和委托人的购买行为构成	人们的购买行为决定了市场
	提供同一服务的组织相互合作	相互默认或谈判而达成各自只为某一特定市场区域提供服务的协议	为提供某项服务相互竞争
	资金来源依赖预算拨款（免费服务）	资金来源既依赖预算拨款，又依赖服务收费和税金	资金来源依赖收费
	缺乏数据	合作以提供数据并且共享数据	数据充分可用
	市场信号弱	有的市场信号清晰，有的模糊	市场信号清晰

续前表

因素	部门		
	公共部门	第三部门	私人部门
制约	指令和义务限制了自主权和灵活性	签约方限制了自主权和灵活性（例如，医院的医生，表演艺术中心的用户）	自主权和灵活性只受到法律和内部多数人意见的限制
政治影响	需要缓冲装置以应对外部影响和帮助谈判	需要缓冲装置以应对签约方	政治影响被当作例外处理，没有特别的安排
	政治影响源于权威网络和用户	政治影响源于权威网络和签约方	政治影响是间接的
交易			
强制力	人们必须资助和消费组织的服务	对服务的资助和使用依赖于对此做出规定的合同及安排	消费是自愿的，依据使用情况付费
影响范围	具有较大社会影响的大范围的问题	协议的指令限制了社会关注的范围，不受立法干预	具有较小社会影响的窄范围的关注
公众审查	不能将计划保密或暗地里制定计划	定期检查计划及其活动，并将此作为一项任务	可以隐蔽地制定计划并将计划保密
所有权	公民经常以所有者的身份向组织活动及其执行提出期望和要求	所有权属于促进了他们利益的使用者（如医院的医生）	所有权属于股东，他们的利益可以用财务指标来衡量
	无所不在的利益相关者	许多利益相关者	除了股东之外，几乎没有利益相关者
组织程序			
目标	长期和短期目标不断变化、复杂、相互冲突且难以界定	多重长期目标，很难将它们按照优先顺序排列，使得短期目标不清	清楚的、大家认同的目标
	最关注公平	既关注公平，又关注效率	最关注效率
权力限制	执行依不受权威领导控制的利益相关者而定	执行依赖于获得关键的签约方（如医院的医生）的	执行被授权给有权力行动的权威人物
	政府控制下的机构管理	权威结构下的机构管理	基本不受外界影响的机构管理
	公共行动所带来的限制	传统所带来的限制	没有限制
绩效期望	模糊并处于不断变化中，随选举和政治任命的变化而变化，鼓励无所事事	在共同的看法出现之前，对紧迫感有多种解释	清楚，在长时间内稳定不变，因而使人产生紧迫感
激励	稳定的工作，赞同，任务和角色	专业标准创造了对工作的期望值	金钱

环境因素

许多组织的外部因素也是组织具有公共性的原因。依照传统，我们将这些因素称为环境因素（environmental factors）。雷尼、巴可夫和列文（1976）确定的环境因素有市场、制约及政治影响。

市场。许多公共组织缺少一个可以以收入形式向他们提供资源的市场。而对私人组织来说，人们的购买行为是信息的主要来源，它们显示出组织的产品是否有效。公共组织依靠监督机构提供资源，或依靠对自己所提供的服务的补偿（服务内容和补偿规格都已事先规定好）。在通常情况下，公共组织所获得的拨款与市场机制是分离的，因此，除非其监督机构要求他们考虑效率和效果，他们不用担心这些问题（Drucker，1973）。监督机构通常依据历史先例确定给公共组织的预算拨款数额，从而使得公共组织尽量维持原有开销水平，而不管这些开销是否产生了有用的结果（Dahl and Lindblom，1953；Ritti and Funkhouser，1987）。

第三部门组织的资金补偿通常依靠其监督机构制定和批准的收费（Nutt，1982a）。例如，政府机构制定了医院和老人院的收费标准，这些标准限定了这类机构可能的收入水平并且施加了各种各样的限制。为了改变收入水平，第三部门组织必须与数个监督机构打交道。例如，医院必须与蓝十字—蓝盾协会（Blue Cross-Blue Shield）及保险公司就收费水准和医疗处方进行谈判。为了获得最多的补偿，第三部门组织管理者将许多时间花在了与监督机构的周旋上。以医院为例，在 20世纪 80 年代，他们注意到门诊病人服务不受价格控制，于是将主要精力转到向这部分病人提供服务上，以此规避价格控制。这个例子说明，在对待那些可以带来收益的行为上，第三部门组织与私人公司非常相似。

公共性与依赖非市场资源获得经营资金的程度有关。没有收取服务费的机会，完全依赖预算拨款，如消防部门，构成了连续体上公共性最高的一端。对这类组织而言，监督机构便是它们的"市场"。

如果组织可以向它提供服务收费，则其公共性相应降低。如州自然资源部门和"公立"大学。前者收取执照和使用费，后者收取的学费和教员获得的拨款占了其年收入的三分之二。如果组织预算的基础是部分有偿服务的收入，则表明该组织具有中等程度的公共性。这类组织的监督机构在授权组织提供规避价格控制的服务或批准其收费水准时，起着重要作用，因此，监督机构成为这类组织的市场的重要因素。需要通过监督机构才能改变资源基础的组织与直接向市场出售产品或服务的组织有明显的区别。私人性（privateness）源于直接的市场交易，而公共性（publicness）源于由一个或数个监督机构构成的市场。

竞争程度、财务安排、数据可获得性和市场信号强度都反映了组织的公共性程度。公共和第三部门组织不便为获得顾客而进行竞争，有时，这类竞争甚至是被禁止的，人们希望它们能与其他提供类似服务的机构合作而不是竞争。否则的话，就会被人们认为是提供重复服务，而世界上没有人会认为提供重复服务是可取的。第三部门组织，如医院之间，通常相互默认各自只为一定的区域提供服务，只有医院间谈判破裂的时候，才会出现竞争。当有新竞争者要进入时，管理机构便会以提供重复服务为由质疑增加新资源的合理性，并以此阻止它们的进入。因此，竞争性战略管理模式在具有很高程度公共性的组织中没有多少用处，相反，这类组织寻求那些能够加强合作的战略（见表 2—2）。

表 2—2　　　　　　　　　　公共和第三部门提出的战略管理需要

因素	考虑事项	战略管理需要
环境		
市场	由权威网络决定的市场	制定战略和指导战略实施时，必须认清权威网络成员的信仰和要求
	期望合作与协作	找出竞争机制的替代品
制约	以收费方式获得资金被限制或被禁止	维持关于资金来源渠道的安排
	授权和义务经常限制了自主权灵活性	在恰当的历史背景中透彻理解授权和义务
政治影响	有可能产生影响组织战略的企图	在做出重要决定时，应该采用讨价还价和谈判技巧
	使用者（签约方）和权威网络的政治影响	通过权威网络成员来平衡签约方和使用者
交易		
强制力	保证消费服务和付款的机会	将强制机会当成制定和实施战略变革的一部分
影响范围	对角色过窄的认识可能导致错过行动机会	寻找有助发现那些能够指导战略制定的外部因素的途径
公众审查	计划制定要受到公众的检查	寻找可以让外界参与战略制定程序和检查的途径
所有权	每个人都是利益相关者或可能像利益相关者一样行动	了解公众对服务要求和期望
	利益相关者众多	高效和有效地判别利益相关者的观点
组织程序		
目标	经常很难判定目标。公平与效率一样重要	找出目标的替代物，以克服目标的不明确及其潜在的冲突
权力限制	行动需要的资源不在战略管理者的控制之下	提供可以辩明和管理必不可少的资源的方法
	对政府行为的限制	学会如何应付有限的行动空间
	在商议时纳入权力结构	找出可以代表不感兴趣的监督机构的方法
绩效期望	政治结构或同行评估中所固有的无所事事及惰性	创造紧迫感和采取行动的需要
激励	很难实施基于个人成就的激励机制	通过参与战略行动而得到兴奋感

　　私人组织的财务依赖于收取费用。公共组织则不一样，它们或者提供免费服务，从预算拨款或税收中获取资金，或者象征性地收取仅够补偿所提供服务的部分成本的费用。例如，公共图书馆提供免费服务，但可以要求选民通过一项额外的、指定给图书馆的财产厘税以增强其财务能力。公立大学和政府赠与土地的大学增加学费以弥补政府资助的减少。一些政府分支部门和管理机构征收执照和使用费以补充预算的不足。公共性与公众提供运作资金的程度有关。对公共补助的依赖导致了努力维持这种资助的需要，并且使得所有战略都必须纳入这种努力。

　　公共组织中，通常不存在数据服务市场，或很难得到这类服务。许多公共组织被禁止将用于提供服务的资金投向数据收集，以统计服务的密度、分布情况和其他特征。即使在不禁止收集这类信息的情况下，公共组织也不愿将用来提供服务的有限资源投向此类信息的收集。

第三部门组织对自己市场的信息了解似乎也很粗糙，个中原因暂不清楚。合作团体，如同业公会，有时会提供某一行业的比较信息，但这些数据通常并不适用于任一特定的地区。数据的不足与公共和第三部门组织环境中微弱或模棱两可的信号一起，使得管理者必须在支持数据极少或没有的情况下制定战略。这种情形与私人组织拥有充足的市场信息（如各地区销售额）、强烈的显示成功或失败的市场信号（如引进新产品后的销售变化）截然不同。

公共性对战略管理提出了各种各样的要求，表2—2列出了这些要求。公共背景下战略管理方法的制定和实施必须以认清和小心谨慎地处理利益相关者的信仰与需要为前提。战略管理者在制定战略时，必须与其监督机构通力合作。

在公共组织中，效率、绩效和分配的标准或者缺失，或者不统一。某些时候，这些标准产生于主要监督机构的信仰。例如，一个有说服力的公立学校董事会成员可能会坚持该校的毕业率要与私立学校持平。即使这一标准非常愚蠢，校方也不能完全忽视此类意见。对于私人组织，则有两种途径可以检验其效率和效果：一是通过与竞争者比较，二是通过市场营销（它可以产生明晰标准）。此外，在财务安排、竞争力、市场信号与数据市场方面，公共组织与私人组织也有非常大的差异，它们都要求公共组织考虑私人组织无须考虑的问题。

制约。法令、章程规定的义务以及传统等都会对公共组织构成制约，限制它们的自主权和灵活性（Mainzer, 1973；Thompson, 1962；Woll, 1963），导致它们在增加或减少服务方面的自由度较少。对公共组织中的战略管理者来说，考虑到这些限制行动范围的制约是非常重要的。

消防部门和法律执行机构服务于某一特别区域，无须为获得顾客而进行市场营销。除了拥有固定的顾客之外，这类机构还有一套事先规定好的服务项目。第三部门组织（如慈善机构）的使命通常由传统决定，这也会产生类似的制约。例如，Shriners儿童医院提供一整套指定的服务，如为特定人群（即儿童）提供烧伤治疗服务。即使在经济拮据的时候，该院也不太可能放弃提供那些费用很高的服务（如烧伤治疗），因为这样做会遇到传统承诺产生的强大阻力。

同样，第三部门组织也必须应付那些限制了它们灵活性和自主权的制约。例如，医院必须就重大的政策转变征询医生的意见，而医务人员则经常会努力争取自己的利益，哪怕是以医院的利益为代价也在所不惜。交响乐团的音乐家们也会尽量要求更高的工资，而不管这一要求是否会使交响乐团陷于困境。任何有专业工作人员的组织（如贝尔实验室这样的研发实验室）都会面临类似的情况。

法院判决、签约方的要求、授权法案以及新当选的行政官员都可提出公共组织必须遵从的指示。随着公共性的不断增强，这类指示的强制力也不断增加，它们极大地制约了公共组织的行动。战略管理必须考虑这些因素，即在筹划新行动时，必须将指令和义务放到具体的、反映了组织的历史传统和发展方向的环境中去理解。

　　政治影响。公共组织的环境充满了需要考虑的政治因素。领袖的观点、议员和利益团体的直接操纵或对机构行动权力的正式反对都可使公共组织的财务陷入困境，而财务却是公共组织最重要的一环（Levine *et al.*，1975）。在制定战略的过程中，主要成员间随时都可能会出现意见不统一或互投赞成票的现象。而且，只要这些现象不过分，它们便都是战略制定所许可的。因此，必须讨价还价和谈判以找出各方都能接受的行动范围。利益相关者如何看待和理解事情比他们提出的主张更重要。因此，不仅要从事实，更要从他们的观点来找出这些主张的意义。如果关注效率一类的经济推理被应用，那么，在此之前，他们一定已经做出了处理效率问题的决定，而该决定是从政治上派生的。他们决定提供新服务或调整现有服务，都是因为他们认定行动的实施几乎会与显然是完美的提议完全一致。第三部门组织设计了各种缓冲器来处理与签约方有关的问题。例如，医院做出特别的安排以更好地管理其关键委托人（key clients），即那些有很高的接诊率的医生。

　　公共组织必须应对公众舆论、利益团体、院外游说、民选官员和签约方的干涉（Wamsley and Zald，1973；Weiss，1974）。公共性越高，通过谈判和讨价还价对这些干涉进行回应的需要越迫切。私人组织可以对这些干涉置之不理，或者可以通过法律、礼貌的言辞（如宣扬控制毁坏性）将这些干涉推托开。

　　由于预料到某些关键人物会进行干涉，公共组织建立了各种各样的缓冲器，如联盟、顾问团、互派董事等，以招架、限制这些干涉或为谈判增加砝码。这样一来，公共组织的组织结构就变得非常复杂，战略管理必须充分考虑这一点。私人组织中这类缓冲器则很少，组织结构更为简单。

　　公共组织的战略管理者在制定战略时，必须预期并增进谈判和讨价还价的机会（见表2—2）。这种对外界公开的态度有利于避开批评，并能为今后更加顺畅地执行战略打下基础。

　　战略与环境因素。权威网络中关键人物所持信仰的影响、该网络给公共组织的指令和义务都要求战略管理者仔细考虑其行动限制和合作要求。而且，由于公共组织在一定的历史环境中运作，战略领导还须对历史环境做出正确的界定和评估。对历史环境做出解释可以帮助战略领导们对组织的历史产生一致的看法。重大事件、趋势、方向是产生一致看法的载体。那些考虑了政治影响和权威网络制约的行动更有可能获得成功。

　　对环境的评估会产生议题。需要特别指出的是，貌似错误的方向往往暗示了那些需要建立问题议程的关注领域（areas of concern）。控制公共和第三部门组织的人的不同主张反映了他们的不同信仰，我们将各种张力看成议题，便不但可以显示出这些不同的主张，还可以显示出因不同的委托人、政客、专业人员及其他利益相关者互相矛盾的要求而产生的相反的趋势。用张力来构建议题带出了这些不同的力量，并显示出它们如何将组织同时向不同的方向推拉。而将议题当作张力来管理则使得组织权威网络中的强权人物难以阻挠组织实行战略管理的努力。

　　只有确定了关键的权威人物的信仰和要求，才能找出制定战略的前提和条件。这些前提也受到指令和义务、与其他竞争者合作的期望、组织财务安排、政治影响源的影响，组织在设计新的行动方案时，必须考虑这些因素。

频繁的人事变动、动荡的环境都要求公共组织定期评估重大事件、趋势、方向和议题，只有这样，才能理解组织所处的环境对组织的要求，才能使公共组织更容易发现那些可能影响战略效果的政治因素。这些制约产生了类似于市场参数的指标，对这些指标的分析可以帮助组织开拓新的服务，改变现有的服务，认清那些使用者认为没有价值的服务，或将一些服务交给私人部门。

交易因素

为了应对上文所描述的各种环境因素，公共组织与其环境中的重要主体建立了纷繁复杂的关系。这些关系受到强制力、影响范围、公众审查程度和公众所有权等因素的影响。

强制力。公共组织所得到的授权经常使它们具有了某种形式的强制力（Lowi，1969；Stahl，1971）。纳税人不能在自己缴付的税款上做标记以避免资助某些公共组织，而且还可能被迫使用这些组织提供的服务。例如：州执照局的资金来源于纳税人，但它却让这些纳税人排队等候，遵守莫名其妙的规则（如只能为自己付款，且只能付现金），并遵从最后期限等。对于这一点，没有例外，也不接受任何借口。父母亲被要求为公立学校纳税并将子女送到这些学校受教育，除非他们可以入读别的学校。这一例子中，强制力较弱，因为他们只被要求付款，而不一定要消费。

当组织提供的服务是可选的，而且部分资金由政府机构资助时，其强制力则相对较弱。医院和养老院的资金依赖于与政府负责补贴的机构签订的合同。合同规定了对特定病人（如老人和享受福利津贴的人）的资金援助。当然，医院也可以寻找能带来更多利润的病人，或向病人提供补贴范围以外的服务。

公共组织可以把强制力当成战略的重要组成部分，而私人组织则主要依赖于向潜在顾客出售服务。随着公共性的增加，营销的重要性逐渐降低，而维持有利强制性安排的重要性则不断增加。战略管理者在制定和执行战略时，应该认识到给他们的命令中强制力所蕴藏的机会。

影响范围。与私人组织相比，公共组织的影响范围更为宽广，需要处理的社会事务更为广泛。例如，公立学校系统除了具有教育责任之外，还是处理贫困、种族歧视、虐待儿童、青少年犯罪以及其他许多社会问题的重要机构，而当地的通用汽车生产厂则没有处理类似问题的任何法定权力。组织的公共性越高，就越要清醒地认识组织完成使命的外部环境。

第三部门组织所负的社会责任不如公共组织大。除非州法律另有要求，医院根据协议将只汇报虐待儿童事件，而不汇报婴儿出生时的死亡事件。第三部门的责任范围比公共组织要窄，但仍要比私人组织宽很多。

公共组织的战略中包含了采取社会行动的机会（见表 2—2）。公共组织关心社会的生存，被赋予了一定的强制力，因而能够而且应该承担一些其他类型组织所不能承担的责任（Levine *et al.*，1975）。最好地说明这一点的例子是：公共组织创立和配置了一些市场无法公正分配的服务，如教育和预防药物。还有一些公共组织专门应付社会的残留物问题，如企业和城市排放的有毒物质对环境的影响。因此，公共组织战略回应的范围几乎没有限制，战略管理者在采取战略行动之前，应该努力找出那些反映了外部环境要求的议题。

公众审查。受公众审查的可能性与公共性程度成正比增长。大多数公共组织都不能将自己的战略计划保密。阳光法案要求它们公开业务，从而使得组织必须在充满敌意的利益集团或有媒体出席的场合下制定计划。例如，某报社嗅到了一件丑闻，于是派一名记者驻扎到州就业服务机构，前后长达六个月之久。此间，这名记者四处转悠，探听该机构各种讨论和会议的内容，最终却什么也没发现。这种审查所带来的妨碍是显而易见的。

即使在阳光法案没有效力的场合，责任和监督机制也会使公共组织的所有行动（包括权变计划和设想计划）必须接受公众检查。布卢门撒尔（Blumenthal, 1983）提出的"玻璃鱼缸管理"（fishbowl management）一词生动地描述了公共组织制定战略的环境。私人组织中普遍存在着各种各样的随机应变做法，但如果公共组织也采取类似做法，其结果将是致命的。

一般而言，第三部门组织不会受到如此多的公众审查，但它们也不能完全将自己的计划隐蔽起来。管理机构和鉴定机构（accreditation agency）有权要求了解它们的战略计划，从而可能将计划内容泄露出去。因为被鉴定者（the accredited）和鉴定者（the accreditor）经常是同行（例如高等教育机构），一个仔细研究过的计划可能会被泄露给潜在的竞争者。

公共组织的战略是在公众面前制定的，它与私人机构在保密环境下制定战略的情况不一样，因而其制定程序也有差别（见表2—2）。更广泛的参与机会对前者来说是必不可少的。战略制定既是政治过程，也是形式过程。但对公共组织而言，战略制定过程中的政治性则是最重要的，显示出大众参与了战略制定过程与制定出好的战略一样重要。私人组织中的政治最多不过是应付变革的阻力而已。但在公共组织中，政治涉及许多组织以外的利益相关者，它们控制着组织必需的资金来源，对组织有极大的影响。第三部门组织或许需要防御性战略以满足那些有权决定组织目标和方向的管理者及竞争者等。

所有权。所有权属于公众也是公共组织与私人组织的一个区别（Wamsley and Zald, 1973），任何人都与公共组织有着所有权方面的利害关系。公众要求公共组织对公民诚信、公平、正直、富有责任心并及时对公民的要求做出回应（Caiden, 1971），而私人组织必须承担的义务不多，人们对它们的要求亦不多。公共性随着公共所有权的增加而增加。

第三部门组织的所有权属于签约方。例如，专业主义使精神病诊所必须回应临床医疗专家各种反复无常的想法和要求。医院的医务人员可能像所有者一样，利用组织的资源追求自己的私利。尽管如此，由于他们是组织重要的利益相关者，因此，对任何事情做出重大改变之前，都必须征求他们的意见。

与所有权属于股东或家庭的组织相比，所有权属于公众的组织的战略制定方式大不一样。后者的战略管理者必须向众多所有者征询意见，并依据公众愿望和要求来提供服务。虽然要做到这一点非常困难，但它却是必需的。为了能与公众沟通，他们要建立非常繁琐的机制，如公众会议、专题小组、公开声明等，以此来认清公众的期望，从而确定组织将要做什么、如何做才能满足公众的期望。这类安排在私人组织中极少存在。

战略与交易因素。公共和第三部门组织创造了一个极为复杂的交易网。组织中各单位所提出的各种行动方案使组织内部和跨组织的协调变得极端复杂，进而使组织生出一种惰性。在采取行动前，像 DNR 这样的机构必须向组织内部（如 DNR 的鱼类和野生动植物部门）和组织外部（如商业和劳工部）征询意见，这使得发起战略变革非常困难。例如，美国政府各部部长承认他们的决定经常很难被执行，其原因是他们需要越过众多的横向和纵向界限，而这些界限使磋商成为一种难以避免的麻烦。第三部门组织（如医院和大学）在制定战略时也面临同样的问题：这些组织必须与重要的专业人员协同制定战略，而他们的价值观和需要可能与组织的价值观和需要相冲突。在医院采取行动前，必须向医院的医生、检察官办公室的律师以及其他类似人员征询意见。这种情形导致的结果是，公共和第三部门组织宁可将重要的议题搁置到一边，也不愿与无所不在的公众所有者和利益相关者打交道。

要成功地制定战略，就要仿效那些在这一方面取得成功的美国政府部门，它们认识到行动有赖于各种能推进其进展的利益联盟。为了克服惰性，我们创立一个利益联盟，由它来判定环境因素、做出评估、提出问题议程并确定战略。在联盟内，大家相互讨论以发现好的主意和确定解决各类问题的先后次序，并帮助联盟对共同的利益和前景取得一致认识。采取战略行动前，必须充分认识以上交易，以便获取对关键事实和各方信仰的清晰理解。授权联盟采取行动创造了克服公共组织内在惰性的动力。

各部门间的区别影响了战略的性质。企业可以采取财产剥离、横向或纵向整合、购并等主动性战略，而公共和第三部门组织则趋向于采取防御性战略。最典型的是，公共和第三部门的战略以努力平衡机会和威胁的渐进形式出现。例如，太过主动可能会招致反对，从而妨碍将来的努力，太趋于防御则会迫使组织处于四处扑火的状态。议会法案（如议会要求对水进行氟化处理）要求人们必须为某项服务付款并使用该服务，由此所形成的强制力也可能给公共组织带来机会。另外，对处理更广泛社会问题的默许授权也会给公共组织带来机会。例如，公立学校的授权中并没有明确包含如何处理虐待儿童问题的计划，但公立学校执行这类计划无疑是合理可行的。要使具有较高公共性的组织能对各种机会做出合理回应，就必须处理好各类议题（issue）中内在的张力。

内部程序

人们也可以根据组织的内部运作方式确定组织的公共性程度。这类区分公共组织和私人组织的重要因素有目标、权力限制、绩效期望和激励类型（goals, authority limits, performance expectations, and types of incentives）。

目标。公共组织与私人组织之间一个重要的区别是它们的目标不同（Baker, 1969；Mainzer, 1973；Weiss, 1974）。公共组织通常同时有很多目标，这些目标大多非常模糊且相互冲突。在大多数公共组织中，不存在一个可以衡量成功与否的"底线"（bottom line）；相反，利益集团的需要、使命的变迁、重要的利益相关者和第三方的操纵引发了一系列令人眼花缭乱的、经常相互冲突的期望。例如，当环境保护署（Environmental Protection Agency）同时面临以下情况时——新的行政长官要求取消向污染者罚款的做法；企业将公众的注意力引到由于环境保护署采取行动而导致工人失业；环保团体起诉环境保护署的无所作为——它应该如何行动？更直接地说，在这种情形下，环境保护署如何确定一系列可行的目标呢？

第三部门组织在制定目标时，也遇到了不少困难。例如，保险公司、病人、医务人员和理事会用不同的标准来衡量医院。保险公司要求医院更有效地运作，病人要求得到个性化服务，医务人员要求持续的资源改善，理事会要求医院获得更高的声望并不受外界烦扰。这些不同的期望引发了不同的目标，以及模糊不清的、难以理解的要求。慈善机构必须处理资金募集和配置，而这两者又内在地联系在一起。慈善机构的目标是既要获得赞助，又要看到哪些地方需要赞助，这样，它才能以那些需要帮助的人来招徕捐助者的注意以募集资金。以 MDBD 基金会（The March of Dimes Birth Defects Foundation）为例，它展示自己正在资助和想要资助的项目，以此将人们的注意力吸引到那些它正在帮助和想要帮助的人们的需要上。

对公共组织而言，公平对待每个委托人并为其提供服务比效率更重要。效率在私人组织中占有极其重要的位置，但随着公共性的增长，效率及其他与成本紧密关联的目标越来越不重要，公平则越来越重要。衡量谁得到什么这一标准固然有用，但对它的理解却各有千秋。例如，由于预算的不足，一群应该得到服务的目标团体无法享受服务，人们对这件事的看法可能会各执一词，甚至引发一场争论。更重要的是，公平标准可能使组织无法专心解决目标模糊不清的问题。由于目标模糊不清，确定现在和将来的方向变得异常困难，而这却是对组织进行战略管理所必不可少的一个方面。

大多数战略管理程序都要求有明晰的目标，而能够高效地运作则被认为是这一目标的底线。但这些原则运用于公共组织时，却会产生意想不到的后果。例如，如果要求图书馆讲求效率，则会诱使图书馆将图书存放在书架上、削减服务时间、限制服务种类等，而这些行动与人们通常对图书馆的期望相距甚远。所以，公共组织的目标经常是模糊不清的。组织的公共性越高，其目标也越模糊不清。在目标模糊不清的环境中制定战略，即使不是一件不可能的事，也是一件非常困难的事。这种模糊性使公共组织的战略管理截然不同于私人组织的战略管理。

主张在公共部门使用为私人部门发展的战略管理方法的人责备说，公共组织的目标模糊不清（Wortman, 1979）。他们没有认识到，确定目标是公共组织实行战略管理一个至关重要的步骤。但是，公共组织战略制定的政治环境复杂、多元和不确定，而这导致了目标的模糊不清（Levine *et al.*，1975）。因此，必须另外寻找确定目标的途径，以帮助公共组织实行战略管理。

权力限制。在改变或重构组织系统方面，公共组织行政官员的权力基础比私人部门的管理者要薄弱得多，得到的权力也小得多（Gawthrop，1971；Woll，1963）。一般来说，公共组织的自主权和灵活性较小，从而使权力限制成为定义公共性的一个主要因素。例如，一个福利署官员可能知道怎样才能提高资金支付的效率，但在得到立法机关的同意之前，他却不能对此做出任何调整。同样，医院在与医务人员——这部分人对医院并没有真正的承诺——磋商并获得他们的同意之前，也不能擅自改变医院的服务水准。制定战略时，必须重视这些权力限制，才能让利益相关者们满意，从而为战略实施助一臂之力。在公共组织中，制定战略的同时，必须尽量谋求各方取得一致意见（见表2—2）。在私人组织中，一方面，好的创意马上就能被运用于战略管理过程，另一方面，好的创意也源源不断地从实践中产生出来。

公共组织的战略管理必须在一个权限丛林（jurisdictional jungle）中执行（Levine *et al.*，1975）。管辖权限间的合作虽然十分必要，但要达到所需要的合作程度却是十分昂贵的，其中将遇到的挫折会使人灰心丧气，而且这一努力很容易失败。照顾一方的意见能够很轻易地解决这些难题，但它往往会使战略基础不牢固，因为反对者会将偏袒作为攻击既定战略的武器，导致它的改变或撤销。最好的办法是正视这些不同的势力，不让它们每隔一段时间便浮出水面，导致组织方向的变更。私人组织战略管理的方法无法应付这种多元性，因而必须发明新的方法以满足公共组织的需要。

绩效期望。公共组织目标的不确定性使得组织难以说明它对绩效的期望（Dahl and Lindblom，1953；Schultze，1970）。绩效期望的模糊不清引发了一系列后果。首先，对成功的界定很困难，因而，要想识别那些做出了贡献的人并对他们加以表彰就更困难了。同样，失败也不容易界定，从而很难及时对错误加以纠正。

其次，或许也是更重要的一点是，公共组织中的紧迫感（urgency）相对较弱。定期选举、政治任命等给公共组织安排新的领导人，他们不停地打断组织原有的计划和项目并创造惰性。组织必须放慢步伐以使这些新任的领导人熟悉工作并确定他们的议程。由于新来者缺少功绩，引入他们的主意可能会对组织产生负面作用，并且经常会打乱以往正常进行的活动。作为这些变化的结果，人们的期望经常变化，进而使人们将无所作为合理化。这些"定期的打断"（scheduled interruptions）导致了谨小慎微、死板、创造力低下（Rainey，Backoff and Levine，1976）。

第三部门组织幸免于这些定期的打断，但在评估时，它们同样面临一些困难。困难源于目标的不确定：理事会成员们怎样才能正确地评价交响乐团、画廊或医院？人们期望医院提供优质服务，但从来都没有办法以质量为标准来评估绩效，因为"质量"这个词本身就是难以捉摸和有争议的。例如，医生认为质量就是使用"正确的"程序，它与结果无关。为此，他们建立了复杂的系统以确保各位医生遵从正确的程序，并质疑监督机构在保证质量背后所隐含的动机及其在这一活动中所扮演角色的正当性。这样一来，就很难在医院实行以绩效为基础的改革。交响乐团和画廊的董事会企图以绩效为基础评价一场演出或展览时也面临同样的问题。

公共组织实行战略管理有两个目标。一是激发行动；二是寻找活动议程，这些议程必须符合政治时间框架（指由领导的定期更换而带来的周期）并反映了各相关人员要求变革的一致意见（见表2—2）。对私人组织来说，它们实行战略管理是为了放慢行动步伐以获得反馈信息。在条件尚未成熟时履行义务以及考虑当前行动（如产品生存力）的需要，为私人组织创造了一个完全不一样的战略管理环境。因而，在把握行动的时间方面，公共背景下的组织和私人背景下的组织也极为不同。

激励。相对于私人组织而言，在公共组织中使用激励手段，很难产生真正鼓舞人心的效果（Roessner，1974；Schultze，1970）。决定组织公共性程度的一个重要因素，是设计可以改变绩效的激励方法的难易程度。

为了提高绩效，监督机构经常试图使用那些可以鼓励人们产生高绩效的激励方法。但是，组织的公共性程度越高，越难设计出可行的激励方法，这是因为不同部门偏好不同的激励方式，而人们则轻易地将绩效水平、个人行动和激励方式联系在一起。

私人组织可以用金钱来奖励个人对利润和相关指标的贡献，但是，公共性程度较高的组织在实施激励时，偏好的奖励方式、个人对绩效的贡献和绩效评估标准将对此产生巨大的阻碍作用。

班菲尔德（Banfield，1977）发现，公共部门雇员对稳定的工作、被委以重任、权力和赞赏等的偏好超过了金钱奖励。然而，要给予这些奖励是非常困难的：稳定的工作和权力只能分配一次；而且，当需要给予奖励时，却不一定刚好有重要的任务要分派。另外，将雇员的努力与奖励联系起来也是一件非常困难的事。例如，在儿童服务机构中，到底是谁或什么对顾客的回头率起了帮助？不同的顾问、治疗项目、公立学校官员和委托人的自我动机都对这一结果产生了影响，要具体衡量每一方面在其中的贡献大小十分困难。私人机构则能够将可测评的绩效与金钱奖励联系起来，从而更加有效地使用金钱激励。另一方面，有证据表明，私人部门雇员比公共部门雇员更看重金钱上的激励（Lawler，1971）。

战略管理必须考虑到公共组织对激励机制反应较为迟钝这一点，在制定激励机制时，要更富有创意，找出真正适合组织文化和能打动雇员的激励机制（见表2—2）。一般来说，在公共组织中，激励无法起到非常直接的作用，必须用别的方法鼓励富有成效的行为。这就要求在制定战略时发挥创造力，找出与公共组织特征相符的激励机制。例如，医院的护士提供了病人所接受的大部分服务，他们是让病人活下去不可缺少的角色。护士对职业身份认同（professional identity）的需要可能是与医院降低成本的改革有密切关系的因素，因此，包含于削减成本计划中的"身份强化策略"（identity-enhancing devices）可以吸引护士，使他们以高效率的方式工作。尽管如此，要找出哪些行为可以加强身份认同，则可能是一件非常困难的事情，因为各个护士对相同的行为会有不同的看法。一些护士认同的行为，对另一些护士来说，却是难以接受的行为。

战略与内部程序因素。 模糊的目标、获取资源的限制、较低的期望和激励的缺失等为战略管理者设置了一个个的障碍。我们用以下措施帮助他们克服这些障碍。

首先，我们的战略管理程序用理想取代目标。我们之所以不使用目标，是因为公共组织的目标模糊不清，即使经过努力澄清，它们也不会明朗多少。理想为向往的组织未来状态提供了一个蓝图，为行动提供了实实在在的指示。理想指出了关于委托人、计划、名誉和竞争力等最好和最坏的情形。最坏的情形是行动的底线，最好的情形是计划要达到的目标。理想表达了组织领导的意图，它可以用领导偏好的语言表达出来。理想不仅提供了目标，也为互相对立的、然而又决定了组织是什么（或不是什么）的观点达成妥协提供了途径。

其次，为了达成协议以使战略行动得以进行，公共和第三部门组织必须改变权限范围以获取资源。权限范围和资源都可能确定了一些先例，在采取行动前，公共和第三部门组织必须细致地分析这些先例。每个人都是潜在的利益相关者，必须对他们反对某项战略的动机以及他们这样做的能力做出细致的评估。组织可以动员权威网络中的关键人物，以便将资源从某项计划中移出、转向支持新的预算，或授权对某项服务收费以弥补实行某项战略所需的费用。

私人企业很少能利用政治影响，而公共和第三部门组织权威网络中的人士则可以充分利用它。所以说，不论公共组织的战略在经济上多么可行，其结果都有两种可能，一是实行某项战略的耗费得到补充，二是战略实施受到阻碍。私人企业的战略管理者趋向于忽略外部谈判，在处理内部事务时，也经常只根据其权力行事，我们则要为公共与第三部门组织进行利益相关者和资源的评估，以制定应付权威网络中关键人物的计划，并找出采取战略行动所需的资源。

最后，参与战略变革可以解决由于缺乏激励和较低期望带来的问题。通过让专业人士参与战略管理过程，可以激发他们的热情。公共组织的雇员希望被委以重任和在组织中占有举足轻重的地位，让他们参与战略管理过程则迎合了他们的这一心理。而私人部门的战略管理则不需要这类措施。

2.2　对战略管理者的启示

表 2—1 中的因素有几个作用，其中，最重要的可能是它们能找出可以有效使用我们的战略管理过程的条件。任何组织，只要符合表 2—1 中所列的公共性的各种条件，就是我们的战略管理过程的潜在使用者。

表 2—1 列出了需要注意的各种事项。公共组织的战略管理者必须了解这些事项，并在重构组织时将它们与其他事项放在一起通盘考虑。最后，战略管理者应当寻求各种办法，以解决由监督机构、制约等限定的市场带来的种种问题。在第 3 篇中，我们将详细讨论解决由市场、制约以及表 2—1 中所列的其他因素带来的各种关注的程序安排。

2.3　要点

1. 许多组织有很高的公共性，这成为战略管理者重建和改革这些组织时必须考虑的重要因素。

2. 公共性延伸到许多以前被认为更像私人部门的组织，如医院和公用事业。

3. 公共性源于由权威网络、限制了自主权和灵活性的制约、政治干预可能性、可以用于募集资金和限定使用某项服务的强制力、众多暗示了可能性的外部因素、公众审查的可能性、普遍的责任、模糊和有争议的目标、权力限制、变化不定的绩效期望以及模糊的激励方式。只要组织具备以上任一因素，使用私人组织的战略管理方式就可能无效或起误导作用。

4. 战略管理者可以用那些定义组织公共性的因素来决定何时使用我们的方法、有待探求的关键因素和重要议题，以及处理关键因素的程序。

第2篇

战略概念及议题概述

　　第2篇各章讨论管理者采取战略行动的需要不断加强的原因，并且提出几种推动战略行动的议题，这些议题或是明显的，或是隐含的。在本篇中，我们将从对战略的回顾开始，定义几个术语，并对战略管理的一些观念作简短评述。在当今日益动荡的环境中，战略管理为组织的领导者提供了一个工具，他们可以用这个工具处理环境中不断变化的需要，这些需要对组织提出了变革使命和服务提供方式的要求，从而导致了战略管理观念的出现。在第3章，我们将回顾这些观念的起源。在第4章，我们将讨论如何在公共和第三部门组织中应用战略管理。战略将组织拖上一条轨道，在这条轨道上，组织不断增强自己的内部能力和对外部环境的控制，以应对新的服务模式和服务用户所带来的挑战。在第5章，我们将讨论如何理解反映了需要的信号，以及如何将这些信号转化成指引战略管理过程的问题议程。我们将议题看成一种张力，它虽然难以缓和，但却可以通过战略行动加以控制。

第 3 章

战略的类型及其用途

我们将在本章讨论战略的起源，研究如何将它用于组织。我们从讨论战略的军事起源开始，以表明公共和私人组织中的战略管理如何利用了军事上的这一术语。

组织通过制定指导战略行动的计划、计谋、模式、定位和观念（plans, ploys, patterns, positions, and perspectives），将战略用于创造焦点（focus）、一致性（consistency）和组织的目的（purpose）。传奇、探索、冒险和赌博（saga, quest, venture, and parlay）的比喻说明了计划、计谋、定位和观念是如何成为战略的。我们将这些应用与防御者、探矿者、分析者和反应者（defender, prospector, analyzer and reactor）等战略类型联系起来，每一战略类型都规定了自己的领域、技术配置、应该发起或忽略的创新。然后，我们对各种战略加以分析，从而揭示出：在市场变化和竞争导向决定的环境条件下，防御者、探矿者和反应者战略是不可取的，可取的战略源于有节制地对市场信号做出反应，以及不对竞争对手的反应做极端的假设。可取的战略类型有监护人、稳定者、开发者和企业家战略（custodian, stabilizer, developer, and entrepreneur types of strategy）。

3.1 战略的起源

战略一词源于孙子、拿破仑和其他军事领导的军事著作（Evered, 1983）。"strategic"一词源于希腊文"strategos"，意思是"在战争中实行的一套克敌制胜的策略"。这个概念原指将帅本身，后来马基雅弗利（Machiavelli）用这个词指代有计划地运用权力和影响贯彻国家目标的活动（[1903]，1952）。

马基雅弗利将战争、敌手、进攻和将帅等比喻用于政治舞台。在政治斗争中被击败的敌手会失去人们对他/她的支持。军事上巩固领土的概念被转变成为政纲和政策以获取支持。在政治中，与敌手作战的方法是游说、选举和听证，它们与战争中的战役、冲锋和包围相似。

工商业界也利用这一军事概念发展出了自己的战略观。人们将军事上的巩固和稳定地盘与工商业中的市场份额联系起来，用"战略"这个词描述企业为达到目标而实施的各种策略。另一方面，军事上的战略也鼓励了工商业事先制定计划，对实行计划的资源进行规划，安设预警装置，以在需要修改计划时发出信号。

钱德勒（Chandler，1962）在一本强调实践的书中，清晰地论述了战略计划的必要性。这一观点，即对战略计划的强调，已经经受了长期的实践考验。人们又引入"战略管理"一词，它包括环境评估和执行（Ansoff, Declerk and Hayes, 1976）。战略存在于内外部环境中，而战略管理则将计划和意图与对内外部环境状况的评估联为一体。申克尔与霍佛的书（Schenkel and Hofer, 1979）标志了战略管理的诞生，在这部书中，他们提出了战略管理理论的概念基础和范式。

当今广为接受的战略管理定义是由安德鲁（Andrews, 1980）提出的。他主张，组织的如下决策定义了组织的战略：确定或反映了组织的目标、意图等的决策；规定组织从事的业务或服务范围的决策；确定组织将要或想要成为何种经济或人力组织的决策；关于组织将要为其股东或托管人、雇员、顾客和社会所做的经济或非经济贡献的决策。

3.2 当代战略管理

当代战略管理仍深深地植根于应用领域。对于实践者来说，是战略管理的内容（或者说是战略所要求的事项），而不是其形式，才使得它具有真实的意义。讨论一个合并及其特点是非常容易的，但要理解合并背后所隐含的、最终促成了合并的思维过程却不那么容易。同样，组织必须分析它所面临的情势（situation）——如组织的需要、陌生的环境及传统等——才能理解某一特定的战略为什么是合理的。

不同学术文献论述战略管理的方式也各有千秋。最常见的一种方式是强调战略的内容（如合并）而不深入剖析其过程（合并计划是如何制定出来并执行的）（这类作者如 Mintzberg and Waters, 1982）。另一种方式是将内容与过程混合起来，使人难以区分"什么"和"怎样"。

如果将内容与过程分开来分析，它们两者都可以为我们提供深刻的洞察力（Chaffee, 1985）。战略内容显示了战略的性质，如怎样运用战略，可选择的战略类型，以及将这些主意变为行动的方法等等。战略管理的过程则描述了怎样才能设计出战略。要注意的一点是，战略既可以是事先规划的（planned），也可以是突然出现的（emergent）。明茨伯格（Mintzberg，1978，1987）讨论了突然出现的战略或无计划的创意（unplanned ideas）对组织行为的巨大影响。本章以下内容和下一章将讨论战略行动的内容和过程，展示组织如何运用战略的内容和过程。

3.3　战略的性质

战略之所以引起了当今富有远见的管理者的注意，是因为它探讨这样一个重要问题：组织如何定位以面对越来越不确定的未来。为了给组织定位，管理者努力预测那些可以预见的事件并为此制定计划，评估方向，调整组织行动以使它与反映了希望和志向的理想取得一致。战略为组织提供了一条途径，遵循这一途径，组织不但可以辩明达到最终目的所需实行的变革，还可以将这些变革付诸实践。战略关注组织现时的方向及其包含的意义，关注这一方向所带来的潜在威胁，也关注组织现在的行动所面临的挑战。在这个意义上，战略为组织找出一个新方向，遵循这一方向，组织便有可能实现其理想。战略通过改变组织的方向来改变组织以帮助它实现理想。战略被用于统一行动、创造一致性或连续性，但最重要的是，它被用来赋予组织一个新的目标。

作为焦点的战略

人们通常有一种追求个人目标的冲动，这些个人目标可能是相互竞争的，也可能与组织及其委托人的目标不一致。即使是管理得很好的组织，也会出现派别林立的现象，而且各派别都可能产生一些目标和传统，它们与组织所认定的重要目标和传统相异。例如，专业团体只认同其专业价值，制造单位顽固地坚持生产没有市场的产品；计算机技术人员迷恋于不停的软件升级，从而为用户制造了数不清的麻烦；尽管烧水器、火车车厢和马车鞭等产品的市场已经消失殆尽，但在这些方面有专长的制造单位仍然用尽各种政治策略维持它们的预算、工场和其他身份标志。

战略通过协调各方行动，使他们统一朝既定目标努力来帮助组织处理类似的情形。没有这种协调，组织只会是一盘散沙，每个人都追求自己的目标，寻找自己感兴趣的事情。这一综合病症在缺乏明晰使命的公共和第三部门组织中尤其普遍。

但是，焦点也可能变得过于死板，这是战略管理中的一个悖论。如果组织具有高度集中的战略，它可能无法适应需要灵活反应的环境。因此，为了获得成功，组织既需要方向，也需要在威胁和机会出现时勇于检讨和改变方向。

作为一致性的战略

战略为组织提供方向，从而降低它所面临的不确定性。战略还指明组织想要得到的东西，将组织各方的努力统一起来，满足人们对秩序和可预见性的需要。如果没有战略，组织成员在处理所面临的每种新情况时，都不得不重新解释自己在这一情势中的角色和活动。

由于缺乏战略指导，许多公共和第三部门的人都经受过挫折。无论是作为目标或是手段，指导组织的法规都可能是含糊不清的，从而使组织的活动受到质疑。我们可以回顾一下国会在 70 年代通过的《道路安全法案》（Highway Safety Act）。该法案为交通事故的受伤者提供了一套保护体系，要求稳定伤员的伤势，并将他们安全地运送至紧急救护点。法案的倡导者要求采取各种各样的行动——如培训救护车司机处理伤员的技术并向他们发放执照——来保证这一法案得到具体实施，但好几个组织声称自己才有权提供培训和发放执照。为了给自己的机构一个存在的理由，负责道路安全的人员不得不寻求一个联邦资金发放者之外的角色。因此，在一些由州资助的项目中，工作人员往往浪费很多时间为组织寻找一个使命，而事实上，战略就可以为他们提供一个使命。如果一个道路安全计划能够创造可接受的战略，以控制其不明确性，则它无疑比拥护立法机关发放执照、赞助培训、提供调度服务、建立紧急呼叫系统、处理医疗设施或为紧急救护服务者设立标准要有效得多。

一致性也是自相矛盾的（paradoxical）。就尽量集中资金和人们的精力这一点来说，实行控制是非常有用的。人们能够学会许多技能并熟练地运用它们，从而能够为所有人谋福利。但是，不停地质疑一个战略却会导致无为情形的出现。我们的一个委托人的例子很好地说明了这一点，这个委托人每年都要求我们帮助他们制定目标，但他们却从来没有照目标行事。战略可以使组织对已知的和预见到的情势迅速做出反应，但当情势变得陌生时，问题就会出现。这时，控制组织小环境的合作协议被破坏，服务领域也被收回。这些事件要求组织具有灵活性和迅速调整的能力。为了处理这一矛盾，战略必须既是固定的，同时又是具有弹性的。战略必须固定，这样，它才能为工作提供稳定的环境；战略又必须具有足够的弹性，这样，它才能在有新的需要或新的机会出现时随机应变。

作为目的的战略

战略不仅指引人们努力的方向，也给组织成员和组织以外的人员提供了一条途径，帮助他们理解组织、将组织与其他提供类似服务的机构区别开来。例如，一个我们做过咨询的组织将其名称由"跛足儿童局"改为"残疾儿童"，使它由一个为脚部畸形儿童提供资助的机构转变成一个为残疾儿童提供服务的机构。名称的改变反映了战略的变化，这一变化赋予该组织一个新的目的，因而阻止了某些将该局与其他机构合并的企图。

战略为认识组织提供了一条便捷的途径。如克里斯蒂森等（Christenson *et al.*，1983）所指出的那样，有了战略，人们便不一定非要进入某一机构才能了解它。以通用电气（GE）为例，它只要将一个战略简要地陈述出来，便能激起巨大的反响。GE 宣布它将注重于核心业务、高技术和服务三个方面，这一宣布便成了公司在这三方面领导地位和潜力的代称（Mintzberg，1987a）。将 GE 的战略作为推算它未来财务状况的替代物当然不妥，但通过这个例子，我们应该可以清晰地看到战略所产生的力量。这里所要应对的主要挑战是将组织的战略和名称清晰地表达出来，使它们具有较好的形象，反映了组织所追求的理想。战略制定通常和名称改变一起进行，因为有必要将人们的注意力引向新目标。

悖论（paradox）再一次表现出一种两难困境。对那些正在寻找新目标的组织来说，一段时间的探索或许是有好处的，因为它并不一定表示组织处于浪费公众资金的垂死阶段。有时，采取低调姿态是非常有用的，它可以使组织从容不迫地摸索新的战略，仔细斟酌哪些是可做的、哪些是值得做的、哪些是既可做又值得做的。一段看似毫无生气的时期却可能是探索新方向、找到新目标、酝酿新战略的时期。新战略的口号（像 GE 的例子）或许可以暂时使组织免于批评甚至获得赞誉，但是，如果这段探索时期被打乱甚至打断了，那么它们虽然可以使组织暂时无须考虑如何应付不断出现的问题，但终有一天，这些问题会给组织带来无穷无尽的麻烦。

3.4 战略的用途

在组织中，战略有很多用途（Mintzberg，1987b）。人们一般将战略作为计划使用，但事实上，战略还可以用作计谋、模式、定位与观念。这些用途的内在联系给探究战略运用的方法及战略的价值增添了新的洞察力。

计划

将战略当作计划提供了一条行动的途径，如改变产品价格以获取市场份额。计划是行动前有意识地制定的。对提倡计划与制定计划的人来说，有目的的行动要求在行动推进过程中对某个主意进行有意识的完善。在战略管理中，人们制定计划以保证组织的目标能够实现。

计谋

战略还可以用作计谋。作为计谋，战略可以成为智取对手的工具。这种战略观假定竞争是广泛存在的。如果某一企业威胁说要进入一个市场，则它可能会改变竞争者对这一市场的价值的看法，从而打击竞争者进入该市场的信心。而事实上，该企业可能从来就没有实行这类战略的意图。波特（Porter，1980）论述了如何利用宣布行动和做出威胁等手段（如反垄断诉讼）来获得先机，阻止竞争者和使他们失去警惕。防御战略（Porter，1985）采用几种计谋来降低竞争者实施报复的可能性。计谋也经常被企业用作智取对手的武器。

强生调节装置公司（Johnson Controls）用了一个计谋以向其对手好利威（Honeywell）隐瞒它的新一代建筑物自动系统，该系统耗资2 000万美金，将计算机和数字技术结合起来用以控制供暖、安全和其他功能。强生和好利威都占有建筑物调节装置市场价值 20 亿美金，约 30％的份额。虽然强生采取了非常严密的保密措施，但他们还是认为好利威已经觉察到他们正在进行一些重大研究。为了隐瞒自己正在进行的工作，强生调节装置公司打出了一个烟幕弹。他们对一个已有调节装置进行改进，将它称为 LOBO（建筑系统合理选择），并向外界促销这一产品。他们用氢气球展开了一个非常虚华的广告攻势，以此为完成新产品赢得时间。与此同时，行业出版物还以各种各样的形式报道强生的这一改进产品，从而进一步分散了好利威的注意力。这个例子说明了如何用计谋保护各种创意。计谋通常采取类似阴谋的活动，如以引人注目的名字向外界公开事实上不存在的产品等。许多企业都不会揭示自己从事这类活动的秘诀，从而使强生的这一轶事特别引人注目。

模式

当战略被当成模式使用时，它便演变成一系列行动。以这种观点来看，战略由突然出现的和仔细考虑过的创意构成，而许多成功的行动逐渐汇成一个大的战略。根据明茨伯格（1978，1987b）的观点，这一系列行动中存在一个模式，它将突然出现的机会与有意识的、计划好的行动联系起来，并在有关机会的新的洞察力出现时，抛弃某些计划好的行动。这个模式趋向于根据战略—情景的变化而变化。这样，便可以将战略看成一个逐渐演化的过程，它存在于战略制定者的脑海中。这种战略观不太看重计划行动，而更多地依赖于管理者的智慧，希望他们发现机会，并将其嫁接到组织当前对市场、产品和服务、顾客及委托人等的看法上，以产生新的战略。

定位

战略也可以为组织定位。为了给组织做出适当的定位，战略制定者必须研究环境，以便发现哪些服务和产品是环境所需要的（Hofer and Schendel，1978）。内部和外部情景是环境的组成部分，它们为组织的战略创造了一个定位（niche）。找出战略的定位，或"对定位做出预测"，通常被看成是高层管理人员的重要职责。如果产品和服务与这个定位吻合，则由此而制定的战略就能为组织带来源源不断的投资回报，或使组织能向公民提供各种有益的服务。产品和服务定位为资源的投入了提供了"领域"或"范围"（domain）。

组织可以用计谋来竞争以获得和巩固某一定位，也可以通过定位来避免竞争。提供服务的组织经常寻找这类领域，并用诸如重复建设浪费纳税人钱财这一类的论点来阻止其他组织的进入。各个组织可以进行合作，各自确定不同的定位，以产生最大的效益。例如，为同一地区提供家庭健康服务的机构可以根据自己的专长或其他标准，将病人分成不同的组，按自己的专长为相应组别的病人提供服务。

自我保护也可以促使合作的形成。多个提供服务的组织可以用共同的战略来保护各自的预算。基于相近的原因，企业用特许权来限制竞争，希望它能降低竞争的强度。将战略当成定位可能会促使协会、联合董事会、风险补贴甚至合并的出现。

观念

　　还可以将战略看作一种观念。组织认为很重要的产品或服务以及其他重要客户对这些产品或服务的看法反映了组织的传统，这些传统构成了组织的文化、意识形态或世界观。以著名的公用事业公司——美国电力公司（American Electric Power，AEP）——为例。AEP 一直为自己的传输能力自豪，其战略也集中在保护这一核心价值上，各种评价绩效的标准，如保持较低的电力传输成本，都被 AEP 用来强调这一核心价值。在这个意义上，战略成为一个广泛接受的概念和衡量未来一切行动的标准。只要这种专注于一点的战略还能为组织带来收益，它就是有用的。就这一点而言，组织将战略当作一个反映了它们的愿望和志向的观念。

各种用途的混合

　　作为计划的战略提出了组织的方向，规定了组织所希望变成的样子。当组织认识到新的机会时，它可以改变这些意图，这样，便产生了一个模式。在这个模式中，有意的和突然出现的创意共同组成一个战略。计划包括了各种机会并将它们统一起来，观念则塑造着计划。作为定位的战略被组织用于为自己确定位置，组织通过应用自己独特的竞争力来利用这些位置所带来的机会，就如 AEP 充分利用它的传输能力一样。组织利用计谋来达到各种操纵目的，封锁或以自己所希望的方式与其他组织分共享某一领域，以期给自己带来优势。

　　这些关于战略的观点有很多有趣的内在联系。观念可以成为一种模式，而模式又可能进一步引出计划。例如，陶醉于传输能力的公用事业机构倾向于做出进一步加强、保护和培植这一能力的决定。这一系列决定又引发了一种加强技术的模式，不论这一模式的对与错，它都会成为组织的重大战略。作为这一模式的结果，营销或新的冒险都不太可能成为该组织的战略。管理层将这个结果看成一个计划，在现实中，这类计划自身所具有的制约与新的方向混合在一起。战略管理者在这些制约下指导组织的运作，并通过选择定位和计谋来维持这种观点。这类例子有：大众汽车公司自我毁灭式地致力于"甲壳虫"汽车，即其眼中"人民的"汽车（Mintzberg，1978）；一个位居前八名的会计师事务所合伙人在担任一个商学院的院长后，将会计系定位成卓越中心（center of excellence），并认为全部的教育需求都必须能为会计系教员带来利益；温迪屋（Wendy's）打入早餐市场，却利用与其汉堡食品一样的包装、生产和广告方法。大众汽车公司几乎因上述举动窒息而死，商学院院长则十分不情愿地看到他的学院在全国排名中不断下滑，而温迪屋在采取改进措施前，其股份已经缩水了三分之二。这些案例显示，观念的持久影响可能会带来自我毁灭式的后果。

战略制定者应该考虑那些或多或少与传统不相符合的组织定位途径。这种方法会产生几种挑战传统思维的、相互对立的观点 (Mason and Mitroff, 1981; Quinn, 1988)。为了方便比较，可以制定出一个计划说明书，列出先导者定位和反映者定位 (pacesetter and reactive position) 的优缺点。此外，通过比较新技术与现有技术、新市场和现有市场、不稳定需要和可预见需要、依赖政治影响和依赖削减成本等，可以得到一些很有意义的看法。不同门类的并列，如以市场导向和以技术导向的并列，甚至会展示更多的可能性。以这种开放方式检验其战略的组织会更加具有创造性，从而能更好地应对可能使其产品或服务过时的市场变化。

3.5　采取战略行动

制定战略需要全面考虑过去、现在和将来。以将来为导向为组织提供一个具体目标 (target)，它将影响组织的行动，使其为达到长期目标 (long-run aims) 服务。因为通过设计一个美好的未来，可以对一定范围的行动进行检测，以确定哪种行动是最好的。以现在为导向强调当前必须采取的行动，它集中于今天能做什么的问题。随着各种机会的出现和对需要的认识，组织不断采取细微的行动和进行细小的改变。组织的过去可以用来探究组织历史上所承担的责任，它们不仅代表了组织将来要努力维持的价值，也是理解组织为什么获得今日成功的关键。

鲁宾 (Rubin, 1988) 将这些时间因素戏剧化了，他用风险、对手、挑战、胜利和失败等词语来描述它们，并以此说明可以采取的战略行动类型。传奇、探索、冒险和赌博等比喻显示了寓于各种战略行动中的时间导向和关于环境的假设。

传奇

传奇描述了一种以历史为导向的时间观，在这一观念下，过去为现在的行动提供了借鉴。人们用英雄的开拓史创造出某个他们可以认同的事物，从而将组织的形象粘合成一个清晰的整体。在过去的开拓史上，人们克服了许多看似无法克服的障碍，在组织生死存亡系于一发的时候挽救了它。在描述这一开拓史的基础上，人们建立了对组织历史的共同理解。随着对开拓史的不断讲述，组织的核心价值逐渐显现出来。如果组织内外的变化导致组织处于某种局势或事件，并面临着核心价值观被遗弃的危险，那么，这一核心价值显现就会使得组织所处的局势或事件更加富于戏剧色彩。而引发了这一危险的组织内外环境的变化，既可能是由于组织能力不断下降引起的，也可能是由于冲突或关键赞助者（如立法机关）支持的转移而引起的。

在组织的战略地位受到事件和趋势威胁时，传奇被用来重新确定或保护这一地位。以西特多 (Citadel) 军校为例，该校是一所由公众税收支持的军事院校，位于弗吉尼亚州莱克星顿。虽然另三个最大的军校 15 年前就已经实行男女同校制，但是，西特多还在利用一个传奇故事号召人们支持其不招收女生。这个故事讲述一个南方军将军率部经过莱克星顿，烧毁并洗劫学校，其教员又重新一块砖头一块砖头地重建学校的故事，并以此号召公众支持其传统。而事实上，只是出于偶然的原因，该校才将女生列在了招收范围之外。民权运动也利用了这一方法。它指出宪法和人权公约的核心价值从来都没有在少数民族人民身上得到体现，因此，这些核心价值可能会全部丧失，最终谁也得不到（Rubin, 1988）。

人们每次讲述传奇时，都可能对它做一些改变，有时甚至抛弃了除核心要素以外的所有东西。为了使传奇适应当前的形势，人们在讲述过程中，可能为传奇增添或省略一些英雄、胜利和遭遇战。这种方法使关键人物看到和珍惜组织应该维护的核心价值，理解新情况将怎样以不可取的方式改变它们。利用这种方式，隐藏于传奇之后的使命能再造组织最初的目标（original aims），而这些目标常常是从现已去世的前领导的核心价值中提取出来的。例如，美国的总统只有在逝世以后，才能成为有超凡魅力的领导。他们的逝世使得世人可以在一定程度上修改和重新解释其观点以支持现时的事件。80 年代后期，国会的贪婪和将其影响力当商品出卖的丑闻使人们要求对其进行改革，为此，人们引用了许多轶事，其中之一就是哈利·杜鲁门在任总统期间，用他自己所购的邮票邮寄信件。

在对可能严重影响组织的趋势和事件做出反应时，传奇必须反映组织长期以来致力于变革的决心。就此而言，某些传奇可能是不合需要的，如大众汽车公司的"甲壳虫"设计。大众将这一车型看成是它致力于开发"人民的"汽车的象征，是公司的基础。结果，对甲壳虫汽车的全心投入成了公司的传奇，被用以阻止新车型的设计。而事实上，由于顾客品味的变化和美国市场对日本汽车不断增长的需求，设计新车型已成当务之急。重大的领导调整（如合并时所出现的），或组织关键成员间根深蒂固的冲突也为运用传奇提供了机会。在合并之后的分流期间，赞同合并和反对合并的人分别讲述一些传奇故事，以支持自己的立场。

在鲁宾研究的案例中，大约四分之一的组织运用过传奇（Rubin, 1988），这些组织采用了有助于复原的、改革的或保守的战略。复原战略试图通过新政策和指令将组织恢复到先前的状态。例如，80 年代早期，各港口罔顾人们对其需求已明显下降这一事实，投入到航道疏浚和设备建造的工作中，想以此促使人们更多地利用这些设备。改革战略修订现有的、看起来不正确的政策和指令。公众的愤怒导致国内收入署（Internal Revenue Service, IRS）修改了没收儿童银行账户的政策，根据这一政策，IRS 将在父母不清偿税单时，查抄他们的小孩的银行账户。组织的价值内含于人和组织安排中，当这些价值受到威胁时，组织便会采用保守战略来保护它们。例如，如果分区规划可能毁坏有历史意义的建筑，历史协会就会采取行动阻止这一规划。

探索

如果战略管理者集中精力和资源以实现组织的远景或满足组织紧迫的需要，他就可以采用探索来比喻。探索试图反映在寻找有价值的东西的过程中所表现出的冒险精神和勇气，从某种意义上说，探索是一种利用未来——而不是历史——的传奇（虽然在将来的某一天，今天的探索也会变成传奇）。在探索过程中，需要坚强和有感召力的领导来鼓舞关键人物以崇高的使命感从事这一活动。领导经常会为探索提供一个崭新的远景，这个远景要求大胆地以新战略代替旧战略。戈尔巴乔夫将开放与改革（Glasnost and Perestroika）唤起的形象当成为苏联引入改革的探索。当组织处于高峰期或未来受到威胁时，组织的领导会感到有必要显示他们在为组织制定新的方向。在这种情况下，也可能出现探索。

与传奇一样，探索是一种长期的活动。有所不同的是，它还包含了对未来环境的预期和理解。探索解决那些被认为是突出的问题，在这一过程中，领导要通过向人们描述将要完成的事情来动员他们。政客经常用花言巧语诱使人们跟从一项探索，其成功与否取决于政客以引人注目的方式描述他（她）的远景以激发人们为某一"事业"贡献其精力和资源的能力。约翰·F·肯尼迪的"新前线计划"（New Frontier）为公共服务事业提供了远景，它的回报是得到了许多优秀的青年人为联邦项目（federal programs）工作。林登·约翰逊的越南政策则可以被看成是一个失败的探索。

当关键人员陷于冲突时，也会出现探索。长期目标为相互冲突的各方提供了一个促成协议的载体。搁置引起冲突的短期目标并代之以长期目标，可以创造一套新的、关于工作目标的理念，在这一理念下，相互冲突的利益可以相互包容。

鲁宾发现，可以用探索概括他所研究的全部组织中四分之一的组织的战略行动。他们通过新的议程、壮丽的远景和不同的路线战略（new agenda, grand vision, and alternative course strategies）实现探索。新的议程战略可以用来平衡赞成和反对变革双方的张力。组成议程的方法有两种：一是围绕新的方向安排；二是围绕某部分人感兴趣的主题安排。议程的构造使领导可以将创新并入那些由赞成新方向的人员所主持的项目，从而保护这些创新不受损害。这部分人组成的小组需要提供对行动方式的评估，以期创造一个可以阻止反对意见的联盟。

壮丽远景战略展示一幅关于未来可能性的蓝图，描绘出组织可能变成的美好模样。一些城市（如巴尔的摩）用这种方法发动人们支持其经济发展。几十年来，巴尔的摩一直用一个有形的计划指导它的城区更新，这一计划制定了该市的发展远景图。不同的路线战略被用来处理隐藏着危机的问题，依据这一战略，组织的各种资源被动员起来以解决问题。如果组织通过探索来解决这个非常严重的问题，它将不再在其他任何事情上花费工夫。例如，当某个重要的服务项目不能正常运作时，它会吸引所有的注意，直到问题圆满解决为止。

冒险

冒险是一种行动，它以现在或不远的将来为导向，处理觉察到的机会和需要。对以下两方面的推测是冒险的基础：正在发生的事件的前景，以及正在出现的问题所带来的影响。这一导向与"预见与准备"（predict-and-prepare）方式相近，它承认以下两点：其一，人不能完全准确地预见到紧急问题的重要性；其二，制定应急计划有一定的风险。形势复杂或没有很好理解形势都可能引起冒险。冒险是针对各种形势进行的短期实验，但这些实验的结果却是模棱两可的，因为它们没有清楚地表明怎样应对正在出现的问题。这类例子如：潜在的合并各方在合并前的讨论；合作安排，如全国肾脏基金会（the National Kidney Foundation）在协会成立前就经历了一个冒险阶段。

在鲁宾研究的组织中，有三分之一以上的组织从事过各种各样的冒险（Rubin, 1988）。它们通过目标、试验和契约（targets, trials and compacts）战略的名义予以实施。私人部门中的目标战略是将资金集中于对突发问题的处理。公共部门组织通常在处理突发事件之前制定目标，这些目标必须能够提高组织的能力。试验型战略通过应用实验和临时性的安排（如临时任命）来处理突发问题。一些组织采用事后可以根据需要进行调整的应急措施，例如重新分配员工，应付急剧上升的服务需求，与此同时，对照州法律以确定如此行事是否合法。有时候，一些责任重叠、角色含混不清的组织会被卷入一些突发问题，这些组织往往通过签订短期协议处理这些问题，这种方式就叫作契约战略。一个新工程的第一年可以用这种方式进行管理，之后，又将重新协商。

赌博

将要成为议题的趋势和事件往往会发出一定的信号，如果组织试图理解这类信号并形成一致模式的努力不幸失败，组织就将利用赌博战略。在这种情形下，组织先采取一个行动，这个行动只是用来为下一步行动创造机会。例如，在玩扑克牌的赌博中，为了让对手相信你的战略只是虚张声势，赌博刚一开始你就压了极为冒险的几个小注。这样，当你有了较好的牌时，其他玩牌者便可能不退出赌博，采取跟庄的方法，从而押高赌注。在组织中，赌博战略是指充分利用现有机会给组织定位，以获得更好的机会。这种方法的基础是渐进主义（incrementalism）（Quinn, 1980）。这种理论认为环境过于复杂，难以被人理解和把握。在形势动荡时，用不着"倾囊而赌"，采取小规模的行动有助于创造获得反馈的机会和进行调整的可能性。人们认为，渐进的行动方式有利于发现和充分利用机会。

赌博战略通常用于预算听证、新闻报道和应付种种危机中。例如，在财政紧缩时期，一个为资金而竞争的组织"把牌捂得紧紧的"，它开始只稍稍透露一点点有关经营的最终目标和新方向的消息，以观察各主要团体的反应，然后根据这些反应调整自己的行动，并向决定预算的立法者和其他人士施加影响。

鲁宾研究过的组织中，有13%用过赌博战略（Rubin, 1988）。这一战略又包括套期保值、杠杆和预支（hedging, leveraging and advancing）三种方式。

引发套期保值战略的主要原因是为了应付多个发生可能性相近的不确定因素。在预算紧张时期，公共组织提出数个不同的项目，并避免对它们进行优先顺序的排列。如此一来，如果某一项目的预算未获通过，组织就可以重新编排项目而使其他项目获得拨款。

杠杆战略的制定运用了战略制定者的"社会信誉"（social credit）库。战略制定者在社会和工作网络中的关系被挖掘出来，以提高他或她对局势的影响力。为了确立社会声誉，一些大学的系主任愿意在每一个可能的协会和项目中供职。社会声誉不仅有助于增加自身的利益，诸如报酬、升职等，也有助于增加他们学术项目上的利益，如在财经紧缺时期的预算支持。

预支战略也是一种赌博的方法，它通过抓住意外的机会来降低风险。战略制定者们利用这种方法，在局势缺乏控制（排除杠杆战略）却有一个简单、清晰的目标（排除海琴战略）的情况下，直接向目标挺进。例如，一家医院的管理者发现，由于购置各种设备的费用几年前已经偿清，那么除去设备折旧的费用，医院的运作费用在整个地区中是最低的。他还认识到，几年之内，设备必须整修，否则将面临失去顾客信任，并进一步导致医院大量床位被取消的危险。于是，他向领导者说，其医院的运作费用之所以在本地区是最低的，是因为医院奉行了稳健的财政政策，并以此向领导者提议花大笔资金对医院的设备进行更新和扩建。现在，这家医院的运作费用是本地区最高的，但是它的管理者已经千方百计地利用了它的好名声，使得医院在建设和经营状况方面实现了双丰收。

3.6　战略的种类

表3—1显示了对战略进行分类的尝试。我们可以根据行动包含的主题对行动进行分类，表3—1是一个典型的分类框架，它表明应以何种行动来回应客观环境。这些主题反映了组织所实施的战略的部分内容。除此之外，它们还提供了一些实例，说明各种条件下战略行动的性质，以及组织如何实践传奇、探索、冒险和赌博战略。

表3—1　　　　　　　　　　　　　　　　战略内容分类

	内容分类
迈尔斯与斯诺（1978）	防御者，反应者，探矿者，分析者
	衡量标准：风险导向
迈尔斯与卡梅隆（1982）	领地进攻，领地防御，领地创造
	标准：市场导向和创新
盖尔布雷什与申克尔（1983）	收割，营造，继续，攀登，位置，卖出套现
	标准：投资和专长的水平
梅尔（1982）	度过风暴，忽视风暴，实验
	标准：领导姿态
明茨伯格（1978）	企业的，适应的，计划的
	标准：创意来源
彭恩与安德森（1977）	适应的，计划的，企业的
	标准：对变化的控制程度
波特（1980）	成本领先，差异化，集中于控制
	标准：战略目标和有优势目标
哈里根（1980）	及早退出，有选择地缩减，坚守阵地，增加投资
	标准：投资的数量和时间

　　迈尔斯（Miles）和斯诺（Snow）的类型学提供了一个有趣而且被广泛接受的分类方法。根据艾默莉（Emery）和特里斯特（Trist）关于环境的定义，环境的类型是由市场变动情况和竞争者的行动来界定的（如图 3—1 上部分所示）。骚动的环境（disturbed environment）指市场变化不定、竞争者采取防御姿态的环境。平静的环境（placid environment）指竞争者采取防御姿态，但市场稳定的环境。局部平静的环境（clustered placid environment）在某些方面具有稳定的特点，但其中的竞争者因抢占市场而变得充满攻击性。动荡的环境（turbulent environment）中有一些富有进取心的竞争者，他们试图应对迅速变化的市场。

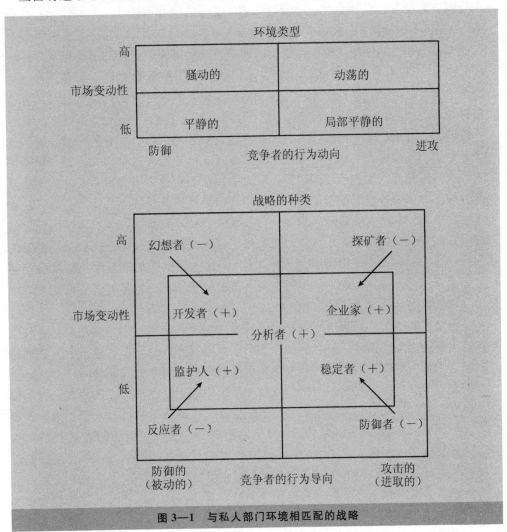

图 3—1　与私人部门环境相匹配的战略

　　迈尔斯与斯诺（1978）将战略与环境类型一一对应，提出了在这四种环境下如何选择竞争领域、配置技术和促进创新，从而使其框架具有权变性的特征。这些战略描述了私人部门怎样确定竞争领域和配置技术，以及什么时候需要引入创新。在下一章中，我们将介绍公共和第三部门运用这些战略的情况。

根据环境适应性划分战略类型

迈尔斯等（1978）、迈尔斯与斯诺（1978），以及迈尔斯（1982）根据由环境变化引发的行动对战略进行分类。有效的组织发现并维持市场—产品（或服务）之间的一致性，因为只有通过选择与市场需要和竞争者行为相匹配的产品与服务，并不断地调整以适应重大的环境变化，组织才能维持其活力。战略管理者在适应现实的过程中制定战略，通过对组织战略的研究发现，他们的适应可以分为防御者、探矿者、分析者和反应者四种类型，其中每种适应类型又包含企业性、工程性和行政性事务（entrepreneurial, engineering and administrative tasks）的实施。企业事务确定企业将参与竞争的领域，即企业将生产的产品或提供的服务及其市场位置（market niche）。工程事务为新产品的生产、营销或者服务的传递提供方法和途径。行政事务负责进行控制，以确保企业的各项活动不但是它所需要的，而且是按照现有程序有效地进行的。

防御者。当组织的战略管理者试图保护组织的领地以维持现有的产品、服务和市场时，他们就被称为防御者。他们采取措施将一部分市场封锁起来，使它免于遭受竞争者的侵犯，以保护自己的地盘。防御者战略的企业事务包括游说、售卖或获得专卖权、寻求建立进口壁垒和征收关税、广告和促销以及建立行业协会等。防御者可以用它们保护企业的领地。例如，迈尔斯（1982）描绘了在政府将吸烟与健康问题联系起来时，烟草公司如何应用这些战略来保护其烟草生产。它们运用游说的手段转移各种限制吸烟的努力（如无烟工作区），为了推广烟草使用，烟草公司还建立了烟草协会，并不断地为它提供资金。烟草协会的目的就是对付一切把公众注意力吸引到吸烟危害健康上的宣传。

防御者战略中的工程事务强调产品或服务的生产和分销效率，这通常会导致企业在扩大生产能力上投入巨资。例如，烟草工业以其高效的生产和复杂的分销网络而出名。防御者战略中的行政事务被用来确保生产和分销系统的效率。

防御者战略对拥有稳定、明确的市场和技术的组织是有用的。因为在这种环境中，最有价值的是高效的运作，成本被当作衡量组织绩效的标准。人们相信，向市场或某一细分市场提供能被高效生产和运输的产品，能确保组织的长远利益和生存。然而，当技术和顾客的需求变得变幻莫测时，这种战略就不太可能产生好的结果，甚至会导致组织经营的失败（如破产、被吞并或收购、税赋支持的中断等）。

探矿者。采取探矿者战略的战略管理者努力寻找新产品、新服务以及新的市场机会。在这一战略下，做创新者成为组织文化的一个重要方面。The Limited、3M公司，以及惠普公司（Hewlett-Packard）均是创新型公司。这一战略中的企业事务就是创造新的、能够满足特殊细分市场需要的产品。采用这种战略的组织侧重于在人力方面的投资，依赖他们寻找新的机会并提供创造力。战略制定者不断将创新与市场定位相匹配。这类组织的战略灵活多变，试图抓住每一个机会。

在这种战略中，工程事务目的是确保灵活性，以便对新的机会做出快速反应。

效率很少处于优先地位，因为组织必须维持一些暂不需要的技术以备不时之需。行政管理显得较为松散，它强调协调，而非控制，采取有利于协调处于不同阶段的项目的构造形式。

奉行探矿者战略的公司非常看重收益，并将它作为衡量组织绩效的标准。这种战略对灵活性要求很高，但它是以效率的损失以及风险的增加为代价的。快速的反应能力可能使得组织的意外收获不断，但另一方面，如果估算错误，则可能使组织不仅无法得到意外收获，还要付出高昂的代价。善于在动荡的市场中发现机会能带来很高的首期回报，但当别的组织也试图开发这一市场并从中获利时，这种回报便会降低。回报的降低会使公司又进入到探矿者的状态中去。在这一状态下，公司不断地寻找创意，以替代它在成熟市场中的产品。

分析者。一些组织把开发者和防御者战略结合起来，创造了一种被称为分析者的战略。采取分析者战略的战略管理者试图降低风险并增加机会。分析者战略综合了防御者战略（守住自己的领地）和开发者战略（开发新的领域）的优势。这类战略的企业事务包括寻找新的产品—市场机会和保持现有顾客。只有在别的组织检验了新产品或服务的可行性之后，实行分析者战略的组织才引入这类产品和服务。分析者战略的基础是模仿，即引入开发者已取得良好效果的产品和服务。这些创新被逐渐地加入到传统的产品和服务中，加之于与这些产品和服务相联系的顾客与委托人身上。

工程和行政事务的主要目的是平衡控制和灵活二者不同的需要。新产品和新服务被与原有的产品和服务区分开来。针对不同类型的产品和服务，企业运用不同的战略。对原有的产品和服务，企业往往强调标准化和机械化；而对新的产品和服务，企业则通过诸如风险管理小组等灵活的方式实行管理。行政事务要求对这两种工程事务加以区分，运用不同的策略来处理不同的事务。如在新产品生产过程中，采用矩阵组织结构，强调研发部门、生产部门和运输部门间的沟通；在原有产品的生产过程中，则实行标准化。

分析者战略创造出两种组织文化，即开发和防御，它们之间可能产生大量的摩擦。莱高（Lego）公司滑轮生产部门与它的母公司新秀丽（Samsonit）行李箱生产部门的矛盾说明了这一点。莱高滑轮生产部门强调创新和新思想，但行李箱生产部门却较少强调新思想而更注重成本控制。在莱高工作的人相信，成本控制会让他们施展不开手脚，而在行李箱生产部门的人却对莱高员工的"不安分"和不守纪律的行为感到震惊不已。

两种文化的共存使得公司难以成为某种产业的领头羊。结果，采用分析者战略的组织的成本要比采用防御者战略的组织高，而收益要比采用开发者战略的组织低。但通过有效的管理，这类组织的利润前景可能比其他两种类型的组织更好。在这种战略中，当期利润成为确定公司成功与否的关键指标。

反应者。还有一种情况，即组织对环境变化采取了不恰当的调适模式，且不停地改变其调适模式。反应者战略代表了一种无效的战略模式，它的创新行动或者没有命中市场，或者选择了一些组织无法有效提供的产品或服务。由此引起的失败导

48

致组织陷入以下的恶性循环：需要采取积极行动时态度消极，继而计划又过度大胆，招致毫无保障的风险。反应者战略的根源在于既不能有效地采取防御者战略，又不能有效地采取冒险者或分析者战略。

当公司只由一个战略管理者控制，而该管理者却丧失创新精神，或由于死亡和被别的组织挖走时，公司便可能采取反应者战略。战略管理者的离去留下一个真空，它迫使组织努力探索新的优势或维持原有的优势。当组织新领导的风格与前任的风格完全不一样时，组织也可能会采取反应者战略。例如，组织或许难以适应将其组织文化从开发者转向防御者的战略。苹果电脑公司在转向成本控制时遇到了极大的困难，因为它已经习惯于创新所要求的不断变化。从防御者转向探矿者战略也会给组织带来同样的困难。组织的文化可能也会使战略转变变得异常艰难，哪怕市场已经消失。即使某一战略已经不合时宜，但其长久的传统和众多的捍卫者也会给战略改变设置不少的障碍。

适应型战略的延伸

在迈尔斯的框架里，只有两种战略具有可行性（探矿者战略和防御者战略）。分析者战略是这两种战略的结合，但却不能与特定的环境相匹配，反应者战略是一种无效的战略，这样一来，便缺乏有效的战略来应对动荡和平静的环境。另外，探矿者和防御者战略类型只代表了两种极端的对环境的反应形式。

作为对这些批评的回应，艾卡（Acar，1987）提出了一个框架，为每种环境都提供了效果或高或低的战略（如图3—1下部所示）。战略的无效源于对市场和竞争的过度臆想和猜测。根据这一框架，对市场变化和竞争前景的过度反应会导致无效的战略（如图3—1中的减号所表明的那样）。相反，有节制的反应更易于带来成功的战略。这些更有效的战略被称做监护人战略、稳定者战略、企业家战略、开发者战略。图3—1中的加号代表这些战略。

监护人战略。在稳定的市场中采取防御姿态的战略管理者假设环境是不变的。因此，他们倾向于选择反应者战略和监护人战略。维持现状是他们所偏好的战略，因为这样做使他们不必对未来市场的稳定性和竞争前景承担过多的责任，这便形成了监护人战略。监护人战略维护企业的独特竞争力，并培育一些市场，在这些市场中，企业可以凭其能力充分利用过去有生命力的市场位置。反应者战略趋向于将一些捕风捉影的信息强加于趋势和事件当中，与其说这些信息是真实的，还不如说它们是显而易见的；与其说它们是重要的，还不如说它们是看起来更为急迫的（Kolb，1983）。

监护人战略采取一种维护历史传统（如传奇中所描述的）却并不过度的立场。它们经常寻求以保护主义形式出现的津贴，如进口限制和进口税。管理当局致力于运用专利权等策略防止其主要的产品设计被其他竞争者所利用。组织忽略竞争的威胁，采用标准化的操作程序（SOPs）生产产品或提供服务。实行监护人战略的组织接受以下原则：缓慢增长、慎重回应竞争者的行为、有限的冒险和严密控制资本投放。根据艾卡的研究（1987），在过去的几十年里，美国钢铁企业成功地利用了监护人战略。

稳定者战略。如果市场有较多富有进取心的竞争者，但看起来仍很稳定，我们就把这种环境称为局部平静的环境。在这种环境中，发生于每个平静的局部领域中的变化非常少，但不同的局部领域之间却存在着显著的差异。此时，可以运用防御者或稳定者战略。由于防御者假定需求是固定的，因而会采取过激的措施，异常凶猛地保护每个局部领域中受到威胁的产品和服务。稳定者则认为需求和市场份额是可以变化的，他们对重要的局部领域所受到的威胁做出反应。美国汽车公司运用稳定者战略使公司适应了传统产品线缓慢的增长水平，并在所有生产线上强调效率的重要性。不同的生产线被看做是完全相异的自治单位，每个单位都采取不同的策略（如赌博）处理工程和控制方面的问题。稳定者战略通常采取降低成本和提高效率的战略应对环境的变化，它只认可那些表明需求和市场份额变化的强烈信号。

开发者战略。对不断变化的市场采取防御姿态的人认为，动荡的环境本就存在，变化在所难免，面对变化，他们或采取幻想者战略，或采取开发者战略。采取过度的守势会导致幻想者战略，它会造成不切实际的推测，对竞争视而不见，认为市场变化只是暂时的。在产品或服务早就不再适应市场之后，幻想者还抓住传统的东西不放，因为他们认为，这些产品和服务是公司独特竞争力的象征。如，在美国，火车车厢早已没有市场，但一些公司却仍然紧抱住它不放，把火车车厢制造变成一门精致的艺术。

开发者认为环境是变化的，应该谨慎地把握市场的信号（像在冒险战略中一样）。他们密切关注危及其市场地位或侵蚀其市场利润的竞争活动。竞争基准对比指标（如市场份额等）被用做确定是否需要进行创新的指标。据艾卡所说，国际商用机器公司（IBM）对竞争对手的回应是这一战略的最好范例。像日本公司一样，IBM 公司热心学习其他公司的创新方法，并将此作为提炼和提升其生产和营销方法的途径。

企业家战略。动荡的环境源于不断变化的市场，战略制定者试图通过积极的行动来抢占这一市场。为此，可以采用两种战略：探矿者战略和企业家战略。探矿者可能对微弱的市场信号做出过激的反应，并把竞争对手看得比实际更为可怕。如美国在冷战时期对"苏联威胁"的态度便是这样的例子。与此相反，企业家对于市场信号和创新活动采取更加克制的态度。这类战略被英特尔、迪士尼和苹果电脑公司所采用，并为它们带来了迅速的发展与丰厚的利润。当企业小心翼翼地把握微弱的市场信号，并着手开发具有风险或市场前景模糊不清的产品时，便可以采取企业家战略。采取这类战略的企业追求前景看好的产品，却不太看重高效的运作。事实上，几乎没有多少企业能够长期维持这一战略（即许多连续不断的冒险），而从企业家战略转向监护人战略，能确保积极进取的企业在投入新一轮创新之前巩固收益。

3.7 要点

1. 战略管理提供了一条实现组织理想的途径。组织在实现其理想的过程中，需要考虑形成议题的趋势和事件、对议题做出反应的行动以及那些促进或制约行动的政治和社会力量。组织发起战略管理以改变战略方向并推动组织朝理想迈进。

2. 组织用战略来统一各方面的努力和创造一致性以达到其理想（目标）。战略被用作计划、计谋、定位和/或观念来指导组织的行动。

3. 战略行为表现为传奇、探索、冒险和赌博等。传奇重申组织要保存的价值和意识形态。探索以壮丽的远景来发起创新。各种各样的议题同时将组织往不同的方向推拉，而冒险和赌博则为组织提供了许多途径，循着这些途径，组织可以找到正确解决各个议题的方法。

4. 对不同环境情势——它由市场变动性和同一市场其他竞争者的竞争力决定——做出反应的战略类型有四种。这些战略类型不仅显示了如何选定领地和配置技术，还显示出组织需要创新的程度。战略制定者们被告诫要避免对环境做出过激反应，在制定战略时应保持灵活性。我们推荐监护人、稳定者、开发者和企业家四类战略，因为它们采取的措施灵活，当环境发生变化时，可以进行适宜的调整。在平静的环境中，监护人战略寻求维持组织独特的竞争力和培育市场。在全盘考虑的基础上，稳定者战略针对各重要局部领域，采取不同的应对之策。开发者可能危及组织的市场地位或侵蚀其利润的行为驱使开发者采取谨慎的行动。企业家以新产品和服务响应市场机会。

第 4 章

战略方法在公共
和第三部门组织的应用

　　本章讨论与公共和第三部门组织所处环境相适应的各种战略类型。董事会、立法机关以及指令组成了公共和第三部门组织的权威网络，组织必须响应这一权威网络的要求。因此，公共组织和大多数第三部门组织的市场由权威网络决定，权威网络认定的需要就是公共组织和第三部门组织所要面对的市场。像真正的市场一样，这些需要既可以是变化的，也可以是稳定的。对具有公共性的组织来说，对不断冒出的新需要做出回应的动机取代了组织间的相互竞争。从这些观点出发，公共和第三部门组织的战略被认为同时具有积极特征（指导者、官僚、适应者、妥协者和共生者）和消极特征（支配者、流浪者和造势者）。这些战略显示了组织怎样才能快速反应并采取适当的行动。在本章中，我们还将讨论公共部门和私人部门用以制定战略、构造行动组合的战略管理过程，并展示二者之间的异同。最后，我们将讨论公共和第三部门组织的目标，以增强它们的外部控制和内部能力。控制和能力被用以确定组织类型，组织的战略可能会发生变化，但组织的类型却保持不变。

4.1　公共和第三部门的战略

　　社会需要的变化施压于公共组织，要求它们采取行动，做出反应以满足新的需要。因而，就具有公共性的组织而言，对变动的社会需求的关注取代了对市场变化和竞争者的关注。根据公共组织在以下两方面的感觉，即社会对其反应的期望和采取行动的压力的大小，可以将公共组织所面临的环境种类用图 4—1 上部表示出来。在此图中，加号表示可能有效的战略，减号表示倾向于无效的战略。箭头表示增加战略有效性的路径。

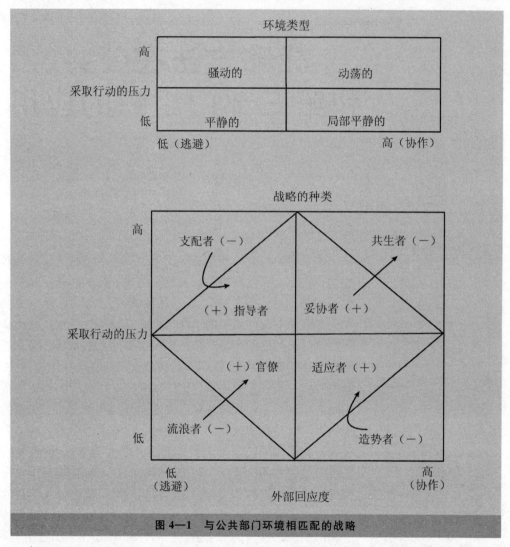

图 4—1　与公共部门环境相匹配的战略

具有公共性的组织不但可以对竞争者的行动做出反应，也可以改变它与利益相关者及其他组织的关系（这两者构成了具有公共性的组织的环境）。图 4—1 中的箭头显示了这一点。当组织承诺采取行动时，回应度也跟着改变。组织可以建立或维持与环境的适应、妥协或协作（accommodation, compromise, or collaboration）关系。组织与环境的关系和它所采取的行动一起，决定了环境的种类，图 4—1 表明了这一点。依据对权威网络需求的不同回应，组织将采取图 4—1 下部所示的某种战略。如果组织总是像过去一样对需求做出回应，就会限制它们选择的战略，从而继续采用老一套的战略。如果组织依据合法权威所认定的新需要来决定回应方式，则它们不但会有更宽的选择范围，而且更有可能选择最与实际情势相符的战略。

最成功的战略是图 4—1 中箭头所显示的那些向对角线上方移动的战略，这些战略要求组织的回应度应与采取行动的压力的变化情况相一致。对角线外部的战略有效性较低，因为回应度与采取行动的压力情况不协调。

高行动性战略

支配者。支配者采用的战略强调用行动应对快速出现的新需要，极少考虑对合法权威的回应。图 4—1 左上方的象限属于这一类型。这一战略的动机是，自由选择行动并使行动与责任分开。例如，IRS 公布了一些规定并引发了这一战略；美国电影协会（The Motion Picture Association of America，MPAA）负责给电影定级以确定适宜观看它们的年龄组，因而它对电影制片人也有类似的影响。这两个组织都运用强制力确定其行动需要，并且无须对其行动负责。IRS 以自己认为合适的方法改变或执行税收规定，第三方要提出质疑，只能通过漫长和昂贵的诉讼程序。MPAA 为了迫使电影制造商删除它认为不合适的画面，会威胁说将把电影定为 "R" 级，而被定为 R 级的电影不允许 13～17 岁的人观看，这一群人却是大多数电影的主要市场。为了进入这一主要市场，电影制作人不得不接受 MPAA 的批评。

环境保护署（EPA）曾试图采用支配者战略，但没有成功，因为它被迫与数个坚持要参与制定环境保护条例的组织保持密切的关系。里根政府以及受雇保护违反条例者利益的贸易协会使得 EPA 很难执行它的条例和法令。

指导者。在动荡的环境中，应尽力将支配者战略转变为指导者战略。如图 4—1 所示，这一战略性转变能增加对重要需求的回应度。指导者战略属于中等到高度行动取向的战略，它对其行动承担中等的责任。例如，约翰逊政府的 "伟大社会" 计划（the Great Society programs），以社会改革为议程，创造了数千个非营利组织，这些议程要求政府在承担正常的责任之外，还要承担额外的任务和使命。采用指导者战略的组织包括精神病康复中心，卫生事业管理机构以及地区卫生教育中心。这类机构经常被称作 "类政府"（paragovernment），因为它们的行动权力很少有明确的法律基础，其责任也只限于自己指定的董事会以及联邦资助附带的条款。

如果环境仍然允许组织不为自己的行动负全责，那么，实行指导者战略的组织可以生存很长一段时间。但是，如果环境改变，要求组织为自己的行动负更多的责任，组织的战略则要向共生者战略转变，即向图 4—1 中的对角线上方移动。通常来说，新的指令（如为组织增加新使命的立法）是表明组织需要进行转变的信号。大多数 60 年代和 70 年代的类政府失败了，其原因是它们不能在环境变得动荡不安的时候，相应地采取妥协者或共生者战略。以地区医疗计划（the Regional Medical Programs）为例，这些项目没有能将工作重点从医学院和高技术医疗中心转移到满足人们的需要上来，从而也就无法满足提高医疗质量的内在要求。当他们面临——或是关闭低压钴放射治疗中心，或是提供教育计划以改善放射治疗——的选择时，他们选择了后者，可是，这一选择于事无补。他们原本认为，教育计划可以改变人的行为方式。但对于放射治疗师来说却是无效的，因为他们的动机是获取报酬，他们不同意低压钴放射治疗会对病人产生危害的看法。

低行动性战略

造势者。不采取行动的战略被称为造势者战略。采取这种战略的战略制定者研究每一个信号，以确定行动是否有充分的保障，并且不断公告将要采取的行动。他们很少将这些行动付诸实践，主要是因为他们的工作日程已经被一大堆不重要的问题塞满，单是对这些问题的研究就已经使他们不可能再有时间和精力去采取其他行动。这种战略不能给问题定性，也没有任何关于问题优先顺序的标准，因而不如那些针对需要采取一定行动的战略那么有效。

许多第三部门组织，如共同事业（Common Cause）、灰豹（the Grey Panthers）和 NAACP 等采取了造势者战略。所有这些组织的战略都是不停地列出问题清单，并交由其他人去处理。由于不能对问题定性，组织显得没有一致性和不负责任。想要做的事情和能做的事情之间有着差距，而对差距的漠视是产生不一致的根源。那些无法解决或需要极高成本才能解决的问题会引发不快和矛盾，而组织不愿为这些问题寻找解决方法又扩大了当事人不快的感觉，进一步造成了组织不负责任的形象。

面临联邦取消资助的组织经常采用造势者战略。组织将那些因联邦取消资助而无法解决的问题列出一个长长的清单，并用这一清单要求有关方面恢复拨款或维持已有的项目。智力开发项目（Head Start）与经济机会办公室（Office of Economic Opportunity）成功地用造势者战略阻止了撤销它们的企图。60 年代和 70 年代的地区医疗计划（the Regional Medical Programs）和卫生合作法案（Partnership for Health Acts）也采用了这一战略，但它们却失败了。这一战略要想取得成功，关键在于要有一群为这些问题大声疾呼的支持者。上文所说的医疗计划却不具备这个条件，所以它们失败了；经济机会办公室和智力开发项目具备了这个条件，所以它们成功了。在国会听证会上，卫生合作法案的发言人给人留下的印象是：傲慢，自私自利，拒绝接受任何可能影响自己的特权和收入的改变。取消对这种人的资助正是许多政治家梦寐以求的事情，这样做也是完全正当的政治策略。

适应者。适应者战略中内含了一些造势者战略成分，不同的是，它为问题议程注入了更多的行动成分。这使得适应者战略比造势者战略更为有效。图 4—1 中向对角线方向的移动显示了这一点。行业协会，如美国医院协会（the American Hospital Association，AHA），采取了这一战略。这类组织有特定的顾客，AHA 就为美国自愿非营利医院服务，它们所关注的问题就是 AHA 要解决的问题。如果有人提出改革建议，如降低非营利医院的补贴的计划，AHA 就会带头出面向国会作证，并宣扬医院的立场。

即使在不需要太多公共关系的时期，贸易协会也不会空闲。许多组织会提供一些对它们的顾客有利的服务，这使得它们落入图 4—1 所示的低行动性战略模式中。以 AHA 为例，它向其成员提供数据服务，这些数据按医院规模、服务密度或地理区域等类型比较各医院的成本与利润。订阅这些数据的医院向 AHA 提供它自己的数据，并且在交纳一定的费用后，便可以将自己的数据并入这些报表。各医院可以有选择地利用这些数据为自己在某些问题上的立场作辩护，而它们为数据服务交纳的费用，可以补充作会员费，从而使协会有充足的资金。

　　当组织能对外界需求做出适度回应，并且它面临的环境仍处于可预测状态时，组织的适应者战略将是一种有效的战略。这一战略将导致组织用一系列行动管理它所熟悉的局部环境。当环境变得更为动荡时，组织需要采取妥协者战略。而采取妥协者战略并向共生者战略转换的组织更有可能生存下去。例如，美国医院协会的研究分支机构——医院研究与教育基金会（the Hospital Research and Education Trust，HRET）曾经是一个被动的数据收集机构，但当 AHA 减少了对它的资助后，HRET 变成了一个积极的、四处寻找资助的组织。HRET 与多个大学的教员建立了合伙人关系。当要对拨款和合同询价方案做出回应时，HRET 便利用这些教员的名字提升团队的知名度，从而使它能继续保持所有的日常开支（妥协者战略）。将来，HRET 可能会被邀请去处理某些重要的社会问题，这些问题将需要真正的合伙人关系，从而会形成共生者战略。

行动与回应度的结合

　　图 4—1 所显示的对角线反映了公共和第三部门组织要获得成功所必须采取的移动方式。图 4—1 左下侧的象限中，组织在一种没有议程的状态中运作。我们的目的是将组织沿着对角线移到适当的位置。组织必须向对角线的上方移动，最终使它能更加主动地认识环境的需要，并做出合作性安排。

　　流浪者。一些组织看到自己处于行动要求很少的平静环境中。如果环境对人的要求很少，组织可以采取流浪者战略，这一战略使得组织可以偷懒。立法目标的不明确可能会使许多组织的使命非常模糊（如地区卫生教育中心的"协调"教育计划），从而导致这类组织经常采用流浪者战略。组织内的人员逐渐习惯于无所事事的状态，他们仅做一些表面工作以营造他们正在做某种工作的气氛。每隔一段时间，由于新领导者的走马上任，或由于害怕自己的表面工作被人发现，这类组织会努力找出能赋予组织某种目的的战略。

　　流浪者战略也可能显示了这么一种状态，即组织处于高能量消耗的活动之后的恢复期。低活动水平可能是为了嘉奖在预算紧缩时要超负荷工作的职员，尽管如此，"舒适的生活"游戏（Bardach，1977）可能会成为一个陷阱，危害到那些想恢复到正常运作水平的组织，因为长此以往，低活动水平将逐渐成为一种为缓慢的节奏和低水平努力做辩护的标准。

　　官僚。那些只为非常明确的需求采取适度行动的组织采用官僚战略。在平静的环境中，这是最低可以接受的战略（如图4—1）。这种战略要求组织按照事先规定的流程和标准做出适度的回应。例如，州就业服务署认为，自己的职能是决定哪些人有资格获得失业救济，并为合格的申请者签发支票，而为暂时失业或绝对符合条件的人找工作这类任务则被排除出其责任范围，因为做这种事情不但需要更积极的态度，还需要认清和恰当地处理环境中的动荡因素。在官僚战略下，他们只会对帮人就业这类工作做一些象征性的努力，如按照惯例定期与雇主联络，浏览失业者名单，却并不试图将这些人的技能与雇主的需要加以匹配。

与企业的监护人战略相似，官僚战略依赖常规和标准程序。采用这一战略者采取防御姿态，通过预算最大化和隐瞒未用资金以便为将来公共资金减少时做准备等手段，保护这些常规和标准程序。他们将这些常规和程序作为组织的独特能力，并且在预算听证会上为它们辩护，强调维持计算机能力或劳动力技能等的必要性。他们宣扬说，资助这些常规和程序是理所当然的事情。这一战略的动机是保护组织，使它的预算不会像其他组织一样，在资金紧缩时期被削减。

妥协者。组织面临明显的行动需求时，必须要采取比官僚战略更为积极的战略。妥协者战略就是通过让顾客互争而坐收渔人之利的方法，尝试着将需要和这些需要所蕴含的行动按优先顺序排列。可采用的策略之一是满足重要顾客的需要，另一策略是满足确有需要的顾客。例如，精神病康复机构可以有两种选择：一是治疗有严重智障的病人，向那些没有得到第三方付款的病人传授生活自理技巧；二是向那些法院指定的吸毒者提供服务，这些病人的康复费用相当高，但所有费用都会得到补偿。对精神病康复机构来说，这是一个极难的选择。在这种情况下，他们通常会采取妥协的办法，即根据一定的规则来选择顾客，以在满足人们的需要和得到能够维持组织运作的经费之间取得平衡。

妥协者战略需要应付动荡环境中的好几个局部领域。每一局部领域都有一些利益相关者，他们又都会有一些非常重要的需要，但组织却并不一定有足够的资金满足所有领域的全部需要。妥协者战略通常按照最能反映组织角色的标准向各局部领域分配资金，但这些标准经常会变得十分复杂，成为制定战略时所要考虑的重要因素。为了支持只向某些局部领域而不向其他局部领域拨款的决定，妥协者战略通常会将监督机构拉入决策过程。由于每一局部领域都要求特别的计划和服务，妥协者战略通常比官僚战略要复杂得多。将各局部领域的需要与组织将要做出的回应（如服务项目）相匹配，构成了组织战略的主要内容。组织将只关注那些变更局部领域的强烈信号，从而使得战略变革具有长期性（即每类战略都将延续较长时期）。

被拖入动荡环境的组织经常将紧急需要当成另一个要处理的局部领域。如果这些需要特别紧迫，就需要对资源重新分配并制定出新的计划。当新的需要以越来越快的速度出现时，采取行动的呼声会变得非常刺耳，从而打乱对各个局部领域排列优先顺序的规则。最初，组织试图重新分配资源和使用闲置的资源满足这些需要。但当新的需要以更快的速度出现，使得重新分配资源变得不可能时，则要采取共生者战略。

共生者。所有战略中最主动的一类叫共生者战略。如果环境处于动荡状态，而且各种需要变化迅速，必须合作才能对形势做出回应，那么，组织就需要采取这一战略。图 4—1 显示了这一点。共生者战略通过为多种多样不断变化的需要设计不同的行动，来回应和满足这些需要。企业间的竞争被合作所代替，而公共组织要满足人们各种需要，对它们来说，竞争是不可取的，相反，它们还要强调相互合作以满足人们的需要。以消防部门为例，它们不处于为获得顾客而相互竞争的市场中，而是通过与税收当局商谈，明确自己对那些没有列入任何一方服务范围的地区的责任。

那些服务范围或指令重叠的机构，如联合劝募协会支持的家庭卫生机构和城市卫生部门支持的卫生机构之间可以达成战略协作以避免重复工作。由于这种协作可能非常难以取得，所以，各方会达成妥协，各自为自己认为重要的局部领域服务，从而可能导致一些重要的需要得不到满足。为解决这一问题，共生者战略要求建立协会一类的统一机构或其他合作安排，合并具有交叉指令或使命的组织，并协调各自的利益，使各个组织通过合作满足服务需要。这类例子有全国肾脏基金会以及道路安全计划。

创立全国肾脏基金会的目的是管理晚期肾病的治疗活动，而这些活动以前由多个医疗组织（如生理组织类型中心、提供器官移植和滤膜透析服务的医院）负责。基金会促成了规范器官捐献的法律，并且为正在接受透析的病人（他们是接受器官移植的候选人）建立了数据库。它在肾脏供不应求的情况下，考虑提供肾移植服务者的收入需要，也在有肾可用时，考虑最需要和最匹配的病人，以确保病人的利益不受损害。道路安全计划同样融合了许多不同机构的利益，如向经营救护车辆的人提供培训的技术中心和提供急救服务的医院。协会颁布了各种规则，以保证所有救护车上的救护人员受过培训，并保证救护车辆的设计合理，它还根据提供急救服务的医院的护理水平、调度救护车的通讯网络的完善度对医院评级。

以上两例中，协作保证了不断变化的环境需要得到满足。两个例子都出现了这一情况，即环境由于人们对长期以来隐藏的需要的突然认识而变得动荡起来。在第一个例子中，提高肾病患者的生存机会要求为此采取适当的行动。在第二个例子中，人们意识到，没有受过培训的救护车司机所引致的伤害数量甚至超过了事故本身，因而公众强烈要求对此采取行动。环境的动荡源于人们改变了对这些领域的需要的看法，共生者战略保证了这类动荡将由适当的机构以适当的资源和行动计划处理好。这些机构的自我利益现在必须服从于人们明显而迫切的需要。

共生者战略对内部和外部利益相关者的支持加以整合。这一过程既可以从组织内部处于重要位置的领导要求采取行动开始，也可以从外部立法机构或其他方认为必须满足的新需要开始。共生者战略要求内外部人员进行对话，在对话过程中，内部人员要向外部人员做出回应，或向外部人员展示自己的观点。一旦这一对话开始，它就会随着合作方逐步达成行动共识而得到发展。例如，美国公共卫生服务部（the U. S. Public Health Service）认识到，公众需要更好的急救服务，于是，它向国会要求更多的拨款。为此，它设置新机构管理增加的资金，并且用这些资金促成变革。这样一来，就在内部和外部人员之间达成了共识，他们相互合作，以解决急救服务中的运输危机。

共生者战略要求组织关系能够跨越传统权威界限，建立复杂的组织结构。一旦组织认识到合作必不可少，它们就会组成团体或协会。这可能会导致以下两个结果：一部分组织将自己的部分功能让与其他组织；由于服务外包而出现的私有化使最初的组织成为只具有协调功能的角色。共生者战略还要求各组织改变相互关系以应付紧急需要。美国公共卫生服务部将部分工作包给或授权给第三方进行，正是这些工作最初创立并维持了"地区急救服务计划"（regional EMS programs）的功能。

共生者战略与企业中的探矿者战略相似，它对变化的需要做出回应，而这些需要以相似的紧急程度和强度出现。这一点就像顾客的偏好迅速改变，从而形成了企业所面临的不断变化的市场一样。为了应付紧急需要，组织发展出一套特别的结构和政策。组织读取外界的信号并对它们做出解释，如人们对器官捐献所持态度的改变使得关于紧急医疗救护服务的器官捐献法律获得了通过。通过寻找新的解决办法，组织发起了一些以这些需要为基础的战略制定活动。

战略转换

具有公共性的组织可能会经历一系列战略姿态的转变，如从适应者转向妥协者，或从指导者转向妥协者。一般来说，要证明向共生者战略转变的正当性相对较难，要维持共生者战略也很难。要转向共生者战略，组织必须让权威网络的重要人物清楚地认识到行动需求的紧迫性。外部人员被动员起来，内部人员和外部人员开始对话，这将产生对行动的要求。当这一要求非常明晰而刺耳时，组织可以选择建立协会或其他提供协作方式的机制。这种协作安排必须一直维持到问题解决的时候，而问题一旦解决，组织就可以转向妥协者战略。只有组织所处的环境仍然非常动荡而且其权威网络中的重要人物也认识到这一情形时，组织才可以继续维持共生者战略。高效的组织会在认识到环境的动荡时，以共生者战略取代妥协者战略。

如果采取共生者战略的组织试图巩固已有成果或重拾它的传统，它会定期转向妥协者战略。组织的领导可能会面临向传统顾客提供服务的压力，于是，他们向这部分顾客分配更多的组织资源。共生者战略可能要求组织采取一些不在其章程内、可能受到监督机构质疑的行动。以上两种情形都会将组织从共生者战略拖向妥协者战略。正如企业中的探矿者和企业家战略一样，妥协者战略和共生者战略两者都非常有用。但是，共生者战略和探矿者战略比其他两种战略更有可能带来突破性成果。

处于转变期的组织会在服务内容、顾客、扮演的角色、义务、人员方面产生巨大的变化，为了完成这一转变，组织需要采取共生者战略，这种转变一般发生于外界需要变化极快、组织间必须通力协作才能做出回应的时候。协作能给组织带来戏剧性的变化，产生新的关于组织未来的远景。组织只有认识到需要的变化性，并以合作态度做出回应，才有可能获得转变的成功。

　　某些公共组织可能从不需要应付不断变化的需要。在这种情况下，它们可以采取并不怎么主动的战略，并能维持很长一段时间。它们可能是有效的，但却很少有创新。在另一种情况下，有些组织会忽视因需要变化而导致的要求采取行动的压力，这类组织既不可能是有效的，也不可能是有创新的组织。最后，组织也可以用适应者或妥协者战略处理紧急需要。采用这类战略的组织原本可以更有效，但由于这些战略的缘故，它们不可能再实现这种有效性。

4.2　战略制定的途径

　　根据焦点（focus）和主要活动的不同，可以有好几种制定战略的方法。表 4—1 是这些方法的一个概览。注重分析的方法以问题为焦点，这种方法通过对主要活动（如产品和服务）进行分类来评估它们，以确定哪些活动要改变，哪些活动要取消。因此，这一方法的关键在于找出有待矫正的问题。注重概念的方法倾向于以参与者和机构为焦点。以参与者为焦点的方法关注对外部和内部人员向组织所提出的行动要求的理解；以机构为焦点的方法检查组织的能力，并将它们归类，以发现组织的长处和短处、应该强调的和应该避免的事项，组织的能力是这一方法注意的焦点。强调参与者和机构的方法注重发现，而不像以问题为焦点的方法那样注重评估。无论这两种方法的哪一类，都为领导者进行战略思维提供了有益的指导。这一部分将展示这些方法以及它们如何被应用于战略管理。

表 4—1　　　　　　　　　　　　战略管理方法比较

类型	焦点	方法	程序	关键用途	限制性
分析性	问题	产品组合（Henderson, 1979）	根据市场占有率和市场潜力将产品、服务或活动分类以决定它们的价值	1. 平衡各种组合以按标准评估活动 2. 采用非经济标准	1. 分析假定有一个战略可用于评估 2. 分析标准依部门不同而不同 3. 对可用的规则（如剥离野猫类产品）有争议
		议题组合（Ring, 1988）	根据利益相关者和可控性分类以决定优先顺序	1. 平衡各议题以便取得成功 2. 建立可信度以解决更难的问题	1. 议题必须是已经确定的 2. 没有办法发现议题
概念性	参与者	行业分析（Porter, 1980, 1985）	分析形成行业的力量，以确定进入和退出门槛以及来自于竞争对手的威胁	1. 评估组织的竞争行为和给定的战略选项 2. 预测战略的可行性	1. 要为不甚明晰和不相关的行业确定一个恰当的参照物 2. 穷于应付非经济因素 3. 协作会支配竞争

续前表

类型	焦点	方法	程序	关键用途	限制性
概念性	参与者	利益相关者分析（Freeman，1984；Mason and Mitroff，1981）	确定重要的利益相关者和他们的期望。在战略中设计出与每一利益相关者打交道的方法	1. 提醒组织注意重要的主张及其主张者 2. 与大多数其他方法相容	1. 无法根据重要性及影响对利益相关者排序 2. 利益相关者不局限于制定战略与执行战略
		解释性战略	用文化和符号激励利益相关者	1. 找出社会契约和条约 2. 建构合法性	1. 解释是非常难以掌握的技巧 2. 很难创造有用的符号
	机构	哈佛政策模式（Andrews，1980；Child，1982）	分析SWOT，确定管理的价值与职责以找出与环境和组织能力最相适应的战略	1. 分析SWOT 2. 定义战略计划单位 3. 确定战略计划团队	用SWOT发展战略的途径不清楚
		议题管理（Ansoff，1980，1984）	认清和解决组织要实现目标所必须处理的议题	1. 将议题和SWOT联系起来 2. 用议题来确定战略回应	除了SWOT，没有更好的办法用于确定议题，并将它们表述出来
		适应性战略（Miles and Snow，1978）	将机会与独特的能力匹配	1. 选择领域 2. 选择技术 3. 管理系统	1. 以环境为导向 2. 执行步骤不清楚
		计划系统（Lorange，1980）	在不同的组织层次和功能部门间应用整合观念	1. 整合与协作 2. 给出应遵循的步骤	没有考虑政治和执行的需要

分析性方法

分析性方法是一种典型的要求进行类似于产品组合分析的方法。企业进行一系列分析以确定各种产品与公司战略的契合度，并据此决定资源的分配。波士顿咨询集团（Boston Consulting Group/BCG）发明了一个被广泛应用的分析框架。

产品组合法。BCG矩阵的发明者们发现，业务成本遵守"三分之一定律"。根据这一规律，产量每增加一倍，单位成本便下降三分之一（Henderson，1979）。这一后来被称为"经验曲线"（experience curve）的定律认为，产量的增加会带来高额的回报，因为成本的降低会使利润相应增加，因此，获得市场份额被亨德森当做最一般的战略提出。BCG矩阵除了可以用于评估业务、产品线和产品以外，还可用于对其他层面的分析。虽然最初提出它的目标不是用于分析服务，但它同样适用于对服务的分析。首先，确定分析的层面（如产品），然后进行评估，确定每种产品的成长性及其市场份额，如图4—2上部所示。

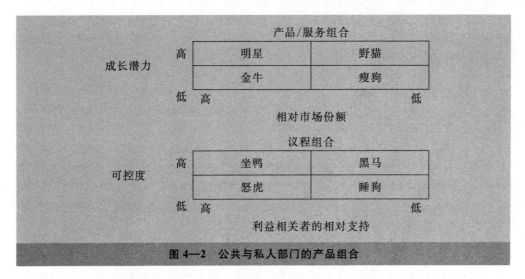

图 4—2　公共与私人部门的产品组合

这样，会产生四类产品：

1. 明星（Stars）——明星类产品或服务具有高成长性和高市场份额。它们在带来稳定现金流的同时，要求进行持续不断的投资以维持这一态势。

2. 金牛（Cash Cows）——金牛类产品或服务的成长性低，但市场份额高。它们带来巨大的现金流，但只要求很少的投资。金牛类产品通常能给组织带来利润，组织则将这些利润用于其他方面的发展。

3. 瘦狗（Dogs）——瘦狗类产品或服务的成长性和市场份额都低。它们几乎不产生现金流，增加其市场份额的可能性也不大。

4. 野猫（Wildcats）——高成长性和低市场份额的产品和服务会产生较大的风险，要让它们成为明星类或金牛类产品或服务，必须投入较多的资金。这种成长的可能性会带来一定程度的风险。

在实际应用中，战略制定者依据产品和服务与行业领袖的相对市场份额决定它们的成长性。如果某一产品或服务是市场份额的领袖，则将它置于水平轴的最左端，如果它还具有高成长性，则将它置于垂直轴的顶端，使它成为明星类产品。一般的做法是抽取金牛类产品的利润用于支持明星类和经过选择的野猫类产品的成长，而出售瘦狗类和其他没被选择的野猫类产品业务。

这种方法将战略看成是经营组合管理，就如一个投资家买入和卖出股票和债券一样，每个行动（产品或产品线，服务或服务线）的目的都是为了给组织带来最佳的收益。这种方法可以与监护人和稳定者战略联系起来，但却与开发者和企业家战略相距甚远，后者更加积极，能不断创新。

公共和第三部门组织的产品组合法。产品组合法的思想也可以用于公共和第三部门组织的议题管理（issue management）（Ring，1988）。当运用于公共和第三部门组织时，利益相关者的相对支持和可控性（tractability）分别代替了市场份额和行业成长性。对议题的分析取代了对产品和服务的分析。

"可控性"一词指组织可能成功地解决某一议题的前景，它依赖于技术问题、目标人群混合度（target group mix）、目标人群的人口构成以及目标人群的可变性。可控性较低的议题，如艾滋病（AIDS），获得成功治疗的前景较差，因为它的目标人群人员混杂、潜在目标人群过大，成功地防止它复发和传播有赖于人们改变生活方式，但人们并不太愿意接受这一点。可控性高的议题，如肾病，获得成功治疗的前景则较好，因为可以很早就界定出它的目标人群，而且为了得到成功的治疗，人们也会愿意接受它所要求的生活方式的改变。

利益相关者的相对支持，显示了将要受到服务提供机构行动的影响的人们所持的态度。治疗晚期肾病患者可能会得到大众非常广泛的支持，而治疗艾滋病则不一定。

可控性和利益相关者支持的不同组合产生了图 4—2 下部所示的四种类型。公共部门管理者可以用这些类型划分组织所面临的议题，并得到处理这些议题的建议。

1. 怒虎（Angry Tigers）——这类议题具有低可控性和较高程度的公众支持。它们要求立即采取行动，但事实上，这暂时是不可能的。最好的办法是处理其他方格中的议题以回避对怒虎类议题的关注。如对长期失业人员的关注、少数民族儿童的教育以及经济滞胀等都属于怒虎类议题。

2. 坐鸭（Sitting Ducks）——这类议题具有高可控性和高度的公众支持，因而处理这类议题比较容易。对那些容易处理的重要议题采取行动可以为组织带来信誉，并能为处理怒虎类议题赢得时间，正如全国肾脏计划和道路安全计划给美国公共卫生服务组织带来了新的活力一样。

3. 黑马（Dark Horses）——这类议题可以解决，但行动本身却不一定会得到公众支持。因为组织具有解决这类议题的能力，所以它应该处理这些议题，并且公布因此而获得的成就。向那些有严重智障的人士提供生活自理技能就是一个最好的例子。

4. 睡狗（Sleeping Dogs）——这类议题既不在公众的议程上，也不具有可控性。除非这类问题能够被归入更易管理的问题一类，否则，组织不应将它们纳入问题议程。艾滋病治疗就是这样的一个例子。

以参与者为焦点的概念性方法

以参与者为焦点的方法强调要理解组织所承受的压力，这些压力源于利益相关者和竞争者。以参与者为基础的战略管理倾向于强调其中的某一方。

行业分析法（Industry Analytic Approach）。波特（1980，1985）用行业规范发明了竞争分析模型，这一模型用塑造了行业的各种力量预测一个战略成功的可能性。波特等确定了六种主要的行业决定力量。战略的成功受到顾客和供应商的力量对比、竞争者和新进入者的威胁、市场主要参与者的竞争力和竞争状况以及阻止组织离开市场的退出门槛等因素的影响。波特认为，这些力量的增强不仅会降低整个行业的资金回报率，也会降低这个行业中每个组织的资金回报率。

利益相关者法（Stakeholder Approach）。以利益相关者为焦点的方法（如以下这些人所提出的方法：Freeman，1984；Mason and Mitroff，1981）将战略看成是为组织寻找谋利手段的一种工具。它将利益相关者定义为：处于一定位置的、对组织施加影响或向组织提出要求的个体。私人组织的利益相关者通常包括顾客、雇员、供应商、股东、财务组织、合伙人或合伙人组织等。公共和第三部门组织的利益相关者通常包括委托人或服务使用者、专业职员、监督机构、立法机关、政治任命者、选任官员、费用报销机构以及签约方（如医院的医务人员）等。无论是私人组织，还是公共和第三部门组织，都必须与管理者、法院、环保主义者、行业协会、地方规划委员会和土地管理机构等打交道。根据弗里曼（1984）的观点，政治和社会参与者与经济参与者（如银行）一样重要。组织必须找到一个可以满足利益相关者利益的战略。

利益相关者方法试图通盘考虑社会、政治和经济因素。采用这种方法的战略管理者要确定与每个利益相关者相关的目标，并据此做出不同的回应以满足他们的需要（Bryson，Freeman and Roering，1986）。

解释性方法（Interpretative Approach）。解释性方法试图将文化和象征性符号管理列入考虑范围，因而，它更加强调执行。"社会契约"（social contract）观念（Keeley，1980）被用于这一方法。这一观念认为，组织是个体的集合，它们相互达成了规范组织事务的默认条款，而变革依赖于将重要个体的支持集中起来。所以，战略是重要顾客在环境中所面临的机会和困境的产物，这些困境不只是"谁得到什么"的问题，更可能关系到对传统的认识问题。象征性符号是战略的中心，合法性的构建则是关键目标（Petigrew，1977）。解释性方法关注的焦点是建立良好的关系，如提升共识，将顾客看成有价值的信息提供者，而不是麻烦制造者。它通过象征性的法案和沟通来与外界环境打交道。战略管理者用意义激励利益相关者，例如，用诗歌来促进大峡谷（the Grand Canyon）的旅游业（Chaffee，1985）。这一方法虽然有用，但它也像领导艺术一样，是一门很难把握的技巧。

以机构为焦点的概念性方法

如果组织的能力和它在环境中的地位成为重要的考虑事项，那么，组织就是以机构作为它关注的焦点。以机构为焦点的战略管理方法评估组织的独特能力，并找出能够应用这些能力的途径。

政策模型法（Policy Model Approach）。政策模型法最早源于 20 世纪 20 年代哈佛商学院开设的课程，这一方法强调找出适合环境的行动（Andrews，1980；Child，1972）。目标和活动的类型构成了组织，它们决定了组织存在的意义，从而也决定了组织的战略。组织的战略取决于对组织内部优势和弱点、外部威胁和机会的分析。组织管理者努力找出能反映组织所处形势的 SWOT（即优势、弱点、机会和威胁的简称）并做出适当的回应。

这种方法经常用于"战略业务单位"（strategic business unit，SBU）。SBU 指所有有自己的竞争者和行动决定权的单位，如城市和州政府中的各个机构。虽然 SBU 会受到某些制约，但一般来说，它有充分的行动自主权，以及不过分宽泛、可以据以采取集中行动的目标。组织中每一个有自主行动权的分支或部门都可以被视为一个 SBU。例如，大学中大到学院，甚至更大的实体，小到系都可以作为 SBU 行动。

议题管理法（Issue Management Approach）。议题管理法以议题为分析的焦点（Ansoff，1980，1984），议题被当成突然出现的、可能影响组织实现目标的能力的新情况。它既可来源于组织外部，也可来源于组织内部，既可能带来正面效应，也可能带来负面效应。议题被用以弥补 SWOT 分析与战略变革间的差距。这种方法允许不断修改 SWOT，因而，它暗示了这样一个过程，即用从最新发展中得到的洞察力定期修改战略。根据这一方法，每年都将举行战略会议以解决一些重要议题，每五年对 SWOT 进行一次回顾和修正。以议题为分析的焦点使战略管理者可以更灵活、更敏捷地对新情况做出回应。

适应法（Adaptive Approach）。适应法试图找出组织与环境中的机会相匹配的能力，以达到充分利用这些机会的目的（如 Ansoff，1984；Hofer and Schendel，1979；Steiner，1979）。战略发展以循环往复的活动形式出现，领域（业务或市场）选择、技术选择以及执行都在这一循环往复中发生。适应性战略还包括像风格差异等细微的区别，它需要组织多个层级的参与。在这一方法中，不论最终的行动是主动的还是反应性的，在组织努力理解环境中的信号所包含的意义及其所显示的机会的过程中，环境始终是它关注的焦点。这一方法要求组织随着环境的改变而改变，但它却可能无法处理所有认知到的趋势和重大事件。

计划系统法（Planning Systems Approach）。战略规划也已被某些学者当成系统来对待（如 Chandler，1962；Andrews，1980；Drucker，1974；Lorange，1980；Nadler，1970，1981）。这一观念中最重要的一点是将使命、战略、资源与方向关联起来，以便确定和正确处理它们之间的内在联系。这是一种倾向于形式化和规范化的方法，而形式化和规范化使它看起来更加刻板（Bryson，1988）。

规划系统法通常根据多种规则建构和指导行动。查菲（Chaffee，1985）将这一方法称为直线战略以表明它要求连续的行动和按部就班的步骤这一倾向。它的目标是通过正式规划获得市场或生产产品，而这些正式规划能够通过识别竞争者和动员多种资源达到预定目标。对这一方法来说，制定战略的目的是为了预测环境的变化和重大事件的发生，因而它不太重视紧急情况下的战略。这一方法假定组织将对战略管理者的指示作出回应，环境（如产品购买者）会受到明智领导的影响。规划系统法的弱点在于过于注重程序和细节，而这将分散战略管理者对政治和执行问题的注意力。

综合法

表 4—1 总结的每种方法在运用于公共和第三部门组织时，都有它的长处和不

足之处。行业分析显示了各种力量是如何影响组织所能做和不能做的事情。但在公共和第三部门组织中，通常的情况是委托人、用户或竞争对手掌握了主要的力量，而供应者的力量则较弱。大多数公共和第三部门都不用担心进入和退出问题，提供服务时如何合作——而不是竞争——才是它们最关注的主要问题。

尽管如此，行业（机构）分析还是有助于清楚地显示合作的潜力和障碍，这将使得预测哪些计划将面临资助困难变得更为容易。另一方面，这些组织在财政紧缩时期，不得不就公共资金和补贴展开激烈的竞争。如果战略管理者能够确定其竞争对手，他/她就能够更好地理解影响组织行为的各种力量，从而使组织受益。对这些力量的认识既会带来问题，也会带来新的可能性。

对于市政府或州各个部门而言，行业模式的应用价值要小得多。在另一些情况下，行业的类型很容易被人误解。例如，医院可以分为三类：一类是非营利的，一类是营利的，其他则是政府的。各类医院之间的差异远大过它们之间的相同之处。但是，用波特（1980）模型来分析相同类型的行业可能会非常有用。

利益相关者、解释性和适应性方法提供了一些有用的观念。确定利益相关者眼中的高绩效以及提出有创意的观点，在考察战略需要和执行战略时，是非常有用的。有两种途径可以对这些方法加以改进：一是通过将利益相关者的利益与战略制定联系起来，提供根据利益相关者的重要程度及其影响对他们进行排序和分类的方法；二是处理保存文化的压力。

政策模型提供了反映利益相关者价值观的方法，这种方法具有深刻的洞察力。对公共和第三部门组织来说，利益相关者的价值观具有重要的意义，因为战略评价很少局限于经济立场。这一模型至关重要的一点在于，用合作而不是竞争的眼光看待环境，并找出与环境相适应的战略。然而，政策模型并没有提供如何制定战略的方法。

议题管理模型要求将议题的认知和解决作为 SWOT 分析和行动的中间步骤，议题与战略的关系有点像问题与解决方法之间的关系。定期修改问题议程以及 SWOT 包容议题的方式为战略设计提供了有用的启示。在这一模型下，确定议题并将它们明白地表述出来是必不可少的。而议题组合对如何进行这一工作有一些解释，说明了如何根据风险和机会对议题进行分类，但仅有这些解释似乎是不够的。计划系统提供了一些有助于将实际工作程序化的步骤，因而可对那些首次运用这一方法的战略管理者起到指导作用。

与概念性方法相比，分析性的方法对公共和第三部门组织的价值要少得多。经济回报假设很少是这类组织唯一的或重要的目标。对像城市警察这样的部门说来，亨德森（1979）产品组合方法中增加市场份额的目标根本没有任何意义。

但是，如果我们将表 4—1 中所有的方法放到一起，则可以获得许多启发。在本书第 3 篇，我们挑出了各种战略管理方法中的最佳特征（如表 4—1 列出的各项），增加了一些我们自己的看法，并将它们作了修改以应用于公共和第三部门组织。

4.3 战略变革的前景

我们经常发现，公共和第三部门组织能力低下、反应迟钝。长年的预算削减、法院判决对特权的限制、立法机构制定的规则、改组时将责任派给其他机构以及经年累月的员工流失等都损害了组织采取行动的能力。当组织的能力低下时，组织会变得满足于已有的职责。这时，除了一些对组织依赖最深的顾客，其他人都跑到别处去寻求帮助了。

当公共和第三部门组织受到它所无法操纵的事件的打击时，它的外部控制力是很低的。这类组织会面临这样的局面，即外界对它的要求以超过了它所能做出反应的速度出现，有时它甚至无法完全理解这些要求和它们要求的行动的性质。这时，组织可以采取心理学上"学会的无助"方式来做出回应，这一回应方式以刻意地回避行动代替能力的培养。战略管理试图将这类组织变得更有能力，对外界的控制力更高。在这一部分中，我们将讨论组织为什么会陷入这种令人不快的情形，何时才可以通过战略管理将这类组织沿着对角线移动，使它从图 4—3 的左下方沿着箭头所示方向往右上方移动，变得更加主动。

排斥变革的组织

图 4—3 按照组织的能力以及外部人员（如立法机构）对组织特权的制约程度将组织分成了各种类型。图 4—3 对角线外部方格中的组织代表那些稳定的组织类型，它们几乎没有任何变革的动机。当内部能力与外部控制严重不平衡时，便会出现这类组织，因为能力与控制都没有占据支配地位，组织关注的重点是维持现有的能力或控制，而不是用能力来进行有效的控制。

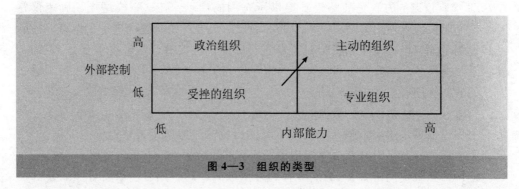

图 4—3　组织的类型

专业组织（Professional Organization）。具有较高的内部能力，且外部对其行动控制很小的组织或机构，被称作专业组织。专业组织的行动由内在的专业价值观引导。当平常用于规范和引导组织的活动并确保其承担责任的政治、法律和经济责难不到位时，控制是很低的。一般来说，这类机构成功地保护了自己的预算或资源基础，并且在规定的领域有不少的特权。这样的例子很多，如：J. E. 霍佛政府的联邦调查局（FBI）、里根政府的国防部以及 IRS。依赖于熟练程度很高和自我管理的职员提供重要服务的组织也可以成为专业组织，如大多数医院、医疗中心和诊所、大学机构、社会工作机构、公共防御办公室以及其他由职业精英支配的组织，这些职业精英控制了组织所提供的服务的项目。如果一个组织的专业人员寻求维持这种控制，则这个组织的战略管理通常难以取得成功。

专业组织可以忽略委托人或利益相关者的偏好、改革派的政治议程以及公众支持，而不被削减预算。在某些情况下，专业组织甚至可以不理会立法机关和法院的命令。这类组织几乎没有任何变革的动机，它们经常采取图 4—1 所示的流浪者战略。

专业组织的战略取决于对内部能力的维持。如果内部能力受到了侵蚀，它将无法维持其流浪者战略。例如，霍佛去世后，FBI 的声誉便衰落了，从而不得不更注重公共关系并重新审视它所扮演的角色。能力的下降（不论是真正的下降还是只是感知到的下降）都是专业组织要进行改革的先兆。因此，在采用新的工作方法时，战略管理必须将焦点放在维持组织的竞争力上。官僚战略（见图 4—1）的出现经常意味着正在发生战略姿态的改变。当组织真正面临或感知到能力下降后，它就要重新定位，这时便会出现一种混合战略（mixed strategy），它融合了对过去做法的维护和微小的适应性调整。以 IRS 为例，媒体报道了它们查抄儿童的银行账户并提供不精确的税收建议，在这些报道的刺激下，它发起了控制损害（damage control）和改革某些程序的战略。

要在专业组织中实施战略管理非常困难，除非要求对组织的行为施加更多控制的呼声非常清晰和引人注目，或者组织的能力正在下降。当组织感知到能力正在下降或外部控制加强时，就会沿着图 4—3 中的对角线方向移动，从而使实施战略变革成为可能和可欲的事情。

政治组织（Political Organization）。外部对其行动控制很高，且缺乏内部能力的组织被称为政治组织。这类组织通过取得一个有独家行动权的领域而充分利用这一依赖性，这种独占权或责任可以通过立法的形式获得。例如，爱荷华州立法机构给予爱荷华大学医学院在本州范围内独家提供第三级保健（tertiary care）的权力。政治组织精心地维护其已经熟络的网络以转移批评和责任，并以此削弱本可以用于监控其行动的力量。以这种方式控制地盘的组织或机构缺少增强能力的动机，从而使得组织的政治性非常强。

以政治为导向并忽视提升本身能力的组织处于图 4—3 左上方的方格中，这类组织的战略是维持已经熟络的网络和其他保护地盘的安排，除非这些安排受到了侵蚀，否则，这类组织不太可能发生真正的改变。当组织的赞助者竞选失败或离开某一职位，或熟悉的网络不再起作用时，组织的地盘和特权就会受到侵蚀。每隔一段时期，政治组织就会被这些事件抛入这一状况。政治议程上新领导人的上台和利益相关者权力的变更，通常都预示着采取行动的需要。当要求优质服务的呼声清晰可见、不能再被忽视时，组织就必须放弃控制，并增强它的内部能力，使其朝图 4—3

的对角线方向改变。

一个州公共福利部门就经历了一次这样的改变。当新当选的州长上任后，它不得不从一个受保护的位置转变到一个具有更高期望值的位置。由于很难再维持现状，它采取了一种渐进变化的姿态（Wechsler and Backoff，1988）。该福利部门不得不放弃它的支配者战略，转向强调为委托人提供帮助的战略，而在支配者战略中，则是委托人应按照指示行事。这一转变为战略变革提供了动力。

一般来说，环境控制的变化会加深组织对内部能力不足的认识。低能力的暴露不可避免地要求采取行动以改善这一不足，从而增加实行战略管理的需要和愿望。这一需要和愿望的结果经常是领导的更换以及大家对采取预定变革的允诺。

容易接受变革的组织

对角线内部的组织处于较不稳定的状态，它们较易接受变革。当内部能力和外部控制达到平衡时，组织便会处于这种不稳定状态，因为能力和控制的平衡使人们怀疑组织的方向是否会带来想要的结果，这种怀疑不但可能由外部利益相关者的偏好、政治议程的变化、公众支持的弱化、预算的削减或突然增多以及法律裁决等因素引起，也可能由内部一致意见的变化或领导变更等因素引起。要求变化的内部和外部压力不但使战略管理更加实际，也减弱了政治和职业战略行为的阻碍。

受挫的组织（Buffeted Organization）。内部能力低且对有关自身的事务控制低的组织或机构被称为受挫的组织。这类组织或机构经常被变化无常的公众支持、法令、政治议程以及委托人或赞助人的偏好所左右。法令的变化可能会引致预算减少而资源使用制约却增加的情形，这一情形的结果是，要求优先处理的目标不断变化，雇员受到挫折，重要雇员不断流失，而雇员的流失迫使组织必须投入大量资金进行培训，进一步占用了组织原本就不充足的资源。

以 EPA 为例。长期以来，这个机构都面临着法令的不断变化。在某段时期，法令会偏向于要求它采取激进或诉诸法律的手段对付环境污染者，在另一时期，又会偏向于采取更加消极的姿态，要求它与环境污染者进行磋商以解决问题，这两种不同的法令交替变化。正如 1990 年埃克森（Exxon）石油泄漏案所显示的一样，政策每天都可能变化。随着 EPA 在两种姿态间不断变化，一部分人会控告它不负责任，另一部分人则会控告它渎职，这使得 EPA 可能做出这样的事情：当天介入某种行动，第二天则放弃这项行动；颁布一些条例，然后又莫名其妙地废除这些条例。

受挫的组织摆出某种姿态以适应变化，其姿态显示它已经注意到了新出现的问题。假定组织可以衡量其对环境的控制，为了与其能力的改变相适应，我们鼓励它采取图 4—1 所示的共生者战略。

战略管理可以帮助受挫的组织努力对付环境中的各种作用力量，组织行动的能力建立在找到方法以增加其对环境的控制能力基础上。对环境控制能力的增强会使其雇员更加满意，从而减少人员流失率。当能力得到了提高，对环境的控制也得到了巩固的时候，组织便会对战略变革产生浓厚的兴趣。

主动的组织（Proactive Organization）。高内部能力和高外部控制，以及由这种控制所带来的责任将组织引向另一种理想类型，即我们所称的主动的组织。这类组织或者采取妥协者战略，或者采取共生者战略。在这些战略中，战略行动的各方对需要和行动潜力达成了共识。

以某州自然资源部（DNR）为例。在我们所咨询过的一个案例中，DNR 通过战略管理使自己变成了一个主动的、能迅速回应环境要求的组织。重要的利益相关者被吸收进各种工作队（task forces）以处理重要的问题，如野生动物保护、自然保护区、狩猎和捕鱼权、航道和娱乐等。他们共同确定计划，并通过征收野生区域使用执照费筹集实施这些计划的资金。在这些计划中所征收到的费用被用于发展新的计划，这些新的计划又会产生其他能带来更多收入的活动，以至到最后，DNR 三分之二的资金都来源于州预算程序之外。通过这种回应利益相关者的方式，DNR 成为一个能自我维持的主动型组织，它追求共生者战略，能积极地响应利益相关者的需要，并具有很高的行动能力。

4.4　要点

1. 根据对行动的需要和对这些需要的回应，可以将公共和第三部门组织的环境分为平静的、局部平静的、扰动的和动荡的四种类型。

（1）传奇是对价值的重新肯定和对重要能力的保护。在平静的环境中，可以采用监护人方法实现传奇，相应的战略是官僚战略。

（2）局部平静的环境要求稳定，在这一情形下，可以通过适应者战略，用赌博的方法来在各局部领域分配资源。

（3）骚动的环境要求采用渐进方法，将满足需要的新方法当成冒险加以实验。在这一环境下，通常采用指导者战略。

（4）动荡的环境要求企业家精神，为了应对紧急需要和新情况，组织不断探索。在这一环境下，组织通常采用共生者战略。

（5）最好的战略导向是将对环境的回应与适当的行动相匹配，努力创造共生者战略。

2. 共生者战略认识到有必要做出新安排，以便满足紧急需要。它要求的策略包括：

（1）使个人和组织利益居于次要地位的重要人物，决定策略的基调。

（2）以议题为中心的努力。

（3）将重要的利益相关者连成一体的协会，由这一协会寻求解决紧急需要的办法。

（4）由协会创造和/或塑造远景，以满足需要。

（5）为所有受影响的团体寻求双赢安排。

（6）提升相互信任感，通过利益相关者的合作来满足需要。

（7）指引协会成员远离竞争，走向合作。

3. 根据利益相关者的支持和议题的可控性，可以对公共和第三部门组织所面临的全部议题分类。坐鸭类是可以解决的、得到利益相关者支持的议题。怒虎类是得到利益相关者支持但难以解决的议题。黑马类是可以解决但缺少利益相关者支持的议题。睡狗类是既不能解决又缺乏利益相关者支持的议题。组织的议题组合中各类议题的平衡大致描绘了环境的各种情况，在选择战略时，既可能认识到了这些情况，也可能没有认识到这些情况。

4. 外部对其行动的控制与内部能力不平衡的组织很少进行战略变革。控制和回应的平衡将使战略管理看起来更可取和注重实效。

第 5 章

理解战略议题

本章阐述战略议题的重要性及它们所扮演的角色，提出形成问题议程并将其清晰表达出来的方法。"议题"是指组织内部或外部出现的趋势或事件，这些趋势或事件极大地影响了组织达到其理想未来的能力（Ansoff, 1984; Nutt and Backoff, 1987）。在战略管理中，议题被用以指导对战略回应方式的探求，而那些没有反映重要趋势和事件的议题会误导这种探求。

在实践中，战略管理者经常不假思索，便将各种议题放入他们的问题议程中，这样做可能会错过某些微弱的信号，而这些信号又可能刚好暗示了重大的机会和威胁。某些被认知的信号可能是非常紧急但却不是非常重要的，另外一些则可能是深层问题的征兆。显而易见的紧急性会将注意力从重要的、隐藏的议题上引开（Kolb, 1983）。例如，一群人对某项服务的强烈要求可能会使组织忽略对该项服务的各项生存能力（如服务的密度，它对用户的影响）的考察。对战略管理者来说，从面临的一大堆混乱无序的信号中找出最关键的议题无疑是一件非常困难的事情。

大多数战略管理者并不完全了解那些阻碍组织达到目标的议题。他们不仅需要一个可以找出那些容易被忽略的议题的方法，还需要发现议题的争论点到底在哪里。为了达到这个目的，就要深刻理解工作中的各种关系。我们认为，这些关系形成了张力（tensions），即同时将组织向不同的方向推拉的相互对立的力量。如果战略管理者只处理张力中的某一极而忽视其他的力量，则他很容易错失良机，不能应付威胁。

我们用张力框架描述议题。当张力中的某一极引发了对立面时，就形成了一个议题。我们用对立价值框架揭示那些将张力塑造成议题的辩证因素（Quinn, 1988；Nutt and Backoff, 1992）。引发议题的诱因（trigger）叫作"新情况"（development）。根据这一框架，我们可以对各种新情况分类，然后将其与其他情况配对以形成张力，这些张力和其他没有包含引发了议题的新情况的张力一起，被用于揭示一系列战略管理者必须考虑的议题，所有由此揭示出来的议题便成为一个问题议程。

本章讨论战略管理中议题的角色、实践中人们如何认识议题、这些认识中可能存在的偏见、议题的性质、将议题看成张力并将它们清晰地表达出来以形成问题议程的方法。

5.1　战略议题的角色

议题在战略管理中所扮演的角色与问题在解决方法中的角色相似。议题为寻找战略回应方式划定了范围，从而排除了其他的范围及其包含的战略回应方式。从杜威（Dewey, 1910, 1938）开始，研究者们（如 Drucker, 1945；Maier, 1970；Posner, 1973；Mintzberg, Raisingham and Theoret, 1976；Nutt, 1984b）就已认识到，意图陈述与后继行动之间存在某种关系。战略管理者的认识和判断行动形成对意图的陈述，不论这一陈述是好是坏，它都将引导对回应方式的探寻。莱尔斯（Lyles, 1981）研究了众多历史个案之后发现，在战略形成过程中，人们不断地回到最初对形势的感知上。由此可见，最初的感知和理解会产生很持久的作用。

在实践中，人们经常不进行细致研究和周密思考（Dutton and Jackson, 1987）就极快地创立问题议程。这样一来，当战略管理者处理那些具有误导性的或不醒目的议题时，就可能会做出错误的战略决策。

读取议题的策略

很多战略管理方法要求对战略的探寻应在议题的指导下进行（如以下学者的方法：Dutton and Jackson, 1987；Backoff and Nutt, 1988；Ring, 1988；King, 1982；Ansoff, 1980），但对如何清晰表达议题以及什么使议题具有吸引力这两点却关注不多。例如，弗里曼（1984）所提倡的"利益相关者方法"分析了参与者可能对战略做出怎样的反应，却没有分析议题是如何被认知并形成战略的。马森与米特洛夫（Mason and Mitroff, 1981）从相互对立的政策出发，对这些政策进行排序，然而他们却没有探寻那些引发了这些政策的议题。科布与爱尔德（Cobb and Elder, 1972）挑出重要的参与者，根据他们的观点形成问题议程。

在以上途径中，议题或是隐含的，或是通过一个印象中的优先顺序排列表体现出来的，很少有某种战略管理方法提供了揭示和清晰表达议题的方法，亦或提供了检测这些议题的全面性和内容真实性的方法。这一不足产生了严重的后果，因为没有反映核心利害关系的议题，会将战略回应从重要的机会和威胁上引开。只有在发现并清晰地表达战略议题的工具得到进一步完善后，才能避免这些问题。

带误导性的议题

战略管理者在缺少可以揭示与构建议题的程序的情况下，只得依靠自身的判断力和直觉识别和描述值得关注的议题（Mintzberg and Waters，1982）。都顿和杰克逊（Dutton and Jackson，1987）指出了高层管理者用直觉判断议题的局限性。人们趋向于只根据很少的信息便对议题的重要程度做出判断（Nisbett and Ross，1980），如果某个议题被看成是威胁，则最初的立场就会变得更加极端（Tversky and Kahneman，1974）。与感知到的机会相比，感知到的威胁会激发更为强烈的反应（Jackson and Dutton，1988）。随后，人们便会对信息进行选择或歪曲，以便符合已有的观点，从而进一步加剧偏见的程度，使改变最初的立场更加困难（Hogarth，1980）。采用这种方式的战略管理者，根据不全面的信息选择议题，寻求能够证明其决定正确的线索，并拒绝对由此产生的问题议程做出任何修改。

科布与爱尔德（1972）对此有更深刻的认识。他们认为，具体的议题往往被当作重要和持久的议题而受到偏爱。这种观点得到了"鲜明度偏见"和"代表性偏见"（vividness and representativeness biases）的佐证，这两种偏见理论由特伏斯基和卡南曼（Tversky and Kahneman，1974）创立。该理论认为，人更有可能依据鲜明的信息（如某人的困境）而不是苍白的信息（如统计数据）采取行动，而人本身的经验——不论这种经验多么褊狭——都会被其持有人认为具有广泛的代表性。当利益相关者的主张得到某些鲜明但却不一定重要的信息的支持时，它们便会变得非常醒目（Downs，1972）。议题往往因为要求采取行动的呼声——而不是对这些呼声背后的原因的理解——而得到重视。当这种呼声增大时，战略制定者就会觉得有必要采取行动以显示一切尽在他们掌握之中。此时，他们往往将新奇、混乱和无定论的思想所推出的并非至关重要的利害关系当成议题，并以可预见的、强调传统而忽视创新的方法对其做出回应（Smart and Vertinsky，1977；Nutt，1984b）。

信仰与政治利益可能会带来一些其他不利因素，并加重确定议题时的偏见。阿希罗德（Axelrod，1976）说明了对因果关系的信仰如何制造了一个人们据以审视世界的镜头。这个镜头可以是广角镜，也可以是远距镜，其取景窗可以将摄入的影像变得更加鲜明，也可以将其变得模糊，还可能将某些影像完全忽略。对政治的关注会产生一种不同的偏见（Narayanan and Fahey，1982）。议题会激起利益相关者对狭隘利益的考虑，他们可能对信号加以扭曲、重塑和解释，以迎合自己的利益。追求自我利益的各方之间的冲突，迫使战略管理者在他们提出的议题中做出选择，而这些议题可能都不可取。

议题的注意力通常集中于某些有形的事情（如服务）上，而忽视了社会力量（social forces）（Arcelus and Schaefer，1982）。社会力量（如工地安全和雇用少数民族职员）也像服务一样，有一定的生命周期（Ackerman and Bauer，1976）。社会力量经常不被察觉，部分因为战略管理者们使用的扫描工具不够全面，不能发现社会需求与组织的运作效率和价值观之间存在的紧张关系。

描述议题的语言和标签也可能产生偏见效果（Staw, Sandelands and Dutton, 1981; Dutton, Fahey and Narayanan, 1983）。菲夫纳（Pfeffner, 1981）说明了语言要素的操纵——如将一项新的利润税叫作超额税（excess）或横财税（windfall）——是如何导致支持或反对的。哪怕是表达这些感觉和理解的词语的微小改变，也会对公众的反应带来一定的影响（Volkema, 1986）。此外，战略管理者注意力的方向也会影响被确认的议题的种类。将注意力集中于内部的议题可能激起如变更组织结构一类的战略回应，而将注意力集中于外部的议题，则可能会激起如建立联络和支持网络等一类的战略回应。

将议题（issues）看成是问题（problems）会引起另一种标签型偏见。将注意力集中在问题上会形成一种聚合式思维（convergent thinking），即所有的思考都围绕问题的各项参数进行（King and Cleland, 1978）。问题指明了紊乱的功能（如成本上升），并暗示有必要采取行动以应付这些功能紊乱。成本问题要求对成本做出回应，这也是聚合式思维的一种形式。问题也会促使人们去找出对该问题负有责任的当事人和可以衡量偏差的标准，如确定谁应对成本上升负责以及何种成本水平是可以接受的等等。议题是多种力量作用的结果，对各方的责任做出精确的衡量既是不可能的，也是不必要的，因而也不能对任何一方加以谴责。但将议题当成问题则会煽动谴责的情绪，从而使各方采取逃避责任的行动，而不去寻求有益的补救措施。

5.2　议题识别的困境

战略管理中有一个与青蛙有关的比喻，依讲述这个故事的人的不同，这个青蛙反应过激或反应不足。一只青蛙坐在一盆被慢慢加热的水里，倘若它不采取任何行动，便会被煮熟。青蛙看起来是可以跳出这盆水的，但它却没有这样做，因为变化是缓慢发生的，其结果是它被煮熟。那些拒绝承认情况正在逐渐变得严重的管理者也可能会不采取行动，而他决定采取行动时，则可能已经太晚（Tichy, 1983）。珍妮斯（Janis, 1989）将这种行为模式称为"防御性避免"（defensive avoidance）。

人们也用青蛙来比喻经常对引起他们注意的事情采取过激反应的管理者。青蛙的大脑与眼睛相连，只要眼睛看到任何细小的威胁都会使它们迅速地逃逸。与青蛙不一样，管理者可以在行动之前进行思考，但他们在这一点上做得不够。"超警惕的"管理者扫视所有最显而易见的反应方式，并采用那个可以让他尽快逃离威胁的一个（Janis, 1989）。

像青蛙一样，战略管理者要承担两种风险，具体是哪种风险，依他们对组织面临的问题作出的反应而定。组织的上层管理人员经常受到以下因素的困扰：未经证实的汇报，预算削减，特权和职责的减少，有资格享受服务者的变化，服务密度的增加或降低，价格控制，工作场所安全要求，联合选举，罢工，形象贬损，监督机构的观点变化，司法判决，技术进步，对污染和环境的警醒，雇用少数民族职员，对平等机会的要求，诉讼，用户需求变化，领导更替以及劳动力工作能力的下降等。这些因素纠缠不清，构成了战略管理者必须考虑的背景。

当趋势持续存在或发生了引人注目的事件时，其中的某个问题会引起管理者的注意，从而形成一个新情况（development）。某些重要指标的变化（如预算支持的恶化）反映了趋势是否已形成，而某些趋势是经过管理者长时期的审视才变得明显起来的。向管理者暗示机会或威胁的重大事件周期性地发生。例如，议会改变服务享受者的资格要求或创立一项新的计划。趋势和事件将人们的注意力引到新情况上，而这些新情况看起来会对组织能否达到其理想未来产生重要影响（Ansoff，1980；Dutton，Fahey and Narayanan，1983；Daft and Weick，1984；Nutt and Backoff，1987）。

新情况也存在于组织运作的内部与外部环境之中。将注意力引向新情况的信号，既可能很强，也可能很微弱，另外，新情况本身的重要性也可能并不足以使其成为一项议题。雇员对工作时间安排的抱怨，可能反映了更深层次的问题，即他们对组织不满，而这一不满又可能源于组织漠视工人改善工作条件的要求。因而，如果战略管理者忙于应付工作时间安排的呼声，就有可能忽视处理改善工作条件这一真正诱因。

组织面临着一个越来越动荡的环境。安索夫（Ansoff，1981）将这种动荡归于内部和外部的新情况，这些新情况越来越多，越来越频繁，越来越新奇和难以理解。当新情况很陌生、看起来受人操纵且带有不祥的预兆时，组织便不能根据过去的工作经验处理它们。面临这种环境的组织要存续下去，就需要进行战略重构与变革。

如果一个公共组织的预算受到了通货膨胀的侵蚀，如果它不断地为地盘而和其他组织发生冲突，而且，其委托人的变化速度超过了它所能认知并将其重新分类的速度，那么，这个组织就面临着一种动荡的环境。这时，组织必须对以下三方面——表明预算遭受侵蚀的趋势和重大事件，冲突的紧急程度以及变化中的委托人——有明确的认识。不能正确地认清和准确地陈述新情况是组织衰落的最主要原因（Ansoff，1984）。如果组织的战略行动能准确地把握重要的信号，则它就能避免或扭转衰落的命运。

在这种环境中，某种特定的新情况的真正含义经常是模糊和难以辨别的。为了维持秩序和赋予新情况以意义，就必须为它们贴上机会或威胁的标签（Dutton and Jackson，1987）。标签将新情况加以归类，从而暗示了对它们的反应方式。如果公用电力事业客户的减少被看成是威胁的话，那么可能的反应则是为增加用电量而促销。这一点完全符合逻辑，它恰如将市场占有率降低看成是暗示有必要开拓新市场的机会一样。两者的不同之处是，后者要采取一种截然不同的反应（Nutt，1989a）。同样，组织内部或外部的新情况也可以被看成是优势或弱点（Ansoff，1980；Nutt and Backoff，1987）。组织可能认为某些新情况能带来运气，而另一些会带来麻烦，前者如把自己的优势用于对机会的开发，后者如挫败可能引致组织内部弱点的威胁。那些用诸如"优势"和"威胁"等含义丰富的词描述的新情况，会使得组织选择战略时存在偏见。

战略管理者很难容忍不确定性，他们经常断然将新情况中的不明朗因素标注成议题（Mintzberg, Raisingham and Theoret, 1976；Nutt, 1984b），这种做法可能会带来灾难性的后果。一方面，组织可能因此错失一些能带来极大改善的机会，极大地削弱组织的能力；另一方面，那些没有察觉到的威胁可能损害组织的绩效，导致组织的衰落和失败。

应当拓宽组织在选择战略之前需考虑的议题范围，其原因有二。首先，持有特定价值观的组织可能会忽视一些议题（Quinn, 1988），如果不想忽略关键议题，就必须有一条可以广泛地探索问题的途径；其次，需要一个可以准确地表达到底什么是议题中的"争论点"的方法。我们用张力这个词来表达大多数议题中所固有的冲突，为清晰地描述和表达议题提供了一个方法。本章的第一部分讨论了将议题看成张力的理由，以这一讨论为基础，我们将注意力转到一个框架上，这个框架辨别了一系列经常出现的议题，并以张力的形式将它们表述出来。这一框架将帮助我们揭示、检测和清晰表达议题，并形成一个问题议程。

5.3 作为张力的议题

我们将议题定义为两种新情况间的张力，这两种新情况代表了组织内部或组织与环境间两极的对抗与矛盾。例如，医院可能面临着住院率严重下降的局面，这一局面表明有必要裁员。但医院与工会的合同限制了解雇员工的比率，这样，裁员与合同二者之间就存在一种张力。大多数组织中都有类似的张力在发生作用，这些张力形成了一个张力场（field of tensions）。张力场中各种力量的冲突可能会指引组织朝不可取的方向发展。认清组织中发生作用的张力可以促使组织采取措施，使不可取的方向转移到组织的理想上来（我们将在第 7 章讨论方向和状态以及它们在战略管理中的角色）。

正视张力的原因

将议题表达为张力的目的在于清楚地说明组织所面临的混乱网络，这个网络由政治和市场力量组成，它同时将组织向多个方向拉扯。如果战略管理者们只应付其中某一支力量，而忽略其他力量，则获得成功的可能性不大（Cameron, 1986）。例如，公共组织必须勇敢地面对这样的事实：控制支出的同时，要不断扩张，以便信守它们对弱点人群的承诺，这些承诺或是由法院的判决规定的，或是由议院的法令要求的。此时，组织采取只缩减开支而不增加服务或只增加服务而不缩减开支的做法，都会产生潜在的危险。

　　对精神病康复中心来说，接收法院规定必须接受的某些客户，无疑与资助机构要求削减预算的建议相冲突。如果这些议题不被当成张力加以管理，精神病康复中心就会受到权威网络中强权人士两方面的夹击。此外，媒体、职业利益集团或政府分支机构对一个议题的不同意见也会导致张力的形成。以公用事业为例，当它考虑如何处理供电能力的不足时，会同时受到几方面的影响：环保组织倾向于坚决反对在河上修水坝以提供便宜的电力；管理机构拒绝新建一个核电站；州议院建议利用当地的煤炭资源，但联邦污染控制署会使利用煤炭发电变得无比昂贵，以至于这一建议根本无法实行。与此相对，企业的张力源于竞争对手的行动，以及快速进入和退出竞争对手开拓的市场的限制（Porter, 1985）。

将议题视为张力的根据

　　将议题视为张力有几方面的根据。"张力"（tension）这个词与"悖论"（paradox）一词相关（Van de Ven and Poole, 1987）。对某件事存在两个言之成理的解释，这两个解释间的矛盾就是一个悖论。每种解释的论证都非常有说服力，但把它们放到一起，则相互矛盾。这些相对立的解释互相排斥，但将它们放到一起时，却可以提供一种洞察力，这一洞察力是孤立看待任何一种解释时所无法提供的（Cameron, 1986）。悖论并不意味着要在各种解释之间做出选择，或要将各种解释加以调和。张力将各种解释看成是组织中同时存在的各种对立力量。将议题看成是由悖论引起的张力揭示了对组织造成冲击的各种对立力量，因此，可以将议题定义为相互对立的力量，这些力量或将组织拉向、或将组织推离自己的理想（Nutt and Backoff, 1987）。

　　将议题当作张力与几种跟战略制定有关的思想是一致的。如贾特西（Jantsch, 1975）主张战略管理应当平衡各种对立的力量，如精神病康复中心削减预算的需要与照顾穷人的需要之间的平衡。张力与米特洛夫与艾姆沙夫（Mitroff and Emshoff, 1979）、马森与米特洛夫（1981）所采用的辩证观相似，他们认为政策制定中的各种需要是对立的。对立的观点产生了各种不同的诉求和反诉求，这些诉求和反诉求形成不同的张力，回应必须针对这些张力做出。科布与爱尔德（1972）将议题看成是利益集团间的冲突。不论以上哪种思想都认为，应将议题看成是对立的力量，它们反映了相互对立的需要所造成的困境。马森（1965）以及萨斯曼与赫登（Sussman and Herden, 1985）发现，在制定政策时，对这些对立的力量进行研究会产生极好的效果。如果战略管理者只处理对立力量中的一方，而忽视另一方，他们就会忽视一些可能阻碍行动的障碍，也可能错过一些未认识到的力量可能带来的机会，从而制造一个含有潜在威胁的局面。

　　如果一个组织不加考虑地将各种新情况贴上标签，不加区别地以生产率作为行动取向，则这个组织不太可能找到有创意的战略。将议题的确定向各种可能性敞开更加符合更会遵守派生于问题解决的研究、实践专家和管理大师的箴言。论述如何解决问题的文献提出，战略制定应以议题为中心（如 Maier, 1970）。行动获得成功

78

有一个必不可少的条件，即在需要和机会的性质变得明朗时才开始行动（Mason and Mitroff, 1981；Nutt, 1984b）。实践专家的研究发现，当手段和目的都不完全固定时，结果是最好的（Schon, 1983）。管理大师善于在采取行动前综合考虑相互对立的参数，从各种参数的角度审视议题（Quinn, 1988）。将议题当作张力处理可以使战略管理者"以议题为中心"，在对需要和机会没有理解透彻之前，不采取实质性的行动。

5.4　组织认知的新情况的类型

战略管理者注意力的方向和性质，反映了他们审视环境、发现组织所面临的新情况的方法。图5—1显示了战略管理者以灵活或固定的目的、将注意力放在内部和外部时可能会识别出的新情况的类型。我们之所以选择注意力的方向和审视方法作为分类要素，是因为类似的二分法在战略管理文献中经常出现。

开放与灵活的	人力资源需要 （公平）	创新与变革 （转变）
审视方法 管制与控制的	维持传统 （保存）	合理的程序 （生产力）
	内部　　　　　　　　　　外部	
	注意力的方向	

图5—1　组织面临的新情况类型

战略管理者可以将注意力集中到组织的内部或外部，以便审视新情况（Ansoff, 1979）。许多学者认为，将注意力放在内部或外部会得出不同的结论，因而将内部和外部加以区分是一种重要的分类方法（请参照其他学者，如King, 1982；Ring, 1988；Nutt and Backoff, 1987；Dutton and Jackson, 1987；Bryson, 1988）。将注意力放在内部，会看到组织运作方面的新情况，如根据信息系统衡量或朋友的观察而得出的绩效。朋友的观察能够揭示领袖和权力中心如何将人们按照需要、满意度和投诉划分为不同的阶层或集团；以绩效为中心的观察则根据实际操作，如衡量成本、质量和用户满意度等找出问题。将注意力放在外部，会使管理者努力寻找外部出现的新情况。他们参考类似机构和其他相关团体建立一个期望值标准，并用这一标准衡量组织内的人和绩效。

为审视新情况，战略管理者要么采取开放与灵活的（open and flexible）方法，要么采取管制与控制的（regulated and controlled）方法（Morgan, 1980；Quinn and Rohrbaugh, 1983）。摩根（Morgan, 1984, 1986）认为，可以将人们对所需行动的感知分为管制和变革两大类。这些区别预示了战略管理者更有可能留意和认知的事实，以及他们将会认知的事实的各个方面。如果战略管理者采取开放与灵活的反应方式，他们就会根据新情况解释重大事件和趋势，这些新情况能为组织识别出潜在的变革机会，并通常以组织应考虑接受的创新形式出现。如果战略管理者采取管制与控制的反应方式，他们就会从确保可预见性和稳定性角度看待新情况，这会引起对变革或维护传统的要求。

用以上方法指引并集中注意力的战略管理者们倾向于用公平需要、维持传统需要、转变需要或生产力需要来理解新情况（Nutt and Backoff，1992）。

公平

如果战略管理者将注意力投向组织内部，并采取公开和灵活的回应方式，那么组织将会注重人力资源开发，其具体指标有凝聚力、士气和动机（Quinn and Cameron，1983）。这种审视方法将注意力集中在组织赖以正常运作的关系网络上，以便确定需要。要管理好网络中的个体，战略管理者就必须正视公平，保证每个人都得到公正对待。对人力资源方面新情况的认知，一般通过有意或无意的激励表现出来，这些激励试图改变人们的行为方式，并鼓励人们采取某些行为。人们用固定的标准，如服务使用者如何遵守约定等，解释创造了激励的重大事件和趋势的一致看法，服务提供者用以鼓励人们遵守约定的各种约束力也被考虑在内。一个人力资源新情况通常以培训和修改报酬系统的形式出现。

保存

将注意力集中于内部的控制和管制，强调用维持传统的观点看待新情况，它对事件和趋势施加控制，从而要求回到以前的状况或维持目前的状况。对维持传统的需要反映了这类新情况。人们通常用维护组织在历史上形成的文化、惯例或合约等解释传统的价值。例如，试图在美国国务院引入管理技巧的努力没有成功。最初，他们试图对原有的大使进行再培训，当此举不能获得成功时，又试图将大使和外交使团的权力转移到在华盛顿负责各国事务的官员手上（Warwick，1975）。但是，即使是在权力被从国务院转移到国家安全委员会之后，大使们仍坚定地维护其作为美国在国外的发言人的传统以及他们的行事风格。

转变

当战略管理者将注意力集中于组织外部，并采取一种开放和灵活的回应方式时，便会产生变革（转变）的需要。战略管理者在读取环境中的信号时，会努力寻找那些必须满足的需要和能给组织带来利益的机会。组织要朝着能够利用机会和满足需要的方向改变，这就形成一个转变。转变反映了组织为什么要朝适应变革的方向改变。新情况通常被陈述为组织可能提供的新服务，这些新服务可能可以满足新的需要或指令，能够扩大影响或增加预算。

生产力

从管制的角度理解外部环境会强调两种理性，即完成工作的方法中的理性，以及要求采取措施以提高生产力所包含的理性。战略管理者要努力找出可以带来最高产出水平的新情况。以生产力形式出现的新情况通常要求改变惯例和程序，实行一些可以提高绩效水平（如效率）的变革。

5.5　构建议题张力

图 5—1 所示的框架将引发行动的新情况与其他三种新情况结合起来。而显示了行动需要的新情况可以处于这一框架的任一方格之中，议题则被定义为图 5—1 某两个象限内新情况间的张力。例如，增加新服务与生产力的提高引起的新情况形成了"转变—生产力张力"。这样，便产生了六种不同的张力（如图 5—2）。相邻的两个框格中存在调节器（moderator），它与张力直接相连，既可以加剧也可以缓和已有的张力。诱因、张力和调节器提供了一条确定问题议程的途径。遵循这条途径，在行动前多加思考总是有益的。

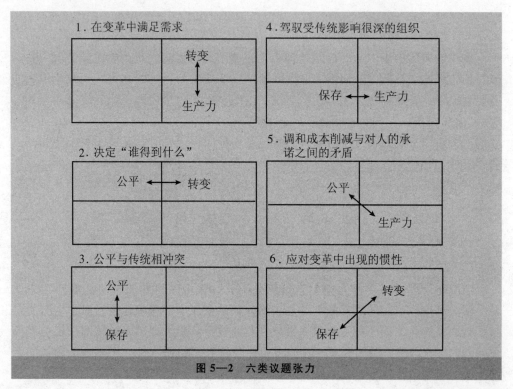

图 5—2　六类议题张力

很少有只存在一种张力的案例。这个结论源于我们的一个基本前提，即一个议题与全部六种张力相关联（或者说，它寓于这六种张力之中）。我们用以说明一种张力的案例经过重新组织，作为张力的一极或调节器，也可以作为说明其他张力的案例。我们认为，所有的议题都有这一特性。要充分说明一个议题，必须对图5—1所示的四个方格加以说明。

转变—生产力张力

在变革过程中，需求的满足经常会引起转变—生产力张力（transition-productivity tension），这种张力可能以"削减管理"（cut-back management）（Levine，1978）、应付新的指令、以新命令取代旧命令、封闭领域（如像消防部门一样处理固定市场）等各种方式出现。削减预算、实行新计划引起的资金短缺等困难都会使组织面临这类张力。在转变过程中，为了产生足够的收入以满足支出的需要，就要尽力留住顾客（或客户），这时，便会出现转变—生产力张力。例如，在医院的扩张过程中，必须维持住院率以产生足够的现金流，只有这样，它才能满足薪金需求，以及实现它发行债券用以扩张时所做出的承诺。

如果组织既要高效地提供服务，又要维持政治合法性以获得对各项计划的支持，也会产生转变—生产力张力。政府中推行新计划的政策制定者经常会与各机构的管理者发生冲突，因为后者更关心维持与立法者及重要的客户的政治联系。温伯格（Weinberg，1986）描述了某个州运输部中的转变—生产力张力。该部负责公共事务的工程师建构了一套非常出色的系统，依照这套系统，可以高效地修建公路。然而不幸的是，这套系统忽视了公民的输入和参与。最终，对公路位置和样式的选择给该局带来了极大的麻烦，因为他们完全忽略了转变—生产力张力。

公平和保存可以调节转变—生产力张力。经济不景气会极大地减少政府部门的岁入，从而促使服务部门的管理者减少服务项目、降低服务密度，这时，公平问题就会突显出来。公平要求注意那些得不到以前所享受的服务的人群的需要，对削减计划仔细考虑。当重要客户的需要得到满足时，公平可以缓解这一张力；而当人们的需要被忽视或没有得到适当的对待时，如果希望一切保持原样的传统主义者发动攻势，挑战变革的合理性，对保存的关注就会加剧张力。变革会带来一些必须重新学习的业务，产生短暂的混乱和低效。这些问题会被保存主义者利用，作为变革失败和要求恢复原样的证据。当有重要意义的传统（如文化）被用来作为支持变革的工具时，保存可以对张力起缓解作用。有的组织也尝试过将传统嫁接到变革上以达成协议的做法，这种做法就如立法机构提出高龄条款以免除受到立法负面影响的选民的责任一样。

在"削减管理"中，新情况是指削减的幅度和时间。削减和维持相同甚至更高输出水平的需要之间产生了很大的张力（请注意这里"和"的关系）。在这里，只顾及其中的某一方面而忽视另一方面是行不通的。游戏规则（保存）（如处理好组织文化以实行削减）能够缓解这一张力。进行削减时，必须坚守组织关于削减程序的传统，如听证、磋商、承诺和优先顺序等。此外，还必须考虑文化中被广泛珍惜的因素（如卓越中心等），使它们得以保持在仍可运行的状态。公平是另一个强有力的调节器，它保证削减不会偏离那些受影响诸方所信守的公正标准。

公平—转变张力

公平—转变张力（equity-transition tension）的主要表现是对预期利益的争夺。一项新服务或能够给组织带来声望的内部运作，是提升的载体，它会被众多渴望提升的领导争夺。如果随变革一起来的还有宽裕的预算和资金，争夺就会更为激烈。反之亦然：一个缺乏预算支持、不能带来声望的新主意往往成为"别人的问题"（Bardach, 1977）。而缺少公平考虑的转变会产生极大的隐患。

保存和生产力可以缓解公平—转变张力。在变革中，坚持既有程序的要求（保存）会加剧张力，但是，当先例得到遵循时，张力则会得到缓解。如果拒不遵循先例，传统就会和公平联合成强大的力量，阻碍既定的变革的进行。保存可能会要求根据组织原来约定的固有条款决定谁应该得到新服务（Lippitt and Mackenzie, 1976）以及如何开展变革。违反这些传统会加剧公平—转变张力，坚持这些传统则会缓解这一张力。

当生产力标准缺少公正性时，生产力可能加剧公平—转变张力或使变革极为痛苦。例如，首次实施价格控制的医院部门没有办法做到这一点，因为其成本的大部分都掌握在医生手中，而医生们却在医院各部门的控制之外。作为调节器，生产力通过显示成本上升和绩效下降的原因减慢变革的速度，从而缓解张力。这一战术缓和了许多要求快速变革的呼声。

公平—保存张力

当公正与传统二者不可调和时，就会出现公平—保存张力（equity-preservation tension）。当国会试图在联邦公务员中实行以绩效为基础的报酬计划（转变）时，必须面对这样一个事实，即工会合同（公平）规定报酬应以资历为基础。同样，管理者的报酬，如假期，是以服务年限为基础的报酬的典型。将假期长短与报酬计划挂钩会遇到强大的阻力。

公平—保存张力受到转变和生产力的调节。例如，外部监督机构要求组织增加妇女的平均报酬水平，这会诱使组织在同等的经验和表现条件下，向妇女提供比男性更好的报酬。这种做法增加了妇女的平均报酬水平，但会引起对公平的关注。这一张力会由于男性声称组织实施反向歧视、违背了组织报酬计划的传统而加剧。引入这类报酬计划的转变也可以充当调节器。在转变过程中出现的反馈，可能要求逐步改变妇女的报酬，保证同类工作中有相近工作和表现的人员的报酬公平。这样，张力便可以得到缓解。

权力限制也可以成为公平—保存张力，而转变和生产力则是这一张力强有力的调节器。在预算遭到削减时，公共机构经常发现自己的资源基础被损害、原有战略姿态失去效力，这会在以下两方面之间形成张力：对公平的关注即谁向谁提供服务，以及对保存哪一部分服务的关注。当组织考虑用少量雇员满足这些需要时，生产力问题便成了一个调节器。在一段时间内，组织要完成传统的义务几乎是不可能的，而这限制了服务的生产力，使他们试图在系统外寻找失去的资金（转变），如州自然资源部设立或增加的执照费和使用费。

保存—生产力张力

　　信守传统的组织在处于困境时，经常会产生保存—生产力张力（preservation-productivity tension）。一方面，增加输出的需要已经非常紧迫，组织再也不能忽视这一点；另一方面，组织的传统却拒绝接受新的生产标准。因为满足新的期望值要花费成本和时间，这些都证明了拒绝接受的合理性。传统主义者发起宣传攻势，历数新标准所带来的种种不幸。例如，当大学的教员被要求增加研究成果时，他们会列出一长串自己要承担的义务，如学生工作、大学委员会等等。大学各系的系主任对削减预算的反应也与此类似。他可能保存自己公费旅游的资金，却取消研究论文的打字、复印费，希望这能迫使教员申请补助，以此弥补这类研究费用。当用以资助研究的资金被取消而系主任却保存了私人活动资金时，便产生了保存—生产力张力。

　　公平和转变充当了保存—生产力张力的调节器。在上例中，看到拨款中存在不公平的资深教员可能会向系主任提出质疑。作为调节器，公平可以限定资金的用途，从而缓和张力。预算短缺会引起各方面费用的削减，从而为转变调节器的作用发挥提供了条件。正在进行中的转变会调节与缓和因预算减少而带来的张力。

公平—生产力张力

　　公平—生产力张力（equity-productivity tension）经常出现在组织试图用它们对民众的承诺摆平预算削减的时候。在以下情况出现时，这一张力会极大地损害组织：一方面，组织不得不降低成本，另一方面，又要符合工会合同，并保守其对管理人员和专业人才所做出的长久聘用的承诺。例如，医院以外聘的清洁公司取代原有的清洁工可能会节省成本，但却违反了与工会的合同。因为失去了联邦资助，医院可能需要取消某项服务，但这一做法却违背了组织长期以来对用户的承诺，也违背了组织聘用专业人才时向他们做出的承诺。

　　生产力和公平间的冲突会不断积累，直到它们引发一波波的抗议浪潮。保存和转变可以充当这些冲突的调节器。我们曾经处理过一个福利署的案例，该福利署一直以来都面临着如何处理每日积压的申请的问题，这些积压的申请已经使雇员们精疲力竭了。他们似乎没有时间向人力资源投资。雇员们逐渐丧失了动力，因为他们根本没有办法维持所要求的业务水准。在精疲力竭之后，雇员们采取了偷懒的办法，以对付日常工作所带来的永无尽头的压力。

　　组织用工作说明书（job specifications）调节这一张力，但局面却没有丝毫改观。虽然组织一再提醒雇员们注意自己的工作说明书，却忽视了导致这一问题的真正原因。这个调节器只是抑制了张力，使它变得不那么紧急。我们在处理福利署的问题时，将转变作为一种可以将张力放大的调节器加以引入。我们还通过团队方法处理各项申请，从而使公平需要浮出水面。对转变需要的认识，还使得我们能够引入自动化程序以代替原来的手动程序，用来处理申请。我们在申请处理组（claim-handling team）实行弹性工作制，以处理对公平的关注（组员制定自己的工作时间表，包括工作时间的长短），这使得多年无法实现的自动化得以实现。

公共组织必须对权威系统的否决权做出回应，这一权利也可能产生公平—生产力张力。例如，法院否决了公用事业的一项拉闸计划，该计划要求在夏季切断不付款用户的水电。在这个案例中，如果继续向不付款用户提供服务，公用事业就不可能提高效率。但法院却认为，对人本身的责任要求公用事业向人们提供服务，而不论他们是否为此付费。

转变—保存张力

许多组织发现，惯性（inertia）是制约变革的一个主要阻力，它形成了转变—保存张力（transition-preservation tension）。官僚机构有一种固有的、重复相同活动的动能，而惯性则植根于转变需要与这种动能的张力中。惯性使组织陷入一个不断退化的怪圈。情况按照一个固定的熵数不断变坏，似乎没有打断这一链条的办法。

政治赞助（political patronage）（保存）会减缓转变要求，并阻止强烈变革要求的出现。例如，工会限制性工作规则导致了"学会的无能"，进而要求严格遵循工作规程，而这些工作规程又进一步强化了现状。

公平与生产力能缓和转变—保存张力。人们经常会产生对公平的担忧，从而保存那些不需付费的客户（例如，精神病康复中心严重的智障人士）。绩效也可以充当调节器，从而产生两种类型的力量。首先，评估绩效的条例（如由立法机构指定的、评估州就业委员会安排失业人员就业这项工作的绩效标准）可能会向正反两个方向扭曲绩效，从而加强或抑制转变的需要。譬如说，在失业率历来较高的地区，安排就业几乎是不可能的。其次，绩效可能要求建立如鉴定、审计和分类（如医院广泛使用的 PIMS 模式）等档案管理机制，而这一点既可以被看成是对现状的认可，也可以看成是对现状的挑战。这类张力和它们相应的调节器可以用"官僚病理议题"（bureaucratic-pathology）这个词来形容，它引发了植根于转变—保存张力中的惯性。

另一种转变—保存张力通常发生在组织试图调和新旧两类服务的时候。旧服务代表传统，新服务代表转变。人们担心新服务会抽走旧服务原有的资源，而旧服务是组织的标志与象征。预算限制会产生转变—保存张力。传统规定如何分配资金，但业经批准的预算可能使拨款减少，这种拨款的减少可能源于全面的预算削减，也可能源于对某些资金用途的明确规定。以医学院为例，虽然议会减少了对它们的总体拨款，但由于议会还专门拨出了一部分款项用于建立家庭医学系，医学院就不得不遵从这一指令，建立家庭医学系。当削减发生时，医学院的管理者必须处理生产力和公平问题。

5.6　如何运用框架

为了形成问题议程，我们将识别新情况的趋势和重大事件看成信号（这些信号指导着对其背后隐含的利害关系的探寻）。为此目的，我们采取两个步骤。首先，将作为诱因的新情况与图 5—1 中所示的其他三类情况结合起来形成张力。例如，重要行政人员在额外津贴上争吵不休，为了了解这些争吵，就要将对津贴的争吵（公平）与其他情况结合起来。公平—保存、公平—生产力、公平—转变张力是要考虑的另外三种情况，这三种张力分别处理公正与传统间的冲突、调和削减与对人的承诺以及决定在变革中谁得到什么。

其次，其他三类情况可能与作为诱因的新情况（公平）不相关，但也必须将它们作为张力来研究。转变—生产力、保存—生产力和保存—转变张力会分别产生以下各种议题，如在变革中满足需求、向充斥着传统的系统加压以及在变革中应付惯性。这些张力将作为诱因的新情况当成调节器，它们使得人们不再局限于最初发现的新情况，而是去探究其他可能值得注意的张力。

如果战略管理者用这种方法形成问题议程，他就可以在行动前采取均衡的态度来探究潜在的可能性。这相当于照相的取景，它扩大了行动的范围，甚至突破了最初引起战略管理者注意的趋势和事件范围，这一步对改善战略管理的运行是至关重要的。另外，通过对六种普遍张力的研究，可以识别出受到它们影响的各个当事人和利益集团。

将议题看成张力更有可能促成双赢战略。首先，通过研究六种张力，我们可以更容易地发现受到它们影响的当事人和利益集团。其次，构成张力的两种新情况之间"和"的关系表明，必须探求能妥善处理两种新情况的战略。通过考虑两种对立的新情况间的张力，如在转变中寻找对公平的关注、在对公平的关注中寻找转变的机会等，我们就会清楚地发现，完全有必要妥善处理张力的对立双方。这使得组织考虑那些不这样做就可能被忽视的战略，从而增加找到双赢结果的机会。

将议题看成是相互排斥和矛盾的新情况产生了多元化的思考，而这恰恰是复杂的任务（如战略制定）所必不可少的（Cameron，1986），因为对张力中多个互相排斥的对立面的思考，往往比单纯思考一种情况更有可能带来突破性的进展。卢森堡（Rothenburg，1979）通过对 54 位科学家和艺术家的研究发现，他们工作中的突破性进展都源于他们接受这种观点，即对立的力量是同等有效和精确的。这些看似不相容的因素所产生的张力形成了一个基础，在这个基础上产生了调和这些对立因素的洞察力。这类例子很多，如：编写音乐时想象不和谐音与和声的音乐家，在同一幅画中绘出不和谐与和谐的画家。因此，一个以张力出现的议题并不一定就是一个必须解决的难题，而是一个必须超越的悖论。超越张力中的对立面会产生双赢战略。彼得斯与沃特曼（Petters and Waterman，1982）说明了组织在学习如何识别和管理张力时做得如何出色。

即使没有取得突破性进展，张力以及它所包含的矛盾因素也能引起组织的注意，并激发其创造力（Schumaker，1977）。张力可能会捕捉到一些当前无法解决的问题，但在新的洞察力和机会出现后，这些无法解决的问题便可以转化成为能够解决的问题。

将议题看成张力并不保证能找到一个双赢战略，但毫无疑问，这种方法提醒人们注意隐藏的利害关系，从而使忽略这些利害关系变得非常困难。对这一点的高度警觉使人们更加努力探求处理议题的方法，而这些方法在此之前可能并不被人理睬。奎恩与卡梅隆（Quinn and Cameron，1983）指出，组织通常以可预见的方式回应那些战略问题，这种条件反射经常导致组织片面地看待议题，例如，片面看待人力资源问题，不将其看成一种转变。坚持仅从人力资源的角度看待议题将使战略失去平衡，而忽略图 5—1 中其他三个方格所代表的行动。以六种类型的张力来研究议题为进一步调查提供了机会，使人们更难忽略作用于组织的各种力量。

5.7　要点

1. 议题是战略管理的关键，因为它指引对战略回应的探究，它在战略中的地位就像问题在问题解决方法中的地位一样。

2. 如果趋势和重大事件产生的新情况吸引了战略管理者的注意力，这些趋势和重大事件就成为议题。组织还应进一步进行检测，以确保这些新情况并非只是值得注意的深层问题的表面征兆。

3. 新情况被当作强烈的信号，它们指引对其背后隐含的利害关系的探求。这些利害关系可以分为公平需要、保存需要、转变需要和生产力需要。作为诱因的新情况被与另一个新情况相配，以创造一个由张力构建的议题。首先，这一匹配揭示出一个总是值得注意的利害关系，从而有助于展现那些可能被忽视的微弱信号；其次，张力显示了多个重要议题如何同时将组织向几个方向拖拉。

4. 议题张力框架可以帮助组织检验其问题议程的完整性，找出它可能忽视的议题。问题议程中缺失的议题张力可以为研究那些可能被忽视的议题提供洞察力，更好地审视它们所带来的弱点和威胁。

5. 人们试图寻找一个战略，它能够平衡一个非常重要的议题张力中对立的力量，从而使人们能在采取战略行动处理张力中某种新情况的同时，完全了解另一新情况。与在对立的、构成一个张力两极的新情况间做选择相比，以这种方法处理张力使管理者更容易确定一个双赢战略。

第 3 篇

战略管理过程

第 3 篇将讨论实现战略管理的过程。第 6 章展示战略管理过程的基本理念；第 7 章详细讨论战略管理过程的阶段和步骤；第 8 章将六种过程阶段组合起来，形成战略管理的各种方法。

组织战略过程

人们希望公共和第三部门组织提供高效和有效的服务，为了确保这一点，公共和第三部门组织就必须明确地表达和评估其战略，并对战略演变加以适当管理。战略所要解决的问题很多，其中之一是为组织确定服务纲要及目标（如发展或稳定）。例如，国家自然资源部的战略之一就是调整各种执照的费用，利用这些收入来资助野生动物保护计划、环境保护计划、狩猎及捕鱼规章和州立公园的发展。

人们往往忽视公共和第三部门组织在制定战略时的一些特殊问题。如我们在第 2 章所讨论的，这些组织与企业相比，面临着许多模棱两可的目标、切实和潜在的冲突以及对于选择和领域范围的严格限制。对这些组织来说，过早地对分析下结论或过于注重分析的精确性都可能造成灾难性的后果。没有正确把握政治议题的分析会给组织造成错误的安全感，从而忽视对这些政治议题的处理，而这将给组织招来失败和责难。

我们设计这个过程，就是要处理公共和第三部门战略管理中的问题。这个方法虽有一定的创新，但它的基础是第 2 篇所讨论的一些关键理念。我们对它们进行了修正，以满足公共和第三部门战略管理的独特需求。其新颖性在于一些额外的阶段、一些新的活动和对这些阶段的排序，我们将在下一章讨论这些内容。作为这一讨论的准备，本章将列出其中的基本理念。

6.1　基本理念

　　战略管理需要一个过程，它可以将传统与创新结为一体，同时，又考虑制定——创造新的理念，以及实施——把新思想付诸实践。如图6—1所示，随着这一过程的展开，其重点也从传统转向创新。组织当前的实践、文化、信仰和传统组成了变革的基础。战略管理的第一阶段是对这些历史承诺进行回顾和探讨，帮助决策者重温组织建立的基础。只有在珍惜实践中必须保存的遗产的基础上，才可能产生变革。传统与创新的辩证结合体成了构建未来的基础。

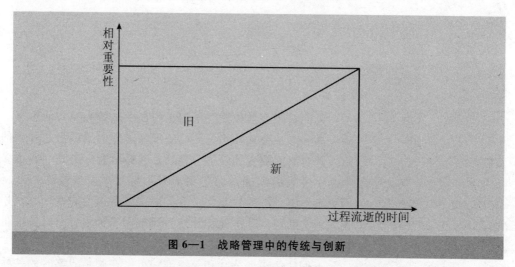

图6—1　战略管理中的传统与创新

　　这一过程从强调战略制定开始，并渐渐将重点转向战略实施。如图6—2所示，这个过程的每一阶段都有对制定和实施的关注，只是关注的重点有所变化。在这一过程的早期，人们重视发现（discovery）。为了制定战略，要找出和研究各种"是和应该是"的观点。人们设计了一系列的活动以加深对"是"的了解并促进考虑"应该是"时的创造性，各种探究正是在这一系列活动中所进行的。无论是哪种变革过程的管理，战略制定和实施二者都是必不可少的。历史承诺指明了组织的核心价值，只有围绕这些核心价值，各种新理念才能扎根并不断成长。各方都参与战略制定过程可以增加重要决策者对战略的接受程度，从而有利于战略的实施。社会和政治力量是战略实施中的重要因素。对这些力量的处理是通过以下途径来实现的：在战略制定过程初期，便承诺保存组织的某些价值，并鼓励利益相关者对这些承诺的一致同意。如何处理这些力量在采取行动时举足轻重。尽管如此，在确定要管理"谁"和"什么"及应付那些控制了实现变革所需资源的利益相关者时，战略制定还起着非常重要的作用。本过程的一个重要特点，就是战略制定和实施之间的不断交替，它逐渐从理念转换到承诺，从而使行动成为可能。

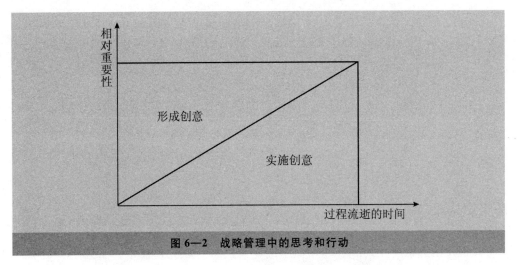

图 6—2　战略管理中的思考和行动

由此，战略实施和制定（或者是行动和思想）二者都包含在战略管理过程之中（Ansoff，1984；Nutt and Bacoff，1987）。通过寻求能同时解决短期和长期问题的即时行动，过程把短期和长期考虑融合起来。战略计划与组织正在进行的管理相互整合，使这个过程成为一种战略管理。这些方法消除了各种障碍，这些障碍曾将理念创建与负责行动的人员隔绝开来，使它成为一种与后者无关的功能。

6.2　战略管理小组

战略管理是一个动态过程，它被用以向关键的利益相关者传递信息，并在他们中间取得共识。通过一同制定计划，利益相关者会理解和体谅到他人的需求和观点，而这又能使行动做到步调一致。战略管理过程有利于利益相关者明了这些需求，并制定出相应的计划来解决这些需求。

战略管理中一个至关重要的媒介是战略管理小组，或简称为 SMG（strategic management group），SMG 由代表组织内、外部利益和权力中心（power centers）的人构成，它不但是组织创造变革理念的源泉，也是组织创造关于如何进行变革的理念的主要源泉，战略管理过程依赖于 SMG 得到这些理念。

SMG 不一定非由优势联盟和上层管理者组成不可。通常，当问题议程提出新的事务和变革时，SMG 的成员也可以相应变化，以引入处理这些事务所需的专门知识。

目的

战略管理小组既要营造创新，又要促使各利益相关者达成共识。第一，战略管理过程要利用熟知组织和其独特需求的人的创造性。第二，SMG 要致力于解决第二章中讨论过的公共和第三部门组织中的问题。在 SMG 中服务可以作为对主要雇员的奖赏，使他们在确定组织未来方向这一点上起重大作用。第三，参与过程使得参与者既接受这一过程，也接受这一过程所带来的结果（Selznick，1949）。SMG 成员的互动导致了 SMG 小社会的形成，在这个小社会里，成员们相互探求和理解对方的观点。在这里，重要的是人们用来描述情势或事件的语句，如果各位成员对这些语句的理解相同，它们就会得到维持。反之，则不会产生任何行动的基础。人们设计这个过程，就是要使 SMG 成为一个有知识、有洞察力且有行动权威的管理团队。参与使成员们明确了组织能够做什么，以及他们在实施所希望的变革中所扮演的角色。

SMG 的组织构成

SMG 由熟悉委托人需求的人员组成，他们具有职业价值观，了解组织必须运作于其中的权威体系。研究表明，制定战略所需的信息中，将近四分之三是依组织不同而不同的。这意味着一定要引入内部知情者参与战略管理（Tichy，1983）。一般来说，要引入的人员有首席执行官、高级雇员等，最多可引入三个层级的管理人员。通常，它还会引入理事会和利益相关者的代表。外部利益相关者会在两个不同的阶段——即初始阶段，以及战略制定和实施阶段——参与这一过程，他们在初始阶段的参与使这一过程具有了合法性。

SMG 的规模

SMG 小组的理想规模依它要采取的行动类型而定。如果行动目的是评估和鉴定（evaluation and judging），则 SMG 的规模应较小，5 个成员为其理想规模（Nutt，1989a），因为小组规模较小，有利于各成员的平等参与，这对鉴定和评估而言是最重要的。在规模较小的小组中，影响企图会有所减轻，因为那些受影响者最终会按自己的意愿行事。但是，当 SMG 的行动属于发展性工作（developmental task）时，则小组的规模应较大，因为创新是由个体来完成的，而许多不同观点、理念的交流将会使它获益。因为信息交换受到交流机会的限制，所以是小组过程（group processes）（在第 9 章讨论）而不是小组规模约束了信息的流动。

4 人小组比 2 人小组能解决更多的问题，13 人小组在问题解决上优于 6～8 人小组（Faust，1959），解决的质量也随小组规模扩大而提高（Cummings，Huber and Arndt，1974）。一个小组能否提供好的解决办法，其成员间讨论的质与量是重要的决定因素（Holloman and Hendrich，1972）。我们用小组过程方法（Group process techniques）来保证讨论的质与量。

与问题解决相比，大的小组会在鉴定上花费更多的时间，因为它需要更多时间来进行各种妥协和折衷（Hinton and Reitz，1971）。在进行鉴定时，规模大的小组比规模小的小组需要更多时间。小型小组处理具体问题的效率较高，大型小组适宜处理抽象问题（Thibaut and Kelley，1959）。例如，对美国参议院小组委员会的研究表明，行动类（action-taking）委员会的平均规模是 5 个人，而非行动类委员会的平均规模为 14 个人。

成员的参与和反应也与规模相关。当小组规模扩大时，压力也随之增加，但每个成员提出的建议数和达成一致的可能性却小了（Hare, Bogatala and Bales, 1955）。小组规模从 3 增加到 10 时，最不活跃的成员的参与会急剧下降（Bales, 1951）。

没有小组过程的帮助，大型小组中的人际关系会变得非常微妙。信息会因为一些小组成员无法理解它们而丢失，而信息的丢失会带来失误，并做出一些在消息灵通人士看来是错误的鉴定。小组规模增大时，各成员对他人观点的敏感度也会降低。德尔贝克（Delbecq, 1969）发现，大的小组需要顾及许多观点、较强的计算能力、集中的注意力，而绝大多数小组成员都不拥有这些能力。小组规模增大时，少数威望高的成员会对小组活动产生更大的影响（Stogdill, 1969）。有鉴于此，战略管理小组的理想规模是 5 至 15 人，由组织的主要成员构成。

SMG 的领导

产生 SMG 领导者的方法有两种。可以让推动者，即组织（或工作组）的挂名领导，或者是一个可以信赖的组织成员，来指导 SMG 的工作，最终选择谁来担当 SMG 的领导由多个因素决定。当挂名领导想作为一个普通小组成员参与时，由推动者担当 SMG 的领导较好，他的作用就是保障战略管理过程得到了遵从，使领导能够将时间投入到战略内容中去。在这一模式下，对过程的管理权被授予推动者，他指导组织的领导和其他组织成员管理战略管理过程。他起着两个作用：一是有效地指导过程；二是向他人说明如何执行必要的程序。一些 SMG 成员可能被选出来学习这些程序。某些领导人可能不希望自己的观点影响过程的展开，为将这种影响降低到最低程度，他们会选择既不作为小组成员也不作为小组领导。

在另外一些情况下，则需要组织的首席执行官或工作单位（work unit）管理者承担起 SMG 领导的任务。战略发展是一种敏感的东西，它可能把行动方法和计划泄露给局外人，使他们从中获益或用它们来损害组织。组织更希望战略讨论是隐蔽地进行的，因此，它们常常任由外部人员去研究那些具煽动性的假设情境和可能的回应，而不做任何澄清。另外，当有外部推动者在场时，参与者可能不会很直率。重大的弱点和威胁甚至机会的泄露，都能为外部利益所利用，从而损害正在实行战略发展的组织。例如，一个医学系对他们得之于行医费用的小金库加以保密，因为他们担心院长会依照这部分收入的多少来削减该系的预算，这样他们就无法用这个小金库来开展新的活动。正因为此，一些组织在穷尽一切应付弱点和威胁的办法前，绝不会寻求外部帮助。

对组织持续地进行战略管理的需要，是促使组织领导者担任 SMG 领导最有力的原因。战略管理者的作用就是为其组织定位，以适应未来的发展。战略发展不再仅仅是年度周末度假会议的事，而是积极进取的管理者职业生涯中不可或缺的一部分。

好的组织会积极地预见问题，并根据问题不断调适自己，而战略管理则是提供参与和调节所需程序的最佳方法。未来的战略管理者应该拥有战略管理技巧，并能一如既往地应用它们。因此，推动者对于发起战略计划是有用的，但是，当战略管理理念已经扎根于组织中时，他们应逐渐淡出。

SMG 关注的主要问题

管理一个组织要使相反的张力——如分化与整合，形态发生与发展停滞，变革与稳定，集体主义和个性——保持持续的平衡（Jantsch, 1975）。战略管理关注的主要问题是在这些张力中找到一条可行的路线。

SMG 用"张力场"这一比喻来探究组织历史，规划组织未来（见图 6—3）。组织生存的张力场由能力和潜力组成，前者可被视为优势和弱点，后者则可被当成威胁和机会。这些 SWOT（优势、弱点、威胁和机会的组合）形成了一个推动或拉动组织的张力场。张力场就像一个透镜，它把相互排斥的新情况的影响集中起来，为组织创造一个方向。这些力量消长的结果为组织创造了一个行动方向，这一方向要么指向、要么背离组织的理想。

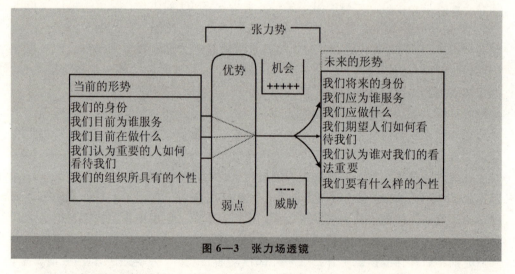

图 6—3　张力场透镜

为了正确地认识到组织当前扮演的角色，SMG 必须对组织当前的形势有一致的看法，这一一致看法可以通过辨明顾客对象、项目和服务种类，以及认清组织的声望和能力而获得。通过判断委托人、项目、声望和能力等方面可能出现的变化，组织可以大致推断出它将来的情形。这一预期可以用于确定组织应为谁服务、采取何种项目以及这些委托人和项目可能给组织未来角色带来的影响。

SMG 通过两条途径评估这个预期的角色。其一，设想控制组织资源的权威系统（如市政会）对这个发展的角色的看法；其二，SMG 把预期的角色与其理想相比较。第一种评估可以估算出一个推动力在多大程度上将组织推向所向往的未来，第二种评估可以推测出一个拉力有多大可能将组织拉向所向往的未来。要改变未来的形势，就必须由这样的行动来控制张力场中的要素（即 SWOT）：它们依赖优势，充分利用机会，挫败威胁并克服弱点。这些 SWOT 以议题的形式出现，它们指导了对战略的探究。

SMG 对张力场的探究可以作为一种揭示行动的载体，这些行动可以改变组织的未来，使它更接近理想目标。SMG 是一个载体，它揭示和评价组织的战略方向。此过程的各个阶段的目标是：（1）根据组织所处环境的趋势、总体方向及其理想，描述它的历史背景；（2）根据目前的优势、弱点以及未来的机会和威胁，评估当前的形势；（3）规划出当前要处理的战略问题议程；（4）设计备选战略以管理重要议题；（5）根据受其影响的利益相关者和所需资源来评估备选战略；（6）通过动员资源和恰当管理利益相关者来实施重要的战略。针对至少一个议题和管理这个议题的战略过程一旦运作起来，它的各个阶段就可能会全部或部分重复。具体的实施方法——从快速的一次性应用（如一天的休假会议）到持续的战略变革管理——都将在第 8 章加以描述。

无论在哪个阶段，SMG 都分三步介入。第一步，搜集信息和理念；第二步，进行综合，即找到信息及理念的一般特性、样式或主题；最后一步是抉择，即在过程从一个阶段转向另一个阶段时，根据标准确定行动的优先程度。在本书的第 4 篇，我们用一些实例讨论了可用于每个步骤的方法。下一章将讨论我们提出的过程阶段和步骤。

6.3　问题议程的形成

在战略管理中，议题被用来指导对战略行动的探究，为寻求战略反应划定一个舞台。因为流于表面的或令人误解的议题会误导对战略的探究，所以，创建一个待处理的问题议程是战略管理中最重要的行动。

趋势或重大事件往往能吸引战略管理者的注意力，但是，它们却无法揭示潜在的、对组织产生影响的议题张力。以我们的一个案例为例，某医学院的家庭医学系领导认识到增加此系研究力量的需要，但却没有意识到这个需要给另一需要——即服务于大量且不断增加的病人——带来了压力，而该项服务又是他们的重要资金来源。以张力来表示，学术需求和患者护理的"推"与"拉"阐明了这些需求中的矛盾，它们存在于部门之内以及部门与其他部门之间。这个系应找到一个恰当的方法，来处理研究力量和医疗收入之间的张力。要做到这一点，他们必须认识到，研究力量和医疗收入两者同等重要，无论执行何种策略，都要对它们通盘考虑。

新情况描述了观察到或预见到的趋势和重大事件，它们既可以是组织内部的，也可以是组织外部的，它们将对组织实现其理想的能力产生重要影响，而议题则是在辨明这些新情况的基础上形成的张力。例如，家庭医学系教员要求提高研究力量，这一要求反映了这一点，即家庭医学系怎样变革才能保证其声望不致下降。为了将这一新情况表达为议题张力，我们就要找到作为反向拉力的最重要的因素。加强研究需要时间，患者护理也需要时间，而后者提供了系内医生的薪水及此系的运营费用。毫无疑问，这二者给 SMG 显示了一个明确的张力。应当注意的是，这种张力是依组织不同而不同的，另一个家庭医学系可能也有提高研究力量的要求，但其张力却可能没有涉及津贴。

为了形成问题议程，SMG 必须采用下一章介绍的方法，将作为趋势和重大事件的新情况引出。我们可以用第 5 章的框架给张力分类来检验议程，以确保它的完整性。这样，一共将出现六种张力形式：

- 转变—生产力
- 公平—转变
- 公平—保存
- 保存—生产力
- 公平—生产力
- 转变—保存

"研究—病人护理"问题可归为转变（新的研究重点）和生产力（给系里以财政支持）之间的张力。这个张力正把家庭医学系拖离理想，即全国对其地位的公认，因此，家庭医学系必须注意这一张力。此案例中，作为诱因的新情况，即对更多研究的需要，引发了最强的张力。在别的情形下，诱因却可以成为缓冲器，隐藏于 SMG 所考虑的问题之后。

组织常会发展出一些盲点，其中，某些张力会凸显，而另外一些却含而不露。依据上述六种形式，通过给 SMG 确定的议题张力分类，便可以找出这些盲点。如，家庭医学系改善其长聘教员的教学也与研究形成了张力。因为现任院长退休在即，学校很快就要任命一个新的领导人，而这恰恰会使教员们担心以前的承诺不会被兑现。另外，增长和扶持增长所需的资金之间也形成了张力。这些张力分为以下几类：

- 转变—公平（更多研究和对学生负责）
- 转变—保存（新领导人和维持历史上所做出的承诺）
- 转变—生产力（增长需要和缺乏扶持增长的资金）

此评估表明，案例中的 SMG 主要在处理转变。这个小组看到了几个迫在眉睫的转变张力，但却没有看到能影响人们行为且可以阻碍必要变革的公正、保存和生产力之间的张力。在议题的讨论中，通过引入公平—保存、公平—生产力和保存—生产力等张力，我们就可以发现一些新的问题。这便可以使 SMG 在任务分配时更公正，使教员畏惧于丢职而尽力维持他们对教学质量的承诺——而这正是该系的基石。在 SMG 能处理各种有关研究的问题之前，还必须采取一些步骤，以应付任务分配—保职、任务分配—教学以及保职—教学等张力。这个策略有助于 SMG 拓宽其问题议程，找出那些必须加以处理的张力以使变革成为可能。

如果一个以张力形式出现的问题议程，不但考虑了四种新情况（生产力、公平、转变和保存），还考虑了所有六种可能的议题张力，它就更有可能引出真正有用的战略。如果 SMG 以这种方法检验最初提出的议题张力，再把它拓宽，使之涵盖开始遗漏的问题，它就更易在行动之前产生一个平衡的看法。以这种方式描述议题，就会更加清晰地显示出那些在采取不同行动上有潜在冲突的派别和利益集团。这种考虑议题的办法还利于找到双赢战略，此战略会妥善处理绝大多数组织必须涉及的张力的两极。例如，通过考虑转变中要处理的公平需要，SMG 可以使转变需要显得非常明确，而这一需要本来可能会由于对公平的考虑而被忽视。这就促使 SMG 解决冲突，寻求处理张力的方法。唯有这样，它才能获得成功。本书第 5 篇中列出了关于多个组织的案例，它们为议题张力在成功的战略变革中所起的作用提供了额外的佐证。

6.4　公共和第三部门组织的种类

公共和第三部门有三种组织形式：传统型、公会型以及兼具前两者特点的混合型。传统型组织具有永久性的特点（它创造了组织的历史），以及地位与资历各不相同的雇员（它形成了组织文化）。这类组织有联邦和州各部门、大学院所、地区消防与警察组织及州历史协会等。

公会型是一种松散的组织联盟，它们为了达成某种目标而结合在一起（Nutt，1979，1984a）。如果要加以战略管理的问题，如肾病、高速公路安全等事务属于多个组织的责任范围，就要在许多利益之间进行协作，而公会就是由拥有相应资源、领导权和责任的组织中抽出的一些人组成的。各个组织派出代表组成公会决策机构，该机构决定公会将致力的事务和目标，并对公会各成员的资源、领导权和责任进行配置。一些公会成了永久性组织，如全国肾脏基金会；另一些则在完成某项任务后解散了，其职能被移交给其他机构，如高速公路安全计划，在完成了它特定的项目后（如器官捐赠立法），便把培训授权给职业中心，把紧急系统的维护授权给各地市政当局。一些代表不同利益的松散联盟中也存在公会，如大学中的学院（医学或教育学）、退役军人管理局（the Veterans Administration）地区办公室（见第8 章）、某州精神卫生计划 648 委员会（见第 13 章）和各种各样的援助者组织。

混合型组织有一个类似于公会的监事会，尽管监事会所领导的机构与传统组织很相似。这类组织的例子包括精神卫生机构（见第 13 章）、图书馆、跛足儿童服务办公署、非营利性老人院、儿童医院、交响乐队、文化中心和校友会。

要在这三种不同的环境中实施战略管理，就要小心地组织和管理 SMG。第 13、14、15 章将举例说明这一点。

6.5　战略管理者的角色

战略管理者在支持制定和实施战略的过程时，应将关于行动的思考和审慎的行动结合起来。同样重要的是，如果他们要卷入战略管理过程，就要看到自己有责任支持战略行动和关于战略的思考（Howe and Kaufman, 1979）。战略管理过程要求管理者在其职员的扶持下，成为推动者、教师、政治家和技术人员。战略管理者在促进过程的执行时是推动者，在演示每个阶段的需要时是教师，而在帮助应对利益相关者时则是政治家。

作为推动者，战略管理者不仅要指导 SMG 完成过程的各个阶段和步骤，还要向他们推荐适当的方法（第 4 章对此有讨论），并帮助他们使用这些方法。对于新的战略管理团队，他还要担负起教师的责任。作为战略管理者，他必须传达各阶段和步骤背后的基本根据，处理非正式问题，并且提供指导。他不但要促进这一过程与 SMG 对政治因素的考虑的结合，还要促进这一过程与影响行动或被行动影响的利益相关者的结合。在战略出现的过程中，他为征求意见提供了一种手段。制定战略并促进它的实施是一件暧昧和政治敏感的事务，如果战略管理者想成功地处理这一事务，就要在每个阶段都准备担负起分析家、推动者、教师和政治家的责任。

6.6　要点

1. 战略管理小组（SMG）由组织内外部的重要人员组成，它是战略管理的主要载体。SMG 提出创意，建立关于行动的一致意见，把创意转化为可以实施的计划。SMG 为行动需求及前景创造各方都接受的意义，而这将为可行的变革带来动力。

2. 战略管理在阐述过去联想未来的张力场中完成。战略管理小组探究过去并应用它来预示未来，然后对此预言进行检验以看它是否与重要利益相关者的共同愿望相一致。如果二者不一致，则会产生变革的动力，并提出以下问题，即如何调整顾客和服务来改变由当前方向决定的看法和角色。

3. 议题被表示为张力，张力表明了绝大多数组织如何在同一时间内被拉往不同方向。六种张力模式为检验问题议程的完整性提供了一个途径，同时，它还为发现可能被忽视的弱点和威胁提供了洞察力。应该由战略管理者领导 SMG。推动者提供了这样一种转变时期：领导者在这段时期可以学习如何塑造战略管理过程以满足他们的需要。未来的战略管理者必须准备扮演推动者、教师和政治家等不同的角色，以应付战略制定时的暧昧和政治敏感的事务，并创造一个能使战略发扬光大的环境。

第 7 章

战略制定和实施：
一个循序渐进的方法

本章描述对组织实行战略管理的过程。为了使战略管理过程更直观，我们把战略活动分为几个阶段，每个阶段又分为几个步骤。在以下的讨论中，我们将阐述每个活动的理论基础，说明它与公共和第三部门组织的相关性（利用第 2 章的内容），并解释如何展开这一过程。这一讨论的目的是使"如何做""为什么做"及"做什么"更加清晰，更加有说服力。

我们将实现战略管理的过程分为两类。第一类是战略管理不可或缺的六阶段行动；第二类是战略管理小组（即 SMG）。完成六个阶段中每一阶段都需重复进行探究、综合和选择三个步骤，这些步骤描述历史背景，进行形势评估，提出问题议程，制定战略，评估可行性和实施战略（见表 7—1）。进行探究、综合和选择的方法将在第 4 篇讲述，本章只讨论战略管理过程的各个阶段。

不同阶段包含了一系列具有独特目的的活动，并且提供了一条途径，将复杂的活动分解为数个部分，以方便理解。SMG 的领导者管理这些活动，他们在员工的支持下，完成对每个过程阶段所需的信息收集和概括。总体过程阶段由强调探究传统观念起步，逐步转向强调发展新观念。过程早期阶段强调战略的制定，而后期的阶段里，其重点则渐渐转向战略的实施。

表 7—1 战略管理过程阶段

	步骤		
	探究	综合	选择
第一阶段：历史背景			
1. 趋势和重大事件			
2. 方向			
3. 理想			
第二阶段：形势评估			
1. 优势			
2. 弱点			
3. 机会			
4. 威胁			
第三阶段：议题张力议程			
第四阶段：备选战略			
1. 确定行动			
2. 战略主题			
第五阶段：可行性评估			
1. 利益相关者分析（内、外部）			
2. 资源分析			
第六阶段：实施			
1. 资源管理			
2. 利益相关者管理			

7.1 第一阶段：历史背景

第一阶段中，SMG 要识别出那些反映了组织承受的压力的趋势、事件和方向，并在此基础上确定组织的理想。

SMG 要重建组织有特殊意义的历史，对趋势、事件和方向进行考察，了解它们过去如何变化，将来又会怎样变化。例如，精神病康复中心面临的趋势可能是联邦资助不断减少，面临的事件可能是州立法机关发起成本限制活动，面临的方向可能是理事会越来越强烈要求提高生产力。

如图 7—1 所示，根据系统的四个组成成分——市场、项目、资源和管理实践，方向的变化可以相应地分为四类。公共和第三部门组织的市场由监督主体向组织提出的要求、组织察觉到的服务对象的要求两部分组成。这些要求不但指明了组织要回应的事情，而且表明了组织重视的委托人或公众的希望和期望所产生的需要。项目是提供的服务及其所指向的服务对象。资源是组织执行项目时可以使用的手段，包括财政手段、人员手段和物质手段。管理实践指组织的能力和战略，组织的行政机制就是以它们为中心而构建的。系统中可能出现的变化包括：市场由按需求提供服务转向按配额提供服务；资源由政府预算转向定期的投票表决；项目由针对低收入顾客的非专业化服务转向针对地方工商企业的专业化服务；管理实践由被动反应转向采取主动姿态。

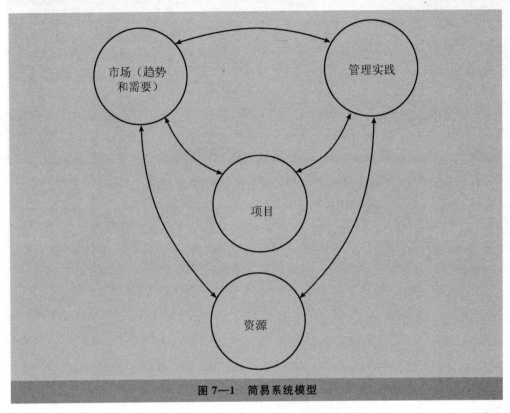

图 7—1　简易系统模型

搜集描绘趋势、重大事件和方向的信息

　　在 SMG 第一次会议之前或在会议中，推动者或管理人员可以通过调查来搜集描述了历史背景的信息。有多种方法可以用来搜集这类信息（见第 9 章）。用来搜集所需信息的表格可在附录 A 中找到。表 A—2 提供了搜集描述方向的信息的格式，它不但给出了构成方向的每个组成部分的定义，而且为 SMG 成员留有空间，以便他们列举出组织或机构正走向或背离的事物，并据此扼要阐述自己的观点。以下的实例概括了医学院放射科和县财政支持的公共图书馆据此获取的一些有关方向的信息。

背离	走向
放射科	
普通放射医学	更加专业化
手工系统	计算机技术
仅提供诊断服务	增加治疗职能
一个人	团队（处理技术问题）

续前表

背离	走向
公共图书馆	
顾客自助	用户辅助
仅于白天服务	扩大服务范围
多多益善	加强选择性
缓慢增长	迅速扩展
适度的查询服务	高质量的查询服务
无目的购买	集中控制
过多配置人员	人员配备不足

根据图 7—1，按系统成分来分类的跛足儿童服务办公署的方向如下所示。

背离	走向
要求和需要	
不考虑政治和特殊利益	回应政治和特殊利益
零碎的治疗方案	标准方案
几乎没有中心和深入治疗服务	地方中心和支持
资　源	
充足的资金	成本控制
依赖州	其他支持
孤立	卫生护理系统的一部分
项　目	
住院病人	门诊病人
所有残疾条件	有限的残疾条件
预防	强调复杂的残疾
管理实践	
短期	计划
手工操作	计算机操作
危机管理，反应型	基于系统的反应

以上例子证明了这一点，即根据系统组成成分将方向分解的做法增加了它们的说明力。

表 A—3 是用于搜集关于外部事件和趋势的信息的表格（见附录 A）。以这种方式反应放射科和跛足儿童服务办公署事件和趋势的例子如下所示。

放射科

1. 工作的每一阶段都应用计算机系统；

2. 新技术和新治疗形式；

3. 成像技术；

4. 需要昂贵的支持；

5. 政府规章；

6. 为职员颁发执照。

跛足儿童服务办公署

1. 通过计算机授权；

2. 办公自动化；

3. 政府成本控制计划；

4. 集团资金（block-grant）分阶段削减；

5. 州预算削减，对服务的需求增加；

6. 母组织（parents organization）要求增加服务；

7. 会导致成本增加的更好治疗方式。

通过调查 SMG 成员，或有他们参与的小组过程，往往可以搜集到非常丰富的信息（见第 9 章）。可以用几种方法将事件、趋势和方向进行合并，并给它们评出等级，从而得出能够描述历史背景的重要信息。这些方法将在第 11 章讨论。

确定理想

第一阶段的最后一项活动是，在 SMG 成员对趋势、事件和方向的认识仍然十分清晰时，创造组织未来几年内要达成的理想。理想源于对组织将来可能面对的最好和最坏情形的认识。最好的情形指明了前进的目标，最差的情形则是组织要努力远离的最低起点。SMG 应该为组织描述这两种远景的特征。以跛足儿童服务署为例，SMG 确认其最好的情形是：在综合护理中心照料所有的儿童，而且按支付能力付费；最坏的情形是：提供的服务减少，治疗不及时和不能照顾那些需要帮助的儿童。

许多服务机构把平衡张力作为它们的目标。这些张力有：既满足特殊用户的需要又保持整体的高服务水准，既处理好收入来源（第三方、自负、税收、州资金和行业合同），又能协调不同项目（计划）间的资源配置。组织的理想远景反映了这些相反的力量间的张力（张力以议题的形式出现）。理想还提供了一个目标，使组织可以据此评估战略产生的活动，及其促进组织达到理想的能力。清楚、准确地说明未来可能出现的结果是一件非常困难的事情，但用理想取代目标就可以克服这一困难，因为理想只提出组织的方向和意义，却不要求对结果做出详尽说明。

表 A—4 是一个非常有用的表格，推动者和领导者可以用它来搜集关于理想的信息（见附录 A），通过对 SMG 的调查，或有 SMG 成员参与的小组过程，便可以获得这些信息（详见第 9 章）。SMG 搜集到的信息由推动者汇总，以找出 SMG 认为组织或机构要面对的最好或最坏的未来形势。SMG 领导把相似的元素合并起来，将它们分为几个等级，并以此确定哪些成分可以用来描述理想（见第 11 章）。例如，残疾儿童服务办公署产生了下列理想：

最好的情形。 服务办公署有权将该计划中的所有儿童交由综合护理中心管理，有足够的资金改善条件且降低可获得服务者的收入门槛。

最坏的情形。 尽管需求不断增加，服务办公署却必须减少服务。服务办公署无法及时提供服务和治疗，而且不能提供顾客完全康复所需的服务。

为什么历史背景很重要

第一个过程阶段要求 SMG 成员用方向和趋势重构历史,以检验他们最初的思维方式。理想勾画出组织期望的未来,从而扩大了计划时的视野,而讨论则使 SMG 对组织的历史和理想的未来达成共识。

第一阶段的理论基础在于重建历史的价值。对时间观的研究表明,回顾历史是制定有用的概念性预测 (conceptual forcast) 的关键步骤 (El Sawy, 1985)。回溯的历史事件越久远,就可预见越远的未来事件。例如,韦克 (Weick, 1979) 认为,想象那些过去发生的交通事故可以帮助我们更精确、生动地描述将来此类事故出现时的外部条件。博兰 (Boland) 也发现,描述真实情形的资料,有助于电影资料馆的管理人员将其向往的未来明确地表达出来。这些研究表明,过去的事件为建立预测提供了一个清晰且引人注目的载体。

事件就像一个个历史标记,记录了那些打断趋势或方向的事情。它们使 SMG 成员回忆起那些曾经使他们受到挫折的情形,从而考虑哪些事情是他们要避免的,哪些事情是有益的。每一个领域都可能有多种活动。方向为趋势提供了"参照物",显示出趋势的可取或不可取。方向和事件被用以"解冻" SMG (Lewin, 1958),引导其成员面对他们必然面临的动荡环境。

通过回顾历史,SMG 成员可以制定现实且明确的理想。理想不但充实了组织所向往的未来 (Ackoff, 1981),确定了它进一步发展的基础,也为组织提供了一个具体目标 (target),这一具体目标与组织的欲望相近,并且可以用战略管理者所偏好的语言表达出来。

公—私区别

公共和第三部门组织与工商企业所处的环境不同。企业通过选择其所属产业的市场或细分市场,为其业务制定战略。战略管理者从市场销售利润获得各种反馈信息,并据此检验特定战略的适宜性。然而,公共和第三部门组织不但要回应外部政治权威的监督,还必须就提供的服务向其委托人做出回应。因此,它们的战略重点,就从简单的市场依赖转到更复杂的政治、经济和法律考虑上来。典型的情形是,政府和第三部门组织的监督职能被授予当选的官员和指定的委员会。

这类组织中的战略管理包括了为执行新战略而达成协议的努力。战略管理者必须既考虑影响组织战略,又考虑被组织战略影响的当事人(利益相关者),这就要让他们直接参与到战略管理过程中来,征询他们的意见并考虑他们的观点。这类组织运作的权威网络表明,许多个体和团体都与组织的战略利害攸关。不仅仅是委托人的需要(与基于市场的交换相似),政治命令、选举、讨价还价、预算和司法裁决都能传递这些利害关系。而对工商企业来说,它的利益相关者就是其股东。因此,在握有企业大部分股票的退休和互助基金管理者的要求下,企业要尽量获得最高的短期利润。

对公共和第三部门组织来说，重构历史有着特殊的用处，它可以帮助这些组织应付第 2 章中讨论的各种困难，如模糊不清的市场、制约因素、政治影响、权威限制和宽泛的所有权。权威网络构成了具有较高公共性的组织的市场。在确定战略的前提时，战略管理者必须明确权威网络中关键人物的信仰和需求。影响这些前提的，还有指令及义务、对组织与竞争者（他们与组织在竞争同样的有限资金）合作的期望、组织财政安排及政治影响源。每种因素都是历史背景的一部分，组织设计新的行动方案时，必须考虑这些因素。

人员的快速流动、环境的动荡不安等因素使公共和第三部门组织必须定期对事件、趋势和方向做出评估，以把握组织运作其中的环境向它提出的各种要求。这种评估易于找出可能导致战略无效的政治因素。这些因素会提示 SMG 注意那些关键的制约因素，而对市场参数的理解则源于这些制约因素，它们不但能帮助 SMG 找出新的服务、改变服务内容、识别用户认为没有价值的服务，还可以帮助 SMG 把一些服务项目主动转给私人部门。将企业注意力引向需要的市场信号，在用于公共和第三部门组织时，只有在权威网络背景中对它们作出解释才有意义。

相对来说，私人组织中，历史背景并不是那么重要，因为描述信号的资料唾手可得，而且可以更直接地对它们作出解释。公共性不显著的组织受趋势和事件的影响相对较小，它们的方向通常由市场细分决定，因此，对当前和期望的细分市场的预测（通常用市场份额或成长速度来表示）就反映了组织的方向。而在公共组织中，形成方向的因素和这些因素对组织向往的未来的影响都不明晰，而且必须要到大量相互冲突的信息中去才能找到它们。通常来说，对这些因素进行客观的测量既是不可能的，也是不可取的。在私人组织中，对各种市场力量的理解可以为制定战略时要考虑和排除的行动确定一个范围；而在公共组织中，是否提供某项服务是由立法、用户偏好、传统、关键人物的要求、用户的紧急需要、机会和许多其他因素决定的，测量这些因素既困难又不能对确定行动范围有所裨益。

我们的战略管理过程用理想代替目标，其原因是公共组织的目标往往非常模糊，而且无法澄清；而私人组织，如工商企业，则可以将利润数作为目标。绝大多数企业的战略管理都采用了某种形式的利润衡量方法，以在众多的行动方案中做出选择（Henderson, 1979; Peter, 1985）。对有显著公共性的组织而言，是不存在与利润等同的事物的。这类组织的目标模糊且存在争议，而试图澄清这些模糊性则会遇到两种相关的情形。第一种情形是"目标狂"，它会导致当前战略的延续。紧随着制定替代战略而来的通常是目标设定的困难，而这一困难将会导致"目标狂"的出现，此时，制定目标的过程本身成了组织的目标，而这将严重阻碍组织的行动。但是，如果目标不明确，那么修改或者评价当前的活动就会有困难。当组织缺乏目标时，人们就会对任何变革都提出异议，这样一来，组织往往会根据过去的实践和传统智慧来确定其战略。为了提出可表明意图的目标，我们采用了理想这个概念。理想表明的目的能以具体的词语表述，它可以反映出类似于长远目标的具体目标，从而为折衷各方关于组织做什么（或不做什么）的争论提供了一条途径。政治权威网络和众多的利益相关者的要求形成了公共和第三部门组织的环境背景，这一背景导致了公共和第三部门组织的目标模糊不清，而我们的战略管理方法就是要帮助管理者在这种环境中正确地引领其组织。

7.2 第二阶段：形势评估

对历史背景的详细说明使 SMG 对过去有所了解，并由此产生一个关于组织未来的理想图景。在下一阶段中，要考虑的是组织当前面对的形势。为了完成这一阶段，SMG 要明确组织当前的优势、弱点和未来的机遇、威胁，并将它们分成不同的等级。这一阶段使 SMG 直面组织面临的压力，这些压力包含了完全相反的趋势。只有经过第一阶段的历史回顾和第二阶段的形势评估，SMG 才有可能正视组织的弱点和威胁，而不去指责其他各方（Ansoff，1984）。明确组织的优势可以让 SMG 看到组织所拥有的能力，从而加强其处理弱点和威胁时的信心。这个理想化过程使人更加积极地寻找有助于实现组织理想的各种机遇。

搜集 SWOT 信息

SWOT 信息最初是通过调查搜集的，在搜集描述历史背景的信息的时候，被调查者也附带填上这些信息。除此之外，这些信息还可以在 SMG 首次会议之前或首次会议上搜集。搜集 SWOT 的表格见附录 A 中的表 A—5（处理此种信息搜集的小组过程方法见第 9 章，整合及区分优先顺序的方法见第 11 章）。

SWOT 信息很有启发性，它们通常为确定后继行为提供了重要的洞察力。表 7—2 总结了州精神病康复中心、跛足儿童服务办公署和放射科需要优先考虑的 SWOT。

表 7—2   **三个组织的 SWOT**

	精神病康复中心	跛足儿童服务办公署	放射科
(S) 优势	1. 地方社区讨论会 2. 具有新洞察力的高级职员 3. 明确的目标和使命	1. 例外和上诉机制 2. 内部检查 3. 职员的专长 4. 公众对委托人的承诺	1. 诊断（新成像）能力 2. 临床技术 3. 职员团结一致 4. 优良的案例材料—大量的转诊介绍
(W) 弱点	1. 与媒体和立法机构关系较僵 2. 50% 的预算用于没有多少病人的医院 3. 工作人员不胜任工作 4. 公务员式的工作对雇员没有激励作用	1. 预算削减导致服务减少 2. 外部机构对服务署的影响 3. 不断增长的护理费用 4. 政治脆弱性 5. 无法评估项目的影响	1. 协作不佳 2. 工作环境恶劣 3. 缺乏研究努力 4. 职员不支持

续前表

		精神病康复中心	跛足儿童服务办公署	放射科
(O) 机会	1.	关闭医院，将资金用于社区中心	1. 立法	1. 转向顾问导向型
	2.	培训不胜任工作的人员	2. 基层的支持	2. 雇用研究型初级职员
	3.	培训以前的患者	3. 要求创新和变革的呼声	3. 分出一部分资源用作资助金
	4.	患者跟踪服务	4. 有效的游说	4. 新领导
			5. 公众的支持	
(T) 威胁	1.	预算不稳定	1. 预算和资助削减	1. 冷漠（没有变革兴趣）
	2.	社区对出院患者的恐惧	2. 立法机构和州行政官员对服务署的作用理解不够	2. 行政官员支持不够
	3.	有特殊利益的集团	3. 立法和规章不明确	3. 政府限制
	4.	监狱里有以前的患者	4. 与福利机构身份相近	4. 地盘之争

为什么形势评估很重要

哈佛政策模型给许多事物以灵感，我们提出的这个阶段亦得益于它。形势评估在设计之初就受到哈佛观点的强烈影响，而在此之前，也已有许多人用 SWOT 方法给战略管理提出问题（例如，Ansoff, 1980）。斯丹纳（Steiner, 1979）的"WOTS"法，诺威、马森和迪克尔（Rowe, Mason and Dickel, 1982）的"WOTS-UP"法是 SWOT 方法众多派生方法中的两种。这两类方法都提供了不少例子，以说明一个类似 SWOT 的框架如何公正且深刻地评估了当前组织的形势。

但是，我们的方法更忠实于哈佛模型。这一模型在确定优势和弱点时，将人们的注意力直接引向主要利益相关者——而不仅仅是高级管理者——的价值观。我们还采纳了哈佛的这种观点，即指令和社会责任会影响到组织所面临的威胁及机遇，而当前许多派生方法则忽视了价值观、指令和社会责任的影响。

公—私区别

SWOT 的重点因组织所属部门不同而有显著差异。首先，企业有界限清晰的市场，与政治的关联较薄弱，公共和第三部门组织的情况则与此相反，它们的市场界限较松散，权威网络给它们施加了各种制约，如颁布阳光法案，迫使战略制定必须在"鱼缸"中进行（Blumenthal and Michael, 1979）。第二，企业由机遇拉动，而公共和第三部门组织则由威胁推动。人们常要求政府和第三部门组织尽量少做事、少花钱、对税收精打细算，且要避免会使企业丧失获利机会的行为，在这样的环境下，制定战略成为一种很困难的事情。对企业而言，战略管理面临的挑战是找出无数机会之中隐藏的威胁；而对公共和第三部门组织而言，其挑战则是在各种威胁的怒涛中发现机遇。

哈佛模型区分的内外部差异并不适用于公共和第三部门组织。在哈佛模型中，优势和弱点源于内部，但在公共组织中，它们既可以源于内部，也可以源于外部，而且它们不受组织能力的限制。对私人组织而言，优势和弱点更倾向于由内部产生，并且往往涉及组织的独特能力。哈佛模型把威胁和机会看成是外部的，而在公共性程度很高的组织里，它们也会从内部产生。企业中，从市场的角度来看，机遇就是能被开发利用的良好市场定位，威胁则是市场不断萎缩。随公共性而来的，是内部威胁的概念，如可能与组织目标相冲突的职业价值观，另外，内部机会（例如，认识到提供类似服务的机构间进行合作是可取的）、基于市场的外部威胁及机会也可能会出现。

7.3　第三阶段：问题议程

建立问题议程是第三阶段要处理的核心问题，前两个阶段已为它做了铺垫。我们这样定义议题（issue）：它是一种困难，对组织运作方式或组织达到其向往的目标的能力有重大影响，而且人们对这种困难没有一致的看法（Ansoff, 1980）。议题既可以是组织内部的，也可以是外部的，或二者兼有。一般情况下，公共和第三部门的战略管理小组找出当前管理中要优先考虑的几个议题，从而创建一个问题议程。组织的动态性以及它与所处环境间的动态关系使得战略问题议程会在一两年内发生变化，新的议题将进入议程，而不合时宜的议题将退出议程。因此，战略管理者必须定期检讨和修正问题议程。

如第 5 章所述，议题被定义为各种相反的力量，它们从各个方向推拉组织，使组织背离其理想。这些力量揭示了作用于组织的各种潜在的张力。这种定义议题的方式指出了组织内部或组织与其外部行动者之间的矛盾（contradiction）。例如，某个由于联邦停止资助而面临收入减少 50% 的精神病康复中心，将以下内容作为其主要议题："为所有人提供人道主义服务，不考虑委托人的支付能力，也不打算像企业一样收取服务费。"此议题中的张力源于"像企业一样"和"人道主义"之间的冲突。通过用张力构建议题、正视历史背景和形势评估，SMG 便能看到有必要调和相互矛盾的压力（如精神病康复中心所面临的压力）。战略管理小组首先揭示、讨论各种新情况，然后将它们分成不同的等级，再将需要优先考虑的新情况与其对立面相匹配。表 A—6（见附录 A）可用于将张力建构为议题，其中最重要的议题张力被选出来作为处理对象。

问题议程是战略管理过程的转折点，其原因有二。首先，余下的活动较少集中于历史背景，而较多地集中于确定处理主要议题的实质性活动。其次，用第 5 章的框架来检查议题张力，从而确保了六种议题张力提出的需要都得到了考虑。这个步骤扩展了 SMG 的视野，通过在两方面检验议题张力的完整性，便可以完成这一步骤：第一，制定战略之前，可利用六种议题张力扩充问题议程；第二，也可以将这种检讨当成为另一轮战略制定而修正问题议程的前奏。实现过程循环的办法将在下一章中讨论。

要注意的是，并不是一定要有了目标，才能进行战略思考。相反，参与者利用重构的历史和理想化的未来目标，创建一个对组织的预期。通过把重点转移到当前有关的张力上，SMG 可以确定一个当前必须处理的议题张力议程，而不用为某个遥远的未来才能达到的目标耗费精力。关系网络——而不是指向预定目标的直线运动——才是行动的重点。这一转变解决了我们对目标狂的忧虑。

怎样引出议题

运用本书第 4 篇列举的小组过程和方法，SMG 小组会议便可以对议题进行确认、组织和优先顺序排列。附录 A 中的表 A—6 是一个有助于完成此任务的表格。

议题张力中存在一些重要的关系，必须对这些关系进行研究，才能澄清处理议题张力的顺序。其中，一个重要的关系是优先次序，它反映了解决议题的顺序；另一重要关系是原因—结果，它反映了议题张力中的因果关系，而最重要的因果关系同样是值得考虑的。SMG 用第 10 章所描述的程序比较这些议题张力，并对它们的优先顺序做出评估。图 7—2 表明了如何确定议题的优先顺序（箭头所示）以指导 SMG 的活动。请注意，议题的优先顺序依组织不同而不同，另一个精神病康复中心虽然可能有同样的议题张力，但议题的优先顺序却可能大不相同。

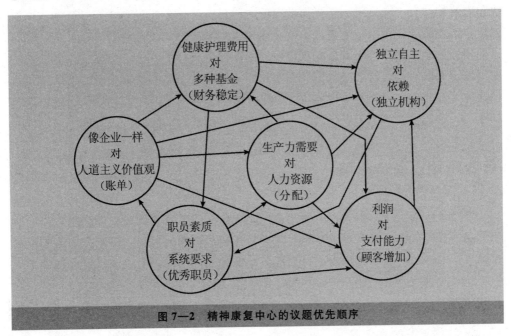

图 7—2 精神康复中心的议题优先顺序

SMG 通过提示处理某一特殊议题张力时的危险来解释此网络。例如，图 7—2 的账单议题张力就该选出来，因为它先于图 7—2 中大部分其他项目，从而表明需优先考虑此项张力。图中心的三个议题张力表明了具有反馈或互动作用的议题，因为这些议题外的双向箭头表明存在着交互影响。图中心的每个议题张力都必须与账单议题张力一起处理，才能避免混乱的反馈，因此，SM 在考虑处理账单议题张力的战略时，必须考虑到财务稳定、分配和职员的素质。

为什么议题很重要

有几种研究潮流支持议题管理（issue management）。第一，议题正成为人们更喜欢使用的概念，人们在这一概念的基础上制定战略。问题议程的观念与高效管理者制定战略的方法一致（Kingdom，1984）。第二，用张力表示议题与第 5 章的论点一致。简而言之，张力的用法与两面思考法（Rothenberg，1979）和认知学习基本步骤相吻合。张力与马森和米特洛夫制定政策（战略）的辩证法相似。辩证法产生了主张和反诉（claims and counterclaims），它们形成张力，而只有在张力的基础上，才能形成综合。马森、萨斯曼和赫登（1985）都发现，把议题表述为张力能带来良好的计划结果。

公—私区别

用张力构建议题特别适合于公共和第三部门组织。这类组织面临的政治和市场势力在同一时刻把它们拖向不同的方向（见第 2 章），正如在分权体制下，司法裁决和立法相冲突一样。对一个张力做出反应而不应付另外的张力会形成严重的两难困境。例如，要应付潜在的需求，就会和要求削减预算的资助机构发生冲突。如果不处理好这些张力，组织就会受到权威网络中权势人物的打击。另外，公共和第三部门组织采取的行动常会激起不同部门对同一议题持支持和反对意见，这些部门包括媒体、治疗专家、利益集团和政府分支机构等，而在企业中，这些张力就不会这样复杂，它们主要产生于竞争者的行动，以及对这些行动的反应。

7.4　第四阶段：备选战略

第四阶段中，战略管理小组确定可行的战略行动，以处理议程中的每个议题张力，这一过程从要处理的最重要的议题张力开始。我们发现，不同的议题张力产生对优势、弱点、机遇和威胁的不同配置，在每种配置中，它们的相对重要性都不一样。SWOT 重要性的变化使 SMG 可以看到各种复杂的、作用于组织的动态因素。以 SWOT 为指导方针产生行动理念，有助于组织把握这些复杂的动态因素。

怎样引出战略

为了确定组织将采取的战略行动，SMG 需要一份清单，上面列出了要优先考虑的议题张力以及组织的优势、弱点、机会和威胁。表 A—7（见附录 A）是这份清单的格式。SMG 在考虑组织理想的前提下，通过适当的小组过程（详见第 9 章），提出具体处理议题张力的行动，这些行动将有助于组织依托优势，克服弱点，利用机会，并遏止威胁。因为优势、弱点、机会和威胁可能是同时发挥作用的，所以同时针对优势、弱点、机会和威胁的行动有着特殊的重要性（Ansoff, 1980）。在财政紧缩（生产力）时期，将扩大跛足儿童服务办公署的职能以包容向残疾儿童提供服务（公平）这一议题张力与 SWOT 结合起来（如表 7—2 所示），便可以产生如下建议：

依托优势

● 提示公众注意接受护理将产生的费用和不接受护理将付出的代价。

● 利用外部专家的意见向居民、职员及医学顾问委员会等游说此项目。

● 利用外部支持团体和专业组织向立法机构游说，说明工作署如何控制成本。

克服弱点

● 对 IHC 条例和州法律施加影响。

● 利用职员和顾客团体对州卫生部门主管、立法机关和州长施加影响。

● 把计划重新定义为预防性的且扩大预防活动。

● 把计划中的预防性工作与遗传学、家庭计划和儿童卫生部门协调起来。

利用机会

● 与政府其他卫生部门、机构和医学顾问委员会合作，以扩大儿童卫生防疫活动。

● 将项目形象设计为创新性的、预防性的和节约费用的。

遏止威胁

● 向立法机关宣传、推销工作署，且争取其他部门的帮助。

● 强调工作署的护理质量，独特性及其不同于福利之处（例如，中产阶级家庭可以得到帮助）。

● 在缺乏资金时，用诊断小组（diagnostically related group/DRG）、预期收入、长期或权变计划来进行规划。

战略主题

战略由有共同主题的行动理念（action ideas）组成。SMG 应该用第 10 章所讲的方法，标识出相关的行动理念，以表明这些理念的共同主题。各种发起行动的方式，如实施一项新计划，确定行动的结果和影响，或描述一个由一系列行动组成的过程等，都可以产生主题。由跛足儿童服务署 SMG 得出的主题列于图 7—3（这些主题的详情请见第 15 章）。

用于确定各种议题张力间的关系的方法，同样可以用来确定各种战略间的关系。SMG 把每个战略同其他所有战略相比较，以确定战略的相互影响度和这些影响的大小（第 10 章讨论了此定级的程序），图 7—3 所示的网络反映了由此得出的关系。请注意反馈如何影响这些主题之间的关系并使它们相互关联起来。此图显示了一个战略行动如何变得依赖于其他的战略可能性，这些可能性与战略管理者所关注的中心战略结合在一起，很难将它们分离开来。

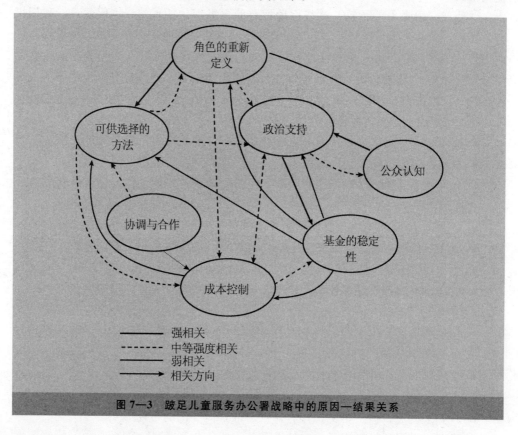

图 7—3 跛足儿童服务办公署战略中的原因—结果关系

为什么应用形势评估和理想来制定战略很重要

第四阶段的保证源于战略原则，这些原则内涵于依托优势、克服弱点、利用机会且遏止威胁之中。将 SWOT 与议题（以张力构建）相结合所得出的推论，比我们所尝试的任何其他方法都能引发更多具有创新性的战略行动。

公—私区别

企业可以采取出售、横向和纵向整合、购并及其他能改变企业领域的积极战略。而公共和第三部门组织则更倾向于采取反应性的战略，原因之一是这些组织一般都有管辖权或领域上的限制。例如，波特（1985）的"低成本领导战略"仅仅是一个对市场进行细分的战略，因而对于消防部门和精神病康复中心毫无意义。有时，服务性的组织也会遇到纯粹的机会（它们源于新的社会关注），从而度过一段和谐而愉快的时期，但这段时期常常是转瞬即逝。

一般来说，战略应该采取渐进的形式，以便在机会和威胁之间取得平衡。以

EPA 为例，如果它太过激进，则可能激化各种反对意见，进而对它将来要做的工作造成损害；另一方面，如果它太过于被动，则会被迫使用威胁处理策略（threat-management tactics），忙于四处扑火。某些立法要求公众付款并使用某一服务所产生的强制力量——如水的氟化——也会给公共组织带来机会。另外，默许它们有处理广泛社会问题的权力也能带来机会。例如，即使给公立学校的授权中没有提及儿童虐待计划，公立学校实施这些计划也是非常可行的。小心谨慎地处理议题和SWOT 中的内在张力，能将公共性很显著的组织置于一个新的处境，并以可行的方式回应各种机会。

7.5 第五阶段：可行性评估

第 2 章指出，公共和第三部门组织所处的环境是复杂的。为此类组织引入新战略的尝试也表明，组织要做的事情远远不应局限于预测消费者将购买什么样的服务，它们除了应关注客户和雇员对变革的观点外，还要考虑政治、财政和法律影响。

为了处理好这么广泛的问题，需要一种不同的可行性评估，这种评估在许多方面不同于传统的可行性评估。首先，我们需要进一步探讨，新战略会对哪些人造成影响，其他团体将如何影响新战略的成功执行。这一行动叫作"利益相关者分析"，之所以这样称呼它，是因为这一分析能确定新战略的引入将影响哪些人，以及哪些人将影响新战略的引入（Freeman，1984）。此方法与马森和米特洛夫提出的"假设分析"（assumptional analysis）相近，不同之处是，它处理利益相关者而不是假设（Nutt，1984a）。我们关注与战略有政治、财政、管理和职业利益或利害关系的人和组织，并尽力预测他们在战略制定和战略实施中的反应。

第二，我们的方法还评估了执行战略所需的资源。这里，我们不仅对所需的财政资源进行评估，还对所需的政治、法律、管理和职业资源以及哪些能分配这些资源的人进行评估。利益相关者和资源分析显示了成功执行战略所需要的、组织与利益相关者及资源供应者之间的共同协议范围（range of joint commitments）。上层管理部门对建立这样的共同协议负主要责任，而操作性和技术性的工作则被委予下属。第五阶段中的评估要确定组织必须加以管理的关键人物和权力中心（power center），并明确执行过程中必不可少的资源。

确定利益相关者

时间及资源的有限性要求我们找出特别需要优先考虑的利益相关者。首先，SMG 要列出拟订中的战略的利益相关者，他们通常包括服务对象、重要的支持者、合作单位和服务提供者。表 A—8（附录 A）提出了搜集所需信息的格式。

列出利益相关者清单之后，SMG 按他们对于议题的重要性和在议题中所处的位置，将他们分成不同的等级。表 A—9 和表 A—10（见附录 A）提供了一个格式，以搜集 SMG 对重要性和位置进行分级的信息。我们以 SMG 的平均等级来给各个利益相关者计分（第 11 章讨论这些等级鉴定过程的内在逻辑），这些等级被标示在图 7—4 所示的方格上。查阅此方格所表示的分类，便可得出利益相关者的位置。对利益相关者进行等级鉴定，可以明确他们各自有何种能力及其能力的大小，从而显示每个利益相关者对战略行动的影响程度。在下一阶段中，此分析被用于利益相关者管理。

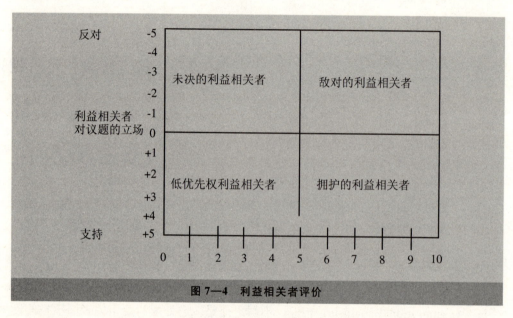

图 7—4　利益相关者评价

确定资源

资源分析与上述过程相似。首先，列出执行重点战略所需的资源及资源供给者。图 7—5 提供了一条线索，表明哪些是实施战略的关键的然而也是当前被排除在外的资源。

内外部资源及其供给者常常是相关的。他们提供帮助的形式可以是财政的，也可以是非财政的，如劳动力、权力和合法性、地位、接受、知识或经验、时间和现有计划等。表 A—11（见附录 A）给出了一张资源表。在这张表中，战略主题列于左侧，SMG 成员把每个潜在战略可能需要的资源罗列出来，并指明资源所属的种类和谁或什么能供给这些资源。这张表列出之后，便对以获取所需资源为目的的行动进行评估。

这一评估采用一个与利益相关者等级鉴定相似的方法。SMG 按战略所需资源的重要性和潜在的可获得性（即找到和动员资源的难易程度）来对它们进行评估。根据表 A—12 可以得出每一资源的重要性；根据表 A—13 可以得出每一资源潜在的可获得性，它还可以用于给某个团体的等级计分。

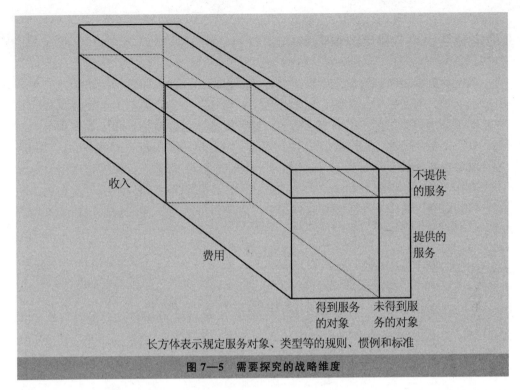

图 7—5 需要探究的战略维度

　　反映团体一致意见的平均等级被标于图 7—6 的方格中。方格以四种形式来说明资源，它们分别是要素匮乏（关键但不易得到）、核心支持（关键且易得到）、辅助支持（不关键但易得到）和不相关（不关键且不易得到）。这种等级鉴定可以找出要成功实施战略所必须获得的资源。在转向实施战略阶段之前应用这个检验，可以保证战略有成功的机会。

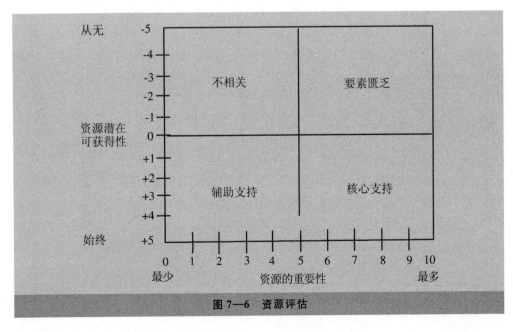

图 7—6 资源评估

为什么确定利益相关者和资源很重要

　　确定利益相关者和资源之所以重要，是因为，在公共和第三部门组织能产生新的创意（如一项新服务）之前，必须建立一种相互合作的气氛。为了达成这样的共同协议，公共和第三部门组织必须考虑：这项服务是否会对用户和企业产生负面影响？收费、课税和税务机关是否会支持这项服务（Mokwa and Permet, 1981; Archebal and Backoff, 1981）。与此相对，企业则只要保证产品或服务使用过程中的安全性，并且能够将其售卖出去。这意味着，公共和第三部门组织要受到来自不同主体的审查，其中一个主体便包括企业。若想取得战略实施的成功，就必须要处理好组织的每个行动。

公—私区别

　　为了建立共同协议，公共组织可能不得不与监督机构谈判以改变其权限。例如，田纳西流域管理局（Tennessee Valley Authority）的一个新项目要与许多机构打交道，如现有的水资源管理机构、负责国土改造和开发的机构等。必需的协议常会开创一些先例，它们需要广泛的内、外部协商。

　　对公共组织而言，每个人都是潜在的利益相关者。因此，公共组织必须对利益相关者阻碍战略实施的动机及其能力进行详细的评估。组织权威网络中的关键人物既可能被鼓动将某些资源从某一项目上挪开以支持其他项目，也可能被游说批准组织收费以冲销实施某项战略所需的费用。另一方面，组织可以用实际的或潜在的战略来申请资助，其服务对象及权威网络中的人均可以利用政治影响帮助或阻止组织达到这一目标，而企业中却不存在这一现象。因而，不管战略资金上的可行性如何，具有公共性的组织都既有得到实施战略所需费用的机会，也有不少阻止战略实施的障碍。企业中的战略管理者往往忽视外部谈判，使用权威姿态处理其内部事务。

7.6　第六阶段：实施

　　战略的任何变化都会引起广泛的关注，我们的战略实施方法的主要目的是应对这些关注，而不是论述建立新程序的步骤。已有关于如何建立新程序的其他的论著（Nutt, 1984a, 1986），这里不再重复。战略管理设计了许多项目，以监控和评估利益相关者可预见的活动，并对资源供给者加以管理。对资源供给者的管理策略与用于管理利益相关者的策略相似。

　　SMG 要检查图 7—4 中每一类——包括反对的、拥护的、未决的和不重要的——利益相关者。首先，要确定每一类中的利益相关者的数量和比例，然后，对之进一步分析，以得出每个利益相关者的支持或反对程度，确定每一类中利益相关者的同质性（homogeneity），以及他们结盟的可能性，并识别出可作为游说对象的、持中立态度的利益相关者。最后，SMG 选择出管理每一类利益相关者的策略。

对付潜在的、持反对意见的利益相关者，可以考虑采用如下策略：

1. 未决的和不重要的利益相关者类型中的中立者，有些与敌对的利益相关者有紧密关系，通过找出这部分中立者，可以发现潜在的联盟。

2. 采取措施，阻止持反对意见的利益相关者与上述未决的利益相关者结盟。

3. 防止持反对意见的利益相关者在暗中削弱拥护者。

4. 确定必须对哪些有反对意见的利益相关者进行突袭（秘密的），以防止他们调动反对力量。

5. 预期反对的性质，挑出部分持反对意见的利益相关者并针对他们采取应对措施。

6. 与挑出的持反对意见的利益相关者讨价还价，以确定一个至少可以保证他们采取中立态度——如果不是支持态度——的战略。

对潜在的拥护者应采取不同的管理方法。我们的建议如下：

1. 向他们提供增强其信念的信息。

2. 吸收关键的支持者加入 SMG 讨论，或让他们成为团队成员。

3. 请持拥护态度的利益相关者将战略介绍给那些不热心的人。

4. 当需要在各种态度间取得平衡时，便要求中立的利益相关者在支持者和反对者都表明自己的立场后，再对战略做出反应。

未决的利益相关者提出的管理问题较少，但是适度的防范还是有益的。以下是管理这部分利益相关者的方法：

1. 准备一些防御策略，以防止未决的利益相关者联合起来公开反对战略。

2. 尝试对中间派进行教育。

3. 重新解释战略，以消除过于消极的利益相关者。

最后，不重要的利益相关者仅在特殊条件下（如他们同质且数量较大），才需要加以管理。策略如下：

1. 以较低的成本，对处在重要和不重要边缘的利益相关者进行教育。

2. 用支持者来促进他们的参与，以表明战略的受支持度。

组织应经常设计一些场景，以模拟主要利益相关者将如何反应，并设计出转移他们的要求的策略。例如，巴达奇（Bardach, 1977）提供了一些理想情境（archetype situations），可以用这些情景来预测主要利益相关者将如何反应（Nutt, 1983, 1984）。

利益相关者管理

图 7—7 确定了精神病康复中心及其"资助金"战略的利益相关者。资助金给患者提供特定数量的津贴来支付治疗费用，其附带条款是，当赠款用完之后，中心

能从适当的团体中得到捐款，并且可以向每种提供的服务征收一项费用（详见第13章）。持反对意见的利益相关者的重要性提醒中心行事时要多加小心，因此，中心的 SMG 首先接近那些与中立位置（委托人）最近的利益相关者，并试图把他们争取过来。中心召开公共大会，以便让客户参与到问题的讨论中来，向他们咨询恢复失去的税收资源的方法。

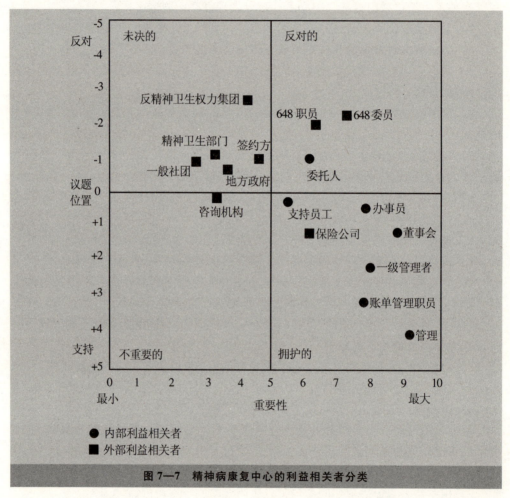

图7—7　精神病康复中心的利益相关者分类

　　因为许多外部利益相关者也很重要，所以将他们列入未决的这一类。在战略实施初期，中心尽量避免在条件不成熟时，将他们的注意力过早地引到资助金战略上。SMG 还对他们进行评估，以确定他们是否存在结盟的可能性，以及这类结盟将对资助金战略产生什么影响。例如，由于州精神卫生部门和地方政府可能联合起来，所以，SMG 采取了一些措施，以减少地方政府官员的担心。他们明确告诉地方政府，精神病康复中心不会向地方政府寻求资金。

　　其次，他们利用大众传媒对普通公众进行教育。随后，战略实施的注意力转向行业承包机构（指精神卫生服务部门——译者注）。中心对他们将要实施的战略作一些介绍，试图把这些利益相关者转换到中立的——如果不是支持的——立场。到这个时候，中心已做好应对承包机构的董事会及职员的准备。这个机构被授予就精神卫生服务及州政府拨款与外部签约的权力。这些潜在的、持反对意见的利益相关者是成功实施战略的关键障碍。SMG 预计到会有一些反对缩小弹性收费范围的意见，并就此准备了一些辩护办法。

中心还制定了一个缩减的脚本（downside scenario），该脚本描述了中心在大部分服务成本得不到补偿的情况下，不得不采取的行动，如减少服务等等。计划中的分析包括了当前各项成本的比例，并提出了不同的目标，将不同的资金减少可能性与每个目标联系起来。例如，联邦削减资助后，中心可得到的收入将只有成本的50%。这样，中心就表示它将只能维持目前 50%、60% 或 95% 的服务。而就当前的形势而言，维持 50% 的服务将是难以被公众接受的，维持 60% 的服务仍是存在问题的，而维持 95% 的服务则代表了一个较好的形势。精神病康复中心提出的资助金战略旨在保证中心生存的同时，保存精神病康复服务的人道主义精神（这类场景方法的应用见第 9 章）。

资源管理

SMG 对图 7—6 中每一资源类型的资源进行清查，以决定每类资源中各种资源的数目和比例。第一步评估，是将"要素匮乏"与"核心支持"两类资源中的资源数目进行对比。如果采取下面三种方法之一，依赖于匮乏的资源的战略就是可行的。第一，改变目标用户或原定用途后，一些资源可以从辅助支持转变为核心支持。这个方法可能需要组织外部权威网络的同意。第二，内部资源再分配，放弃某些活动并重新制定预算。对非常重要的战略而言，这一方法是可取的。这一方法可能也需要外部的认可。第三，可以请求那些拥护组织战略的重要利益相关者为组织筹募资金和服务使用费，或从其他项目中再争取分出一部分资金，从而使组织的战略变得可行。

无论是主动的促进活动，还是被动的防御性活动，都可以使用利益相关者管理。一般来说，争取关键用户和组织权威网络中重要人物的支持不但是可行的，而且是非常有用的。

如果核心支持类型提供了充足的资源（或是可以用上面提到的策略将这些资源转到其中），就要对 SMG 进行调查，以确定将这部分资源用于该战略所须采取的行动。对表 A—10 收集的信息进行总结和回顾，可以确保组织注意到了所有应该考虑的事项。在正确理解这些信息的基础上，战略管理者便可以着手实施战略。

为什么资源和利益相关者管理很重要

在战略管理过程中，人们常常忽视了对资源和利益相关者的管理，但是，精心考虑哪些因素使战略实施成为可能，以及采取何种措施才能保证战略实施必需的支持，却是战略实施的基本组成部分。这些措施之所以是重要的，原因在于公共组织中存在着根深蒂固的行动障碍，必须以政治手腕代替权力策略才能应对利益相关者和资源供给者。法令和干涉等表现出一定水平的权力，但是，大多数公共和第三部门组织并不拥有这种权力。因此，对一些包括立法机关、法院、公开听证、公共和新闻简报以及利益集团等的问题上，必须使用间接策略（如合作等）。

公—私区别

如第 2 章所述，哪里有公共性，哪里就有约束、政治影响、权力限制、公众审查和无所不在的公众所有权（ubiquitous ownership）。这些因素使公共组织的战略实施变得更加复杂，需要比私人组织——如地方钢铁厂——更精细的程序。

权威网络中关键人物及用户的信仰和需求可能会变幻无常，但是，在决定福利改革时采取何种变革，以及是否要停止举办某一受公众欢迎的音乐会等问题时，他们仍起了很重要的作用。公共和第三部门组织所面临的约束及权力限制，使认真管理外部利益相关者变得和管理内部利益相关一样重要。不管组织将实施的战略会带来多大的好处，权力限制都常常成为它们获得战略行动所需资源的巨大障碍。私人组织很少需要对外部利益相关者进行管理，在寻求所需资源时也面临着较少的约束，因此，私人组织在战略实施上困难较小。

7.7　要点

1. 战略管理者要与 SMG 协同工作，以发现或重现历史背景；实施形势评估，制定议题张力议程；为要优先考虑的议题张力制定备选战略，分析执行重要战略所需的资源和利益相关者的支持，以评估其可行性；参与利益相关者管理和资源管理，以实施战略。

2. 战略管理者与 SMG 合作以贯彻执行战略管理的各个过程和步骤，通过一系列活动——它们有助于对需要和不同的行动方法达成共识——可以达到这一目的。这个"逐渐认识"的过程在战略制定和战略实施中都是必不可少的因素。

3. 战略管理中的关键理念是本章提议的过程的基础，但是，为了处理有显著公共性的组织的独特需要，我们设计了一些新的步骤和阶段，从而扩大了这一过程。

第 8 章

调适战略管理过程以满足具体需要

第 7 章所讨论的六个阶段组成了战略管理过程，本章则将给推动者和战略领导提供三种战略管理方法，它们分别是集中行动、重构和持续变革（focused action, regeneration, and continuous change）。集中行动战略管理可以应用于类似为期一天的休假会议的场合，它试图为组织的行动建立一个舞台，或为组织引入战略观念。重构战略管理深刻地揭示组织所有的战略可能性，并以此作为组织实施重大变革，或在战略上变得更加积极主动的前奏。持续变革方法提倡实时的战略管理（ongoing strategic management），战略领导根据战略管理过程的各个具体阶段，更新和修订其行动计划，以不断识别且评估变革的可能性。

8.1　集中行动战略管理

根据组织需要和以前采取战略行动的成功经验，可以采取几种方法来组织为期一天的战略管理休假会议。这种会议一个最一般的要求是对关键团体——比如理事会或高级管理人员——进行再教育，使他们从战略的角度来思考问题。第三部门组织，如商会、州护士联合会和大学院系，日益面临这样一种完全不同的形势——其领导必须为组织找到新的工作方法；而那些工作缺乏进展、厌倦了定期动荡的公共组织也开始变得难以控制，加入了寻求新的途径以重新构想目标和计划的行列。这类组织都有一个共同的特点，即希望探索与以往不同的工作方法。

　　要进行休假会议的另一个常见原因是，所处理的问题至关紧要，有潜在威胁且需要采取迅速的行动。例如，退役军人管理局（Veterans Administration, VA）医院系统面临着严重的预算削减，这将限制该系统拓展新项目，并迫使系统中的医院中断某些现有项目。VA 的重要管理者不得不在他们弄清楚"谁得到什么？"之前，考虑这个问题及其后果。在为下一轮预算选择项目时，他们必须对公平、现在的好项目以及将来的好项目进行综合考虑。面临战略变革需要的组织领导，常在包括高级管理者和关键利益相关者的为期一天的休假会议中，检验自己到底能够做些什么。

　　为了使整个战略管理过程适用于为期仅一天的休假会议，就要对它做一些缩略。首先，与历史背景和实施有关的过程（阶段一、五和六）被省略掉了，这样，就可以用缩略的方式进行形势评估、议程构建和战略制定。尽管这样的缩略会省掉我们认为非常重要的思考过程，但这个经过缩略的方法的确包含了战略制定的重要内涵，并可以帮助关键人物把握必须针对其采取战略行动的短期需要。通过参与战略制定，参与者会对战略的性质和重要性产生正确的理解。集中行动观念为意识会议（awareness session）提供了有益的副产品。通过为期一天的休假会议，对做出高度集中战略变革有兴趣的组织领导可以把变革置于具体环境之中，从而看出各种重要的、阻碍行动的相互关系。

为期一天的休假会议的形式

　　尽管举行为期一天的休假会议的目的多种多样，但其主要目的还是为了搜集战略管理过程第二、三、四阶段所需要的信息。文章的以下部分将讨论休假会议的各个基本步骤，并举出一些实例，以说明这一会议可能为战略管理带来的洞察力。

　　步骤。活动从一个介绍开始，该介绍的目的是为了教育各个参与者如何思考问题。在介绍活动中，会议的参与者检讨本次会议的所有活动，并且指出每项活动所要达到的目的和期望的结果（可应用这一章下一节所讲的教育方法）。

　　由重要参与者组成的小组采取小组沉默思考法（silent reflective group process）（见第 9 章），列出组织面临的各种 SWOT，并用表 A—5 来收集和记录其结果（见附录 A）。每个小组成员都安静地列出他认为重要的优势、弱点、机会和威胁。同时，推动者在每次经过组员身边的时候，都分别记录下一个优势、弱点、机会和威胁，并形成一份 SWOT 清单。随后，会议将各个 SWOT 分成不同等级以确定它们的优先次序（见第 11 章）。通常情况下，会议将只考虑排名最先的二至三个 SWOT，以避免信息过量。学会并列出 SWOT 通常需要半天时间。

　　下午的会议中，会议再次应用小组沉默思考法以揭示议题。可以用表 A—6（见附录 A）来辅助这一过程。第 11 章描述的快速分级方法可以用来评定议题的优先次序。在用表 A—7 把需要优先考虑的 SWOT 和议题列举出来之后，每个组员都据此思考，以找出依托优势、克服弱点、利用机会和挫败威胁的战略行动。在这里，会议再次将小组沉默思考法和快速分级方法一起使用。

实例。 某个有 13 家医院的 VA 行政区用这个方法来解决预期中的预算削减。这一行政区的预算可能遭受极为严重的削减，为此，行政区需要制定一个应对削减的紧急计划。VA 行政区的领导负责此紧急计划的制定，但他却没有任何实际权力来强迫执行这类计划可能需要的变革。每家医院都有其独特的竞争力，都有增加其当前服务种类的动议，而其中许多服务将与本区范围内其他医院的服务重复，所以，大家必须同时意识到削减的需要，并对放弃当前的某些服务达成协议。

　　于是，13 家医院的首席执行官组成了一个计划小组，并开了一天会。在定向培训完成后，会议执行的 SWOT 步骤产生了如下结果（按优先顺序排列）：

　　优势

　　1. 项目多样性。

　　2. 附属医学院和专业雇员。

　　3. 退役军人的政治支持。

　　弱点

　　1. 缺乏在各医院分配资源的基础。

　　2. 附近的医院提供同样的服务。

　　3. 预算下降，但由于工会合同，无法裁减人员。

　　机会

　　1. 国防部所属医院间的共同服务计划提供了可以效仿的模型。

　　2. 对 VA 医院的政治支持很强大。

　　3. 当前各医院间的共享服务基础较小，但可以扩大。

　　威胁

　　1. 许多退役军人正向阳光地带（Sun Belt）迁移，这意味着以后就诊人数的下降。

　　2. 预算减少，VA 作为护理服务提供者的形象不具有竞争力。

　　3. 医院之间对隐私服务（esoteric services）的竞争。

　　下午会议提出两个重要议题：每家 VA 医院的使命变化，以及应对 VA 人数下降的对策。以下是为这些议题确定的张力：

　　1. 使命变化（转变）与公正（公平）。

　　2. 使命变化（转变）与优良服务（生产力）。

　　3. 下降的人口（生产力）与使命变化（转变）。

　　使命变化与优良服务之间的张力被用来确定战略行动。这些行动的主题提出了重新定义每家医院的使命以保证优良服务的需要，从而引发了以下行动：

　　1. 每家医院都要清查自己的服务，并鉴别出至少两项可以放弃却不会损害独特竞争力的服务。

　　2. 所有医院都同意修正其使命以解决缩减规模问题。

　　3. 研究人口统计学，根据人口组成的变化来决定提供新服务的理想场所（例如，更老一些的退役军人的需要会下降，而越南战争和海湾战争的退役军人的需要却会很稳定或增长）。

4. 每家医院都同意制定至少两个缩减运营规模的计划，以削减医院的费用。

这个小组在一天内的活动卓有成效。多数成员对所达成的合作和妥协表示惊讶。

产生的洞察力的作用。多数组织面临的复杂的利害关系，并不是一天的会议就能完全洞察到并寻找到解决方法的。理想的缺失使目标变得很模糊，因此，每个组员都会根据自己对未来的看法提出建议，而事实上，他对未来的看法可能并不为其他人接受，这样，就会引起争执。另外，成员还要对历史背景做出假设，而这些假设可能是与目标相背离的，也可能不为他人所赞同。

那么，我们究竟可以从中学到什么？一天的休假会议表明了这一点，即只要努力和专注，便可以做到平时很难做到的事情。它可以向各方传达战略行动的理念，帮助重要团体适应战略管理，并向他们指出"为什么"要实施战略管理和"如何"实施战略管理。恰如 VA 案例中所表明的那样，对议题及其重要性的了解，能使关键参与者认识到采取行动所必需的折衷。各家 VA 医院达成了一个可行的协议，同意放弃某些有价值的东西以保护其关键的能力。

8.2　重构战略管理

有些组织不得不努力找到某种途径以满足它们改变项目和惯例的需要，这类组织在执行战略管理过程时，通常由推动者担任 SMG 小组的领导职务。推动者既是教师——负责说明如何执行战略管理，又是首轮过程所采取的行动的焦点。组织的领导常加入到 SMG 中，或者仅是对过程进行观望，不过，后者很少见。这种战略管理方法将理念发展与过程学习结合在一起。推动者用示范来说明过程如何运作，并在此过程中对人们进行培训。推动者可以参考这本书，选择能够完成各项活动的过程阶段和方法，从而使管理过程适合于具体的用户。在首轮过程完成以后，战略管理就成为组织领导的义务。在趋势和事件有要求时，应不定期检讨战略变革的需要和优点。一次过程循环不但可以揭示一个问题议程，而且可以提供处理重点议题的战略，以及此战略的实施计划。

图 8—1 是一种将战略管理过程阶段组织起来的方法，我们已成功地运用过此方法。图中，实线方框表示同一时间或同一会议上发生的活动。虚线方框表示由调查搜集到的信息。图顶端的方框表示完成一个过程周期所进行的会议或采取的步骤的数目。

为了说明这个过程是如何开展的，图 8—1 描述了过程的一个周期。过程第一个周期的完成时间会因延长或缩短会议时间而有很大的差异。就此图所举的例子而言，每隔两周举行 6 次会议，每次会议持续约 4 个小时。正如我们在本书第 5 篇的案例中所显示的那样，这些会议和活动也可以采取其他多种形式，如 12 次 2 小时的会议，或 9 次 3 小时会议等。

由于参与者和推动者要在会议间进行总结和制表，因此，对他们来说，每天举

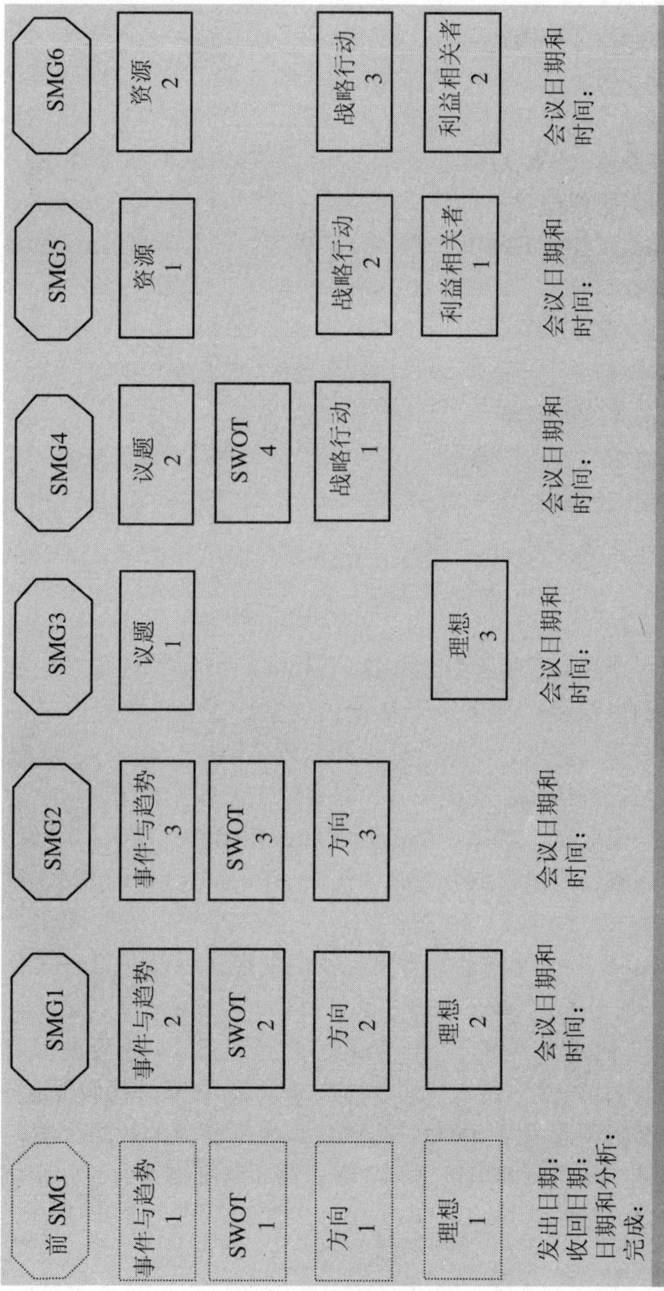

图 8—1　战略管理过程周期

行一次会议是比较困难的；另一方面，如果会议间隔超过两周，则会导致动力和记忆的丢失，这时，就不得不重新激发参与者的热情。但不论选择哪种方式，每个SMG成员都要准备投入至少24小时，以启动战略管理过程。重构战略管理所需的12种活动如下所示：

1. 用文件证明趋势和事件
2. 明确战略方向
3. 确定理想
4. 进行形势评估（SWOT）
5. 确定战略问题议程
6. 确认与议题相关的SWOT
7. 制定战略行动
8. 综合战略主题
9. 规定战略标准
10. 选择准备实施的战略
11. 分析利益相关者和资源
12. 执行选中的战略

前 SMG 活动

过程中的第一个活动是搜集数据，这一活动通过对SMG成员的调查来确定历史背景。用同样的方法可以搜集到形势评估信息。这些步骤提供了关于事件和趋势、方向（根据需要或需求、资源、项目和管理实践组织起来）、理想以及SWOT的真实背景资料。这些信息收集起来后，需要对它们进行总结，以创建可以概括调查结果的清单。一般而言，对每一个主题领域，我们都可以得到一份很长的清单。这种概括把每个回答者的建议综合起来，提出一些意见以保证SMG成员对之进行充分的检讨。

附录A提供了搜集这种信息的表格。我们发现，可以在第一次会议前（见图8—1中的前SMG），用一个修正的德尔菲法（Delphi survey）（见第9章）来征求SMG成员的意见。附录A中的表A—1是一封可对SMG成员进行定向教育的信函，它推荐了填写表A—2、表A—3、表A—4及表A—5（我们用这些表格来收集方向、事件和趋势、理想以及SWOT的信息）的步骤。某些场合下，用第二轮德尔菲法来对每次调查搜集到的项目进行分级。第5篇所描述的部分案例显示了这些调查得到的信息。

会议一

会议一对SMG成员进行简单的定向教育，在教育中，SMG成员可以了解战略管理过程的目的、推动者的作用和所期望的结果。

召集第一次会议的目的，是为了对前 SMG 会议草拟出的清单中的各个项目进行检讨、讨论和分级。在这次会议上，SMG 成员开始熟悉有历史根源的利害关系，并且开始直面当前组织面临的形势。一般来说，检讨从事件和趋势开始，根据清单中的项目逐个进行。之后，小组讨论方向，再讨论理想，最后讨论 SWOT。这个顺序是小组把握组织必须回应的重大问题所不可缺少的。当完成对这些项目的分级后，讨论便终止（分级过程见第 11 章）。

SMG 对需优先考虑的事件和趋势进行检讨，以将组织定位于反映了其外界环境要求的位置。随后，就是对组织方向的讨论。在此期间，SMG 成员开始注意到组织正往何处去，并突出那些他们认为是至关重要的方向。在讨论之后，SMG 要对这些不同的方向分级以确定它们各自的重要性。

对理想进行讨论，是为了确定组织应该往何处去，这刚好与组织正在发展的方向相对。讨论的焦点是为了选择 SMG 关于理想的提议中的要素，这些要素可在后继会议中被组合成一个完整一致的陈述。在这个讨论的后期，应对 SMG 提出的关于理想的要素的重要性进行分级。

此次会议的最后一步，是对 SWOT 清单的讨论和分级。讨论的内容是对优势、弱点、机会和威胁重要性的评价，它们由 SMG 在前会议调查中所提出。

会议二

分级表是第二次会议的讨论重点（见图 8—1）。这次讨论集中于以下事项：趋势、事件、方向和 SWOT 清单中，哪些项目应加以重视，哪些项目应被视为不太紧急和不太重要。本次会议的中心仍然是历史背景和形势评估，目的是为了指出哪些趋势、事件、方向和 SWOT 才是最重要的。此程序使 SMG 成员对过去的行动定期重做评估，以达成对历史背景和当前形势的共识，从而增进他们的知识。管理这些会议的小组过程方法详见第 9 章，选择适当小组过程的指南见第 12 章。

会议三

在前两次会议中，SMG 简短地检讨了需要优先考虑的事件、趋势、方向和 SWOT，在此之后，SMG 将注意力转向对理想的检讨。完成了对理想的检讨后，SMG 再进一步确定将要处理的议题。议题可以通过适当的小组过程（见第 12 章）和表 A—6（见附录 A）来确定。

SMG 成员心目中的理想由各种要素构成，通过对这些要素的重要性的分析，便可以得出组织的理想。这份关于理想的概要应提交 SMG 成员共同讨论和评议，在这个过程中，成员们通常会提出一些细微的修改建议，其中，某些建议将融入组织最终的理想陈述，以指导今后的行动。

有几种小组过程可以激发和鼓励人们的发现精神（见第 9 章和第 12 章），运用这些小组过程，便可以找出组织要处理的议题。找出这些议题之后，还要对它们进行讨论、合并和分级。通过对议题的综合，便可实现对它们的合并或整合，而议题的合并使我们能把所有议题减少到四至七个，并用张力形式将它们表示出来。之后，我们再用第 10 章提供的方法对它们进行分类，以识别各种议题张力之间的关系，如优先次序和原因—结果等。

会议四

SMG 继续检讨需优先考虑的行动，其目的是为了深化对这些行动的理解并达成协议。这次会议的检讨对象包括迄今为止提出的所有问题，但重点是对议题的检讨。SMG 应通过考察关键议题张力间的先后次序和因果关系，来确定它们之间的结构。前一章的图 7—2 和图 7—3 是两个先后次序和因果关系的例子。被挑选出来作为管理对象的议题张力通常先于其他的议题张力提出，而不是其他议题的副产品。附录 B 提供了可以用于搜集此类信息的格式。

这次检讨为战略行动的产生确立了范围。用表 A—7 和适当的小组过程（见第 9 章）便可以制定出各种战略行动。正如议题张力一样，在确定战略时，强调的是发现，但与此同时，也应发扬创意和创新精神。应将理想、议题张力和 SWOT 作为选择行动的依据，对备选的各种行动加以综合，确定五至十个战略主题（或者说核心战略），再用第 10 章所讲的方法对之加以分类整理，以明确它们相互间最重要的关系，如优先次序和原因—结果等。

会议五

首先，应检讨战略主题及它们的相互关系，以使 SMG 小组为研究战略实施做好准备。经过优先次序和原因—结果（因果关系）分析，关键战略便会浮出水面。正如核心议题一样，重要战略优先于其他战略，并且往往是制定其他战略的原因。这个战略被用来集中各方面的注意力，以进行与利益相关者和资源控制者——他们是战略实施不可或缺的——有关的讨论。表 A—8 和表 A—11 可用来搜集这些信息。通过小组过程，可以找出资源和利益相关者；随后，可以用表 A—9、表 A—10、表 A—12 和表 A—13 对它们进行分级，以创建前一章中图 7—4 和图 7—6 所示的评估。

会议六

这次会议要明确重要战略的关键利益相关者和资源。应该用实施阶段所讲的方法，选择应对利益相关者和资源管制者的策略。

这次会会议讨论的最后一个领域是研究延续这一过程的方法。可以将这次会议当成一次选择重新定位组织的方法的事件。尽管如此，重复议题张力和战略过程，并在下次组织管理人员会议上花点时间于战略制定上，以再次检讨各种议题张力，是一种更加可取的办法。战略制定是至关重要的活动，它值得战略领导不断地在这上面花时间和精力。

8.3 过程循环

战略管理过程有不同的循环方式，如图 8—2 所示。此图反映了制定战略所需的四种管理类型、往后传递的信息以及这些活动之间能发生反馈的节点。

图 8—2 最里面的方格表示的是最基本的循环，这一循环叫作行动管理（action management）。行动管理中，SMG 在阶段四、五、六之间循环，以对战略做出微调，并启动战略实施方法。行动管理是重点行动战略管理过程的一个变种，在此过程中，议题是给定的，而实施是附加的。图 8—2 底部所示的反馈信息表明成功或失败的程度，从而指明是否需要新观念和新方法来调整旧观念和旧方法。在行动管理中，创新和接受都是重要的关注对象。

如果循环过程包括议题张力，则会产生议题管理（issue management）。经过这一循环，SMG 可以发现另一议题张力，并制定相应的战略。每次循环都要对问题议程进行检讨和修正（见图 8—2）。这一循环的关键之处在于议程的揭示和发现。

如果循环过程包括对 SWOT 的检讨，则会产生形势管理（situation management）。正如议题需要修订和更新一样，SWOT 清单也需要修订和更新。形势管理的关键是认可和揭示。

最后，在 SMG 对照趋势、事件和方向修改其理想时，便产生了组织管理（organizational management）。组织管理的目的是为了确定战略行动是否足够地改变了组织的方向，以使组织可以达到其理想。这一分析还能发现新的事件和趋势，这些事件和趋势可能十分重要，它足以使组织重新开始战略管理过程。组织管理的关键是发现和找到需要保存的价值观。

组织生涯的不同时段都可以产生循环。当出现重要的需求，而且组织通过实际行动发现怎样做才能应对这一需求时，组织的重点便由理解问题转向采取行动。通过以上讨论，我们应该已经对持续战略管理有了清楚的认识。战略管理过程的单次循环有助于组织发生一般的变化，但是，要使组织不断成长，则需要时刻关注战略管理提出的各项要求。

8.4 持续变化的战略管理

过程循环展示了可产生持续变化的战略管理步骤。在理想情形下，战略管理过程是一个连续的过程，它被灵活地用于指导组织的思想，使组织朝有利的方向发展。

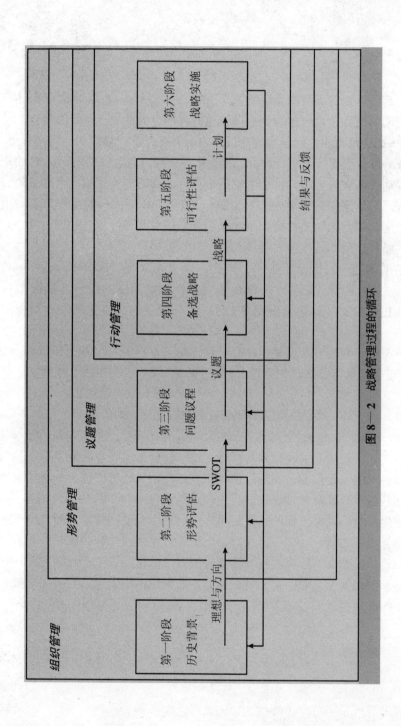

图8－2　战略管理过程的循环

行动管理

　　任何一个真正希望实行战略管理的组织，都应把行动管理看作一种连续不断的活动。尽管在一个较复杂的组织的各个层级上，都会需要 SMG 和 SMG 领导，但对于行动管理来说，SMG 领导则是一个关键人物。因此，战略领导会要求 SMG 的领导定期在战略行动议程上花一些时间。某些行动计划可能会被授权给职员、管理者或工作组；而另一些行动，尤其是政治敏感的行动，仍要由最高管理者或首席执行官控制。授权担当 SMG 的小组在制定战略以解决问题议程中的议题时，应定期检讨和评估所取得的进步。

议题管理

　　战略管理者要定期对问题议程进行评估和更新。遵循这一章和最后一章所讲的程序，便可以完成问题议程的更新，而第 5 章讨论的方法则可以用于对问题议程的评估。

　　在修正问题议程之前，战略管理者应该用第 5、6 章描述的六种议题张力对议题进行分类，以检验当前的问题议程是否仍然适合。此分类不但可以揭示组织当前占优势地位的价值观（Quinn, 1988；Nutt and Backoff, 1992），还可以揭示出一些未被注意的问题。例如，如果生产力的发展只被与公平和保存联系起来，组织就可能忽视转变的需要。如果在第一个问题议程中，六个张力中的任何一个有被忽视的倾向，则考虑缺失的张力的含义就成了最重要的事情，应在进一步确定议题或处理其他要求注意的新情况之前，做好这一工作。

　　作为寻找缺失张力的前奏，应该用第 5 章和第 6 章所讨论的框架来详细说明各种条件，并陈述对组织面临的各种议题进行考虑的原因。对问题议程的修订是通过在六类议题张力中寻找议题来实现的。寻找议题的途径有两条：其一，在六类张力中直接寻找，一次一个；其二，用第 7 章讨论的程序来寻找。寻找的结果可由SMG 分类，以确认差距。然后进行第二次寻找，以补充看起来未被充分代表或被忽视的项目。

　　直接在六种议题张力中寻找的方法，更适于揭示组织过去未能面对的、隐藏的重要利害关系。要在初次尝试实行战略管理时便揭示这些隐藏的利害关系，往往会很困难。因此，我们也把这些步骤作为修订问题议程的辅助。在另一种情况下，在寻找战略行动之前，利用张力框架来确定问题议程更可取。但无论在哪种情况下，寻找缺失的价值都有助于提醒 SMG 注意组织面临的一些重要利害关系，它们可能会由于价值偏好和组织关键人物的取向而被忽视，但是，如果组织对这些利害关系有所意识，就能在它们对组织构成威胁之前，对它们加以仔细考虑。

　　两次问题议程修订之间的时间间隔因具体环境的不同会有很大的差别。与稳定环境下的组织相比，不稳定环境下的组织要更经常地对议题进行检讨（见第 3、4

章）。合理的方针是每年对问题议程做一次修订，但是，根据环境的变化程度，具体的间隔可以在三个月到两年之间。

形势和组织管理

体现了组织形势和历史背景特征的因素很少会在短期内发生大的变化，而当新情况以事件或趋势出现，或形成一个新的 SWOT 时，我们往往能将它们辨别出来。更为普遍的情况是，变化在较长的时间周期内发生，这是由于新情况以多种方式出现，它们之间存在着微妙的交互作用。但是，当这些变化共同发生作用时，则可能使组织偏离其理想。另外，理想也会随环境的变化而变化（如新领导会带来新的洞察力）。

形势比历史背景更易于发生变化。与议题相比，两次形势检讨间的时间可以更长一些。布赖森（Bryson）建议每五年对形势进行一次检讨。但是，对联邦、州和许多地方机构来说，五年可能太长了。对它们而言，合适的时间间隔是二至四年，并且与选举周期相符。同样，环境的变化程度决定了对形势进行检讨的频度。一年一度追求资金的动力（如联合劝募协会各机构），使组织每年都有必要检查它所面临的形势，而在另一些情况下，形势可能会在较长时期内保持稳定。一般来说，每五年对形势作一次评估是上限。

与形势相比，历史背景较少发生变化。对历史背景进行修订的时间间隔准则是：两倍于形势评估的间隔。这样，依组织环境的变化程度不同，对历史背景的检讨间隔可以在二至十年之间。

改革管理

遵循图 8—2 的准则，战略管理者可以满足他或她工作中的战略制定需要。这些准则需要四个行动周期。每二到十年进行一次组织管理，通过找出使组织偏离目标的方向、事件和趋势，理解组织的历史背景。每隔一至五年，形势评估都要重新寻求组织的优势、弱点、机会和威胁，它努力理解组织的 SWOT，并试图利用形势中的有利之处，回避它的不足之处。每隔三个月至一年，组织便要进行议题张力管理以检讨其问题议程。这项检讨的目的是为了找出隐藏的议题张力，并尽早对它们进行处理。行动管理每时每刻都在进行，以对问题议程中的重要议题做出回应。组织当前的 SWOT 和理想指导了对战略的探求。通过对战略所需要的资源和利益相关者进行评估，可以确定战略的可行性。此后，便是战略的实施。

8.5　要点

1. 战略管理过程可以有不同的实现方式。利用战略管理阶段和步骤的过程可以是为期一天的休假会议，也可以是深入的探究，还可以是实时的组织变革。集中行动可以在一天中用上战略管理的某些方面。当组织的关键人物研究组织面临的重要议题张力时，重构过程向组织提示了战略管理的深层理念。持续变化管理要求组织的领导者将战略管理原则与他们的问题议程结合起来，从而使这些原则拥有与领导者的其他活动一样的地位。

2. 行动管理过程是持续的，它包括定期更新议题、形势和组织管理议程，以识别出有重要意义的新情况。

3. 因为战略管理的活动是分步执行的，所以需要对关键活动进行周期性的检讨，以使 SMG 对组织历史背景和形势达成共识。这些周期性的评估不但创造了采取战略行动的基础，也创造了采取战略行动的需要，它们给组织变革过程提供了动力。

第4篇

有效的支持技术

　　我们的战略管理途径有两种过程。在第3篇中我们探讨了其中的一种过程，即战略管理必须历经的六个阶段；另一种过程就是战略管理小组（SMG）在这六个阶段中的每一阶段重复进行的三个步骤。搜寻、综合以及选择这三个步骤用来描述历史背景，进行形势估计，形成问题议程，产生战略，评估可行性并实施战略。

　　搜寻是为了获取信息和思想，综合用以揭示模式，选择用以辨识优先的行动。比如，战略管理小组先是搜寻议题，接着形成张力这样的议题，然后确认各种张力之间的关系（顺序或重要性），最后有选择地处理其中一个议题张力。第4篇我们将描述用来帮助战略管理小组开展搜寻、进行综合以及确定优先行动的技术。

　　应当指出的是，其中有一些技术可应用于所有的步骤。例如，在名义小组技术（第9章论述）中，参与者主要是搜寻思想，但当他们将这些思想列出后进行组合时也产生了一些综合，当他们安排先后顺序时也为选择创造了基础。其他技术，特别是用来帮助综合或选择的技术，可以与名义小组技术结合使用，以改进信息模型并使优先行动的确定更为可靠。大多数搜寻技术都可以通过这种方式得到改进（Nutt，1982a，1984a；Nutt and Backoff，1987）。将各种技术进行结合就产生了混合技术，混合技术能够改善结果，增加过程的多样性。我们将各种技术归类到搜寻、综合或选择这三个标题之下只是为了强调它们的主要用途或价值。

　　在第4篇中，我们也指出了挑选技术的指导原则。战略实施上的要求主要取决于战略管理者的预期。第12章我们探讨了符合这些要求的几种技术，并给出了一些技术以供战略管理小组的领导者或推动者选择。使用符合执行要求的一组常备技术比重复使用单一技术更为有效。如果没有这样的一组常备技术，人们就会倾向于依赖过去的实践，从而导致过度使用受偏爱的技术。

第 9 章

发掘信息和新思想的
搜寻技术

在搜寻这一步骤，战略管理小组（SMG）寻找战略管理过程每一阶段——辨识历史背景；进行系统评估；详细说明SWOT、议题、行动计划、资源、利益相关者等等，正如第3篇所描述的——所需的信息。有些技术对搜寻信息特别有效。这些技术可以帮助战略管理小组发掘新思想，做出判断和交流意见。本章对表9—1所示的各种技术逐一进行了描述，以说明这些技术是如何操作并用于支持战略管理过程。

表9—1是根据这些技术各自不同的优点进行分类的。每一类别中都有几种不同的技术可供选择，它们有着类似的优点，而每一种技术都能处理战略管理过程中经常出现的某些特定的问题。在强调这些优点的同时，我们也说明了如何将这些技术运用于战略管理过程中的各种活动。

表 9—1　　　　　　　　　　搜寻的有效技术

沉默思考技术
名义小组技术（NGT）
默写法及其变异类型
名义—互动技术（NI）
Kiva 技术
德尔菲法
互动小组技术
传统的面谈小组
焦点小组
辩证小组
特殊目的技术
综摄法
脚本法

9.1　沉默思考技术

　　沉默思考的过程有利于全体成员的参与并鼓励创新思想的产生。在沉默思考阶段，战略管理小组的成员会有一种紧张感，这促使他们相互竞争寻求良好的解决方案。沉默思考有助于避免那些阻碍创新的肤浅的争论、乏味的诊断以及受偏爱影响的想法。有几种小组过程需要利用沉默思考的方法，包括名义小组技术、默写法、名义—互动技术、Kiva 法以及德尔菲法。

　　沉默思考技术有三个显著的优点。第一，它们能激发小组成员的创造性和创新性（Nutt，1976a，1977），而新思想对战略管理过程的一些活动来说是必不可少的。第二，沉默思考技术有利于暴露问题（Van de Ven and Delbecq，1974）。问题的暴露对了解形势发生变化时必须面对和克服的路障（如弱点和威胁）极为重要。第三，这些技术有助于人们达成一致意见（Nutt，1976a）。战略管理小组必须就他们的需求和满足需求的方法形成一致的观点，这样才能就他们应采取的行动达成一致。沉默思考技术在改善人际关系、引导小组成员一致支持采取的行动方面的确有着良好的记录。

　　沉默思考技术要求战略管理小组的每个成员在进行集体讨论之前先认明 SWOT 和议题等诸如此类的情况。如果使用公开的讨论来进行搜寻就会产生几个问题：公开的讨论易诱使人们做出过早的承诺和草率的评价，这有碍他们提出可能有价值的想法并切断有用的研究线索（Bouchard and Hare，1970）。在讨论之前给他们思考的机会，有助于克服通向坦诚的障碍，激发创造力并增加人们对结果的接受程度。

　　沉默思考技术的优点是通过遵循两个基本原则产生的，即延缓判断和有量才有质（Osborn，1963）。这些原则对任何需要创新和暴露问题的情形是必不可少的。

　　延缓判断的价值来源于判断性思维与创造性思维的区别。判断性思维是运用分析和比较做出选择。创造性思维则是通过自由的联想去设想新思想。这两个过程是互不相容的。判断性思维和做出判断在小组过程中倾向于占据主导地位。因此，在这些过程中必须延缓做出各种判断。沉默思考为人们创造了一种良好的氛围，允许他们设想各种思想而不必考虑其可接受性或重要性。

　　创新需要大量的思想。一个人的思维一般是有层次结构的。占主导层的往往是传统的观念。要想超越传统观念，必须做大量的努力去创造新的联想。量变产生质变这一格言，迫使战略管理小组成员穷尽或净化他们的传统观念以获取新思维。沉默思考这一步骤鼓励大量思想的产生，从而增加了获取创新思想的可能性。

名义小组技术

　　名义小组进行无声工作以鼓励思考（Delbecq and Van de Ven，1971；Delbecq，Van de Ven and Gustafson，1986）。名义小组技术（Nominal Group Technique，NGT）可被运用于战略管理的全过程——认明事件、趋势、思想、SWOT、议题、战略、利益相关者以及资源。

　　名义小组技术来源于行为科学的文献，并经过实践的调整。大多数小组都有一个观念化的阶段和一个评价的阶段。观念化阶段就是搜寻各种思想，评价阶段就是对各种思想进行筛选，然后将它们组合成一幅完整的画面。不同的阶段应采取不同的步骤：沉默思考适合于观念化阶段，而互动适用于评价阶段。NGT 还能控制那些试图通过华丽的辞藻在小组中占据主导的领导者，这样的领导者既会减少创新，又会降低成员的满意度。NGT 使用的方法是通过确保平等参与来控制这一行为。

　　NGT 的小组最好是小规模的，7～10 个成员为宜，他们就座的位置应使他们能彼此看得见。首先必须向小组成员介绍有待解决的问题，并赋予领导者调整小组行为的合法性。开始就要明确问题，介绍战略管理小组的领导者或推动者。领导者将整个过程的所有步骤列成纲要。每一个小组成员都理解并遵循这些步骤是十分重要的。如果领导者尚未确定，就必须借助于外部的权威使小组成员接受这一过程。

　　名义小组技术使战略管理小组先进行无讨论的工作以鼓励思考。接着要对各种思想进行系统的考虑。领导者首先要阐明 NGT 各个步骤的目的（辨识趋势、思想等等）。

　　步骤一，要求每个成员将自己的思想默写在一张卡片上，并且不准讨论。应以友好而坚决的方式制止那些想要在这一阶段谈话的人。默写阶段持续到所有成员都停笔时结束，或者到给定的时间结束，最好采用前一种。战略管理小组的领导者或推动者应拒绝除了有关过程之外的所有问题，并进行无声的工作为成员起示范作用。

　　步骤二，战略管理小组的领导者或推动者向每一位成员征求意见并做好记录。这一阶段有助于使思想客观化，并允许每个成员有相同的时间提出自己的观点。同时还要进行记录。依次要求每个成员提出一个意见，领导者将其记录在卡片上，填满后将卡片贴到墙上。在征询下一位成员的思想之前，领导者要确认成员赞同此份记录。这一过程在成员中依次轮流进行，每人一次只能提出一个意见，同时做下记录使所有人都能看见，直到所有成员都穷尽他们的思想。然后，将记录所有意见的卡片贴到墙上。一般来说会产生 20 到 40 个的意见。

　　步骤三，对每一个意见进行讨论。战略管理小组的领导者或推动者首先要求成员阐明所列出的意见，然后对每个意见的优缺点进行分析。此过程会产生大量的讨论，领导者应在卡片上做记录作为重要的详细说明。领导者要避免讨论集中在一个意见上，应当通过要求阐述并记录不同的观点从而指出每个意见的逻辑所在。接下来就是努力使大家达成一致，领导者将相似的思想结合在一起，以求得成员的同意。领导者必须避免争执，如果无法将两种观点结合形成一致，必须将这两种选择都放在一边。

　　步骤四，要求小组成员通过选择最重要的问题来达成共识。我们将在第 11 章介绍为达到这一目的所采用的几种投票技术。简言之，NGT 的四个步骤为：(1) 将思想默写在卡片上；(2) 列出各种思想，每个成员依次进行，直到穷尽所有思想；（3）对列出的各个思想进行讨论从而将之合并为一个目录，并就各个思想的优点达成共识；（4）投票选择最优方案。

默写法

默写法（Brainwriting）（Gueschka, Shaude and Schlicksupp, 1975）是另一种使用沉默思考的小组技术。在提示性默写（cued brainwriting）程序中（Nutt, 1984a），战略管理小组的领导者或推动者首先将写有若干提示（即集中小组注意力的思想）的卡片置于桌子中央。每个参与者取一张，读完后写下自己的思想。当他们写完后或想要得到其他人的启发时，就在桌子中央与人交换。读完新的一张卡片后，再将自己的新思想添加上去。这一过程持续到所有的思想都被穷尽为止。

默写法的另一种类型是结构性默写（structural brainwriting），它引入了更多的综合（Nutt, 1984a）。此法要求成员将他们的思想分类列出。提示是依据特定的主题提供的，如优势、弱点、机会和威胁，或者依据方向提供，如供给与需求、项目、资源和管理系统。每个类别加了两个意见之后，成员就在桌子中央互换卡片。这一过程并不讨论，成员们互换卡片直到穷尽所有思想或时间结束。结构性默写方法围绕着最初选择的主题产生了综合，并且允许成员在主题选择的范围内进行归类，从而产生了第二种形式的综合。此步骤提高了思想的质量，但暗示的限制抑制了创新。

NGT 中依次轮流记录的步骤在这里也被用来将各种思想列表（在结构表中，若干列表的步骤是同时进行的）。要求每个成员描述其卡片中的一项。领导者一次记录一个思想，每个成员逐个进行，直到所有成员都轮过。接着是讨论阶段，允许成员对自己或他人的思想进行评价并予以详细解释。最后的步骤是选择何者作为优先的行动。

名义—互动技术

采用名义—互动（Nominal-Interacting, NI）技术（Souder, 1980）特别有助于为小组过程的"休息室游说"（anti-room lobbying）提供论坛（Nutt, 1984a）。小组会议在 NGT 或默写步骤之后举行。这一程序在几处地方被缩短了以允许进行游说。需要一个特别的房间并摆上点心供会间休息使用。有 30～45 分钟的时间允许成员达成共识并互相游说。当发生冲突而特别需要成员间的和解时，这些步骤就显得极有价值。这一过程改编自苏德（Souder），内容如下所示：

第一轮
步骤一：沉默思考列表（NGT 或默写）
步骤二：依次轮流记录
步骤三：休息室游说
步骤四：集体讨论

步骤五：休息室游说

步骤六：最初的优先顺序

步骤七：休息室讨论

步骤八：最后的优先顺序

第二轮

在另一天重复第三到第八个步骤。

NI 程序将非正式游说引入新思想的产生和分类程序。暂停会议能自然地驱使人们达成共识并相互游说以求融合。战略管理小组的领导者或推动者可以更直接地要求成员在暂停会议时达成共识、交流意见、挑战他人论点并进行讨价还价。成员可以询问他人的优先顺序和理由。这些非正式的交流促使人们相互理解，并帮助小组避免提前结束会议。三个游说部分是必不可少的，只有这样，最后就优先顺序问题所进行的表决，才能代表特定小组有可能达成共识的水平。通常，第一个游说部分辨识观点的多样性。第二部分，成员开始接受或抛弃某些思想。第三部分之后，在重新理解的基础上形成判断。

Kiva 技术

Kiva 技术是霍皮族印第安人为做出重大部落决策而设计的方法（Nutt，1989a）。Kiva 这一名字取自霍皮族人进行商议时所使用的结构。

Kiva 从核心决策小组（如部落元首）开始，展开公开的讨论，进而形成初步判断。核心决策小组周围围坐几圈部落成员，他们聆听讨论。最靠近元老的一圈由那些地位比元老们稍低的成员组成。依此类推，最外层是青少年。部落委员会讨论完后就移到最外层，其余的都向中心移动一圈。然后现在位于中心的小组成员就他们所听到的展开讨论，其余的人皆聆听他们的讨论。这个过程不断重复，直到部落委员会又重新回到中心的位置。然后委员会成员根据他们自己和其他人对所提问题的看法，重新考虑其决定。这一过程对分散的组织实施战略管理大有裨益，因为它包括了组织结构中的许多不同团体和层级。

Kiva 的结构安排允许不同团体和层级的代表就战略管理小组提出的问题进行思考，而且使战略管理小组在做出最后决定之前，能搜集到对反应的深层认识以及对反应的反应。每一圈都可使用 NGT、默写、NI 技术或者利用互动讨论揭示每圈成员的观点。

德尔菲法

德尔菲法（Dalky，1967；Delbecq，Van de Ven and Gustafson，1986）是系统地征求和整理意见以形成一个综合小组。它需要使用一系列的调查表。第一个调查表征求意见、信息、观点或看法，同时可要求成员说明其意见的根据。附录 A 中，表 A—1、表 A—2、表 A—3、表 A—4 和表 A—5 提供了德尔菲的版式，在举行第一次战略管理小组会议之前经常用它来搜集有关信息。如果由于后勤上的问题而使举办会议有困难，接下来的调查表可以用来综合意见并将其根据一并反馈给战略管理小组。

最初的德尔菲调查表可以对内容广泛的问题进行征询，接下来的调查表应建立在对前一个调查表的回答的基础上。每一个成员都可以评论其他人观点的内在逻辑，从而促使达成共识。这一过程一直持续到达成共识或者获取足够信息为止，也可通过就搜集的信息的优先顺序问题进行表决的方式来结束（Nutt，1984a）。

德尔菲法原是设计用来进行工业技术预测的。国防部门将其应用于提供从文献研究中不易获得的最新工业技术信息。它的价值在于它使用于会议召集之前，因为它允许小组成员有效地阐明观点并达成共识。

时间、技能和动力是德尔菲调查必不可少的成分。德尔菲调查的参与者必须有足够的时间、写作技能和动力仔细地陈述其观点。德尔菲小组以 10 到 15 个成员为宜。调查是相当费时的。三轮的调查通常需要大约 45 天。如果第一轮调查用于搜集诸如有关过去情况和形势分析之类的信息，时间可以缩减为二到三周。德尔菲调查的步骤包括问题的提出、调查工具的发展，分析与反馈以及进行优先顺序的安排。

德尔菲法询问的问题要详细说明需考虑的疑问之处。例子包括：一开始就要列明事件、趋势、方向、理想以及 SWOT，如表 A—2、表 A—3、表 A—4 和表 A—5 所示。然后也可辨识议题、战略、利益相关者和资源并进行排序，如表 A—6、表 A—7、表 A—8、表 A—10、表 A—11 和表 A—12 所示。第一次德尔菲调查主要关注于获取思想。第二次以及后几次的调查主要是进行详尽说明并加入新思想。最后一次是进行可行性评估并确立优先顺序。

调查工具必须先设计好并预先进行测试，以防止可能产生的偏见。所提之问题必须简洁，并留出足够的空间以供详尽回答之用。有关历史背景和形势分析的样表见附录 A。应规定参与者作出答复的时间期限（通常是一周），并告之何时会收到下一份调查表。第一次分析需要一周的时间。分析时对思想进行总结然后再反馈给参与者。总结和反馈的时间一般至少需要三天。

第二轮，要求参与者就每个回答进行评论，并添加新产生的思想。这一过程持续到没有新的评论和思想产生为止，或者到规定的轮数结束。战略管理小组的领导者或推动者，在员工的帮助下将信息进行综合，找出意见相一致和相左的地方以及那些需要论证的地方。接下来的调查表就可以采用这样一种形式，即将 SWOT、战略等等分类列出，每一项下面都附有综合的评论。例子可参见第 5 篇的案例。

优先顺序可以通过表决的方式确立。第三次及其以后的调查通常都需要表决，即要求每一个参与者将所有思想进行排序。在最后一轮调查时将平均分反馈给参与者，并要求其重新进行考虑。最后的表决用以代表全体德尔菲小组的观点。在另一种情况下，即当没有新信息获取时或已发掘出足够观点时，不需要进行最后表决，这一过程就可自行结束。

战略管理过程可以以各种方式使用德尔菲法。在召集会议之前对战略管理小组成员进行一次调查能节省时间，正如我们在第 7 和第 8 章所论述的。允许每位参加者对调查的问题进行一段时间的思考，有助于他们达成全体一致。有时，由于假期和其他成员的原因，战略管理小组会议可能被推迟。当这种情况发生时，就可以在不举行会议的情况下直接使用德尔菲法搜集信息。也可以使用德尔菲法向外部专家征询战略管理方面的问题，询问他们关于方向或趋势的见解。如果采用完整的德尔菲法，至少需要三轮：第一轮列出新思想，第二轮反馈并添加新思想，最后一轮进行优先排序。如果问题复杂则需要五到六轮。

德尔菲法是极佳的信息疏通机。在以下三种情形下，采用德尔菲法也是一种良策：需要保密，或会议十分昂贵，或路途较为遥远。从各公司员工或权力核心那里获取有关历史背景和形势评估方面的信息，保密是必不可少的。确保匿名制有利于人们坦率真诚地回答问题，而这是默写或讨论的前提。让参与者在方便的时候填写调查表则有利于提高效率。

多轮的德尔菲调查是一项繁重、耗时和专断的工作。提炼信息的人必须具备（或取得）广博的知识，知道如何将调查获取的信息缩减为可控的比例。在信息缩减的过程中，提炼者无意识的观点和预先形成的观念会无形地产生偏见或影响结果。在不一致意见和其他见识的性质变得明晰之前，需进行大量的研究，以评价德尔菲小组所关心的问题。

9.2　互动小组技术

传统的面谈小组

互动小组没有固定的讨论模式。提倡自由流动和无固定答案的讨论，不提供任何讨论过程的方式。战略管理小组的推动者利用议程使会议集中。人际关系复杂的战略管理小组需要公开的讨论氛围（Guetzkow and Simon，1950；Guetzkow and Dill，1957；Guetzkow，1960）。然而，互动小组中的个人会受到小组其他成员的深刻影响。其结果是，小组成员要将时间同时划分给工作任务及其所处的社会环境。当小组成员提出自己的想法时，他们还必须留意所出现的私人的考虑，这既促进信息的交流又易使人们接受最后的决定。此步骤能促进小组的一致，因而使互动小组成为对关键问题（如应最先解决哪一种张力或战略）做出判断的最优方式。

通过解决小组中出现的人际关系障碍，能提高互动小组的有效性。科林斯和古兹科（Collins and Guetzkow，1964）在对有关文献回顾的基础上提出了几条指导原则。

1. 小组成员会对他们所知道的信息有所保留。在一定程度上，友善的奖励如赞扬和热切要求其贡献有助于克服信息共享的障碍。

2. 缺乏能力的小组成员对小组的判断会产生不良影响。当所有成员彼此将对方看做是有能力的人时，此小组才能认真对待面临的困难抉择，此时有些成员会失去一些东西。当小组成员还互不熟悉时，能力的证明（如小组的领导可以引述每个成员过去的成就）是十分有用的。

3. 当小组成员的观点不被轻易接受或立刻遭到否定时，他们会产生参与受罚感。强调良好人际关系的领导方式能减少这种惩罚，这就意味着领导者必须具备多方面的技能以引导评审小组。

4. 小组会受到成员之间巨大的地位差异的抑制。如果他们的地位十分清晰，那些自视为"地位高"的人就不会与"地位低"的人交谈；他们会仅限于与地位高的人交流。这种行为会在小组中造成紧张与冲突。

5. 有些成员的行为会对小组有抑制作用。非参与者会有沮丧的影响，有如那些孤立的人（没有明确角色的人）。注重社会情感的领导方式有助于使非参与者吐露真实感受，使孤立者参与到小组中来。

6. 热衷于搞分裂活动的人与那些热衷于议事权力的人（改变事件的路线）是互不相容的，他们不能服务于同一小组。

7. 那些通过合乎逻辑的辩论寻求支持并证明他们的观点与其他成员过去的经验相符合的人最具有影响力。

互动小组有几个重要的变异类型，它们提供了多样性且具备独到的优点。焦点小组与辩证小组就是具有独特价值的两个变种。

焦点小组

焦点小组（focus groups）技术，就是外部专家向战略管理小组描述机会。可以一次邀请一个专家，也可以组成专家小组，其目的是为了引发他们从各自不同的角度进行辩论。焦点小组有助于向战略管理小组提供信息，同时使战略管理小组将注意力集中于最切中要害的问题上。

辩证小组

辩证源于从若干不同角度系统地检验一个思想。例如，可以要求战略管理小组的次级小组基于对环境、顾客、SWOT 等问题的不同假设，形成各种思想。某一次级小组提出它的思想后，战略管理小组就这些思想的优点进行辩论。辩论的目的是为了描绘出每个战略、战略主题或 SWOT 的隐含之义，并通过暴露其基本假设的弱点对其提出挑战。就两个同等的可互相替换的思想进行讨论并不是辩证。辩证讨论的思想是建立在不同的假设基础上。例如，战略主题可以从不同的两个假设进行讨论，即它可能引起预算的增加或它可能引起预算的缩减。

辩证小组（dialectic groups）有若干优点。首先，辩论能迫使小组考虑大范围的信息。受偏好的观点能够受到仔细而系统的审视，小组成员能够注意到内部和外部利益相关者是如何看待这一情形的。这引导战略管理小组成员更全面地理解彼此的根据，从而将它们引向综合与创新。然而，当问题具有良好的结构或当某些小组成员之间已经存在冲突时，辩证小组可能就会失效。

9.3　综摄法

综摄法（synectics）是为需要新思想的情形设计的，它用于激发创造力（Gordon，1961）。推动者利用这一技术使战略管理小组设想新的观点，并祛除旧有的观念。战略管理小组利用类比或比喻产生创新性的思想。在最后一个步骤，对这些新思想进行调整使之具有可行性。例如，维可辛搭扣（一种尼龙刺粘搭扣——译者注）就是使用这一程序认明的。此种搭扣最初是计划用于太空服的，结果并未实施，反而被服装界广泛使用。

在综摄法中，创造力是通过在系统框架中利用类比和比喻处理陌生与熟悉的问题产生的。为了有助于理解，类比和比喻被用来使不熟悉的问题变得熟悉。平淡无奇的反应易使人们迅速地接受传统的观念而不是寻求创新。在这种情况下，比喻或类比被用来将问题拉开一段距离以使小组设想新思想，使熟悉的问题变得不熟悉。

在战略管理中，综摄法可以用来发现问题和战略。也可以通过新的方式重新审视利益相关者和资源。比喻和类比就像是进行短途旅行或富有想象力的旅行，并将那些对于议题、战略、利益相关者或资源的各种不同的新的充满希望的见解带回家。

创新的过程既是感性的又是理性的。综摄法过程试图通过使用比喻利用人的前意识和无意识引发感性或非理性的关联。

类比或比喻是许多重要发现的关键。例如，爱因斯坦就是想象自己漂浮在一束光线上从而提出了相对论。人们发现，莫扎特和柴可夫斯基等作曲家，在创作最优秀的作品前都曾利用一定形式的想象。亨德尔（Handel）宣称在写作《弥赛亚》之前看见了上帝。精神准备是运动员提高比赛成绩的重要辅助手段（Garfield，1985）。奥林匹克跳水教练让跳水运动员反复思考他们要做的每个动作，关注于使每一跳都获得完美的得分。其他利用想象的例子还包括减轻慢性病的痛苦和控制恐惧感等。想象常被用来帮助癌症病人减轻疼痛的强度，帮助恐惧症病人减少恐惧感。

富于创新的组织常常从想象中迸发做事的新方法。例如，布拉娜公司利用目录发现了销售服装的新方法。类比（如《走出非洲》等电影受欢迎的程度）被用来辨识公司领导所想的哪些东西可以销售（游猎服装）。他们将跳蚤市场上卖的东西找出来，然后生产这些商品并在商店中以目录的方式销售。他们也用类比寻找描述他们商品的新方法。目录被认为看起来都很像：穿着漂亮衣服的漂亮的人的漂亮的照片。布拉娜公司的建立者寻找能同买方对话的东西。他们用新闻学与插图的结合做类比，将书写与美术相结合：这能迅速做完事情并到达事情的底部。今天这一方法的运用已从棉纺工业扩展至需求最旺的购物中心。

可以通过要求执行团辨识他们的问题来证明使用想象的力量。仅仅被要求将问题列出的执行小组与被要求做精神遨游的那组相比，发现的新思想要少得多

（Wheatley, Anthony and Maddox, 1987）。精神遨游是通过要求参与者想象自己处于没有屋顶没有墙的商业空间而产生的。参与者被要求闭上眼睛想象自己在毫无障碍中漂浮：他们可以去任何地方，能看见一切事物。仅仅五到十分钟，遵守此程序的执行人员就能辨识到许多新的问题，而这些问题是以前当他们仅仅进行列序时无法考虑到的。

为了获得成功，综摄法小组应具备一定的专门知识、动力和寻求新思想的意愿。专门知识是一个重要的标准——小组成员只能包括那些在心理上和智力上具备设想议题、战略等能力的人。斯坦（Stein, 1975）又加了其他几个条件，即小组成员应精力旺盛且具有灵活性。只有具备这些条件，再加上概括能力、在困境中寻求更宽广视野的能力，才能成为优秀的成员。另外，适当的教育和工作训练也是必不可少的。有些成员应被排除在外，因为他们有既得的利益或者难以容忍模糊性，另外那些缺少现代知识的人也应被排除在外。

在应用综摄法时，既可以使用战略管理小组，或由战略管理小组成员组成的次级委员会，或由战略管理小组成员与其他成员组成的混合小组，也可以使用战略管理小组以外的成员。综摄法参与者应熟悉整个过程的所有步骤。一般会期要持续四个小时。

综摄法的推动者应具备四个特征：乐观、熟悉环境、能控制自身的介入使他人能够参与、明了综摄法的技术。最后一个要求是关键，它通常需要经过一定的训练（Stein, 1975）。

综摄法，就像头脑风暴法一样，是在批评终止的条件下产生的。它试图使参与者做一次旅行（精神遨游），看看他们的思维将会引向何方。综摄法程序利用几种能产生类比与比喻的方法引导小组成员集中他们的思想。这种精神遨游以指路牌标示，帮助成员构思以新的方式回答问题。

推动者首先要仔细地解释想要的是什么，如战略思想或包含了战略思想的战略主题。然后使用综摄法过程使陌生的东西变熟悉或使熟悉的东西变陌生。

人们的思维倾向于依靠过去的经验并迫使这些经验——即使这些经验很陌生——成为可认知的形式。人们常常被此细节分散注意力，这部分是因为此细节比新经验更易合理化。在这种情况下，应迫使综摄法小组进行归纳以恢复具有创造力的（陌生的）想象。应努力使熟悉的东西变得陌生、变形、颠倒和移位。当发现有效的类比时，熟悉的东西就会变得陌生。有四种机制可用来引发类比：个人类比、直接类比、符号类比以及幻想类比。

个人类比

所谓个人类比（personal analogy），就是成员努力使自己与问题陈述中的构成因素融为一体。每一个成员都试图涉入小组正在处理的事情中。认知隐喻来源于试图与问题发生关联的团体。

个人类比的关键因素是移情作用，而不是角色扮演。例如，要理解收取欠款的系统是如何运行的，就要求小组成员想象自己是各类欠款者，比如低收入者或账单逃避者，并想象是什么原因导致他们欠款的。在机械系统里，小组成员将自己置身于系统中。例如，在提高银行交易速度的系统设计中，每一个成员都想象自己是一位金融交易者并将历经全过程的各个步骤，从正式建立到资料报关的各个点最后到达目的地：资料保管库。然后对个人类比进行检测看其是否能提高运作的效率和效果。

个人类比可以尝试四种不同程度的融入。

1. 第一人称事实描述——认可有赖于对事实的描述。例如，想象你没有为你的 Visa 信用卡的最低消费额付款，银行因此与你联系。银行先是用"甜美年轻的声音"确信你——欠款者——在听电话，然后用录音暗含威胁地告诉你，若不交费，银行将采取一定的行动。小组成员被告之："请设想这一情形，并想象一下你的反应。这是个好策略吗？为什么好或为什么不好？"

2. 第一人称情感描述——亲身认可的最低级别来源于某些形式的情感。小组成员可以想象他们在各种情况下对信用卡部官员与之联系的反应，比如无力偿付或仅仅是忘了交费。

3. 移情认可——真正的个人类比建立在亲密关系和附属关系的基础上。小组成员思考他们对与之联系的信用卡部官员是何感受，以及对他们有能力付费但没有付费的事实是何感受。

4. 移情客体认同——认同转向客体。综摄法小组成员设想接到电话的居留地，以及接到电话的人没有联系的途径。

个人类比能使小组变得更有凝聚力。良好的个人类比使其他步骤变得更简单。

直接类比

直接类比（direct analogy）是综摄法使用的最基本的机制。为了建立类比，各种事实被并列排放在一起进行比较。比较试图找出一物与另一物的相同或类似之处。一个领域的事实、知识或技术被移用到另一个领域。有着紧密对应目的或对应趋势的事物能产生最佳的类比。例如，知道特定活动或目的如何在生物有机体中产生为外推法提供了依据。贝尔利用人耳的知识设计出了电话。怀特兄弟在观察了兀鹰飞行之后，为雏鹰号设计了平衡系统。达尔文受到家畜配种的启发，提出了自然选择理论，他意识到选择既可以是随机的也可以是按计划进行的。拉普兰（Laplace）利用人体自我治愈的过程设想在完美结构中发现的均衡。生物系统是直接类比的极佳来源。大多数操作系统都必须在均衡状态下运行，所以原状稳定的类比是很有用的。

第一次使用综摄法时，与问题保持较小的心理距离的类比是最好的。对复杂的问题来说，则需要更远的距离。随着距离的增加，创新的机会也就越大。

符号类比

当使用从第一个步骤获取的一般化的影像时，就产生了符号类比（symbolic analogy）。符号是指能够代表其他事物的一切东西，比如企业的商标。公司认识到商标的重要性并努力使商标看上去十分大胆、富有创造性且充满现代气息。想象现代社会的 Sun Oil，CBS，Olivetti，Westinghouse 以及 IBM 使用的商标并注意它们是如何构思纹章标记的。说明性短语创造了另一种符号。例如，称管理信息系统选择为"人—人"（person-person），"超高分"（superscore）和"显微镜"（microscope）就创造了每一选择所搜集之信息的不同标记。这一方法是为了引发新的暗示以打开新的思维方式。

为了使用符号类比，人们寻求在审美上吸引人的类比，如果不是精确描述的话。类比对问题进行压缩，忽视其中的一些甚或许多要素。要经常尝试矛盾的甚或相反的类比。

幻想类比

幻想类比（fantasy analogy）可用来创造提供解决方案的影像。由于获得了一种新机制，戈登（1971）将其看作是问题与解决方案的连接物。幻想可以是任何不真实的影像或幻影，包括任何奇怪的观念或古怪的提议。例如，戈达德（Goddard）受参加世纪之交的波西佛·罗威儿（Percival Lowell）会议的激发，幻想到火星旅行，从而产生了现代的火箭。戈达德坐在樱桃树下，凝望着月亮，想象火星之旅的每一步骤，从而规划出了今天所使用的基本环节。爱因斯坦在意大利做职员时，有一次行走在乡间思索着光的矛盾性质，创造了后来他解决的"思维实验"。渴望胜利的运动员会跑得更快。幻想类比经常于小组试图运用其他类比时产生。它可能是一条死路，但也可能引向新的有用的搜寻方向。

综摄法的领导者历经一个或多个产生类比的途径并列出小组中产生的新思想。综摄法程序有七个步骤：（1）给定问题；（2）分析；（3）清理；（4）理解问题；（5）精神遨游；（6）强迫适合；（7）观点。

步骤一：给定问题

第一步首先要对问题进行描述（比如辨识议题，战略行动，战略主题等）。描述应该设想各种障碍，以备寻机解决。

步骤二：分析

分析这一步骤首先要对战略管理过程前几个阶段生成的信息进行回顾。在描述信息时，领导者要求小组讨论什么是核心或实质。例如，当目的是减少病人的账单费用时，小组可以讨论账单一词的含义，努力使熟悉的东西变陌生。当目标尚未明确时，领导者应力图使陌生的变熟悉。例如，如果小组正试图设计管理信息系统，可以先讨论哪些信息被认为是决策的关键。无论哪种情况，小组都要努力认真地解决难题并揭示一些基本要素。

步骤三：清理

直接的建议常常来源于步骤二。尽管这些建议很少起作用，但仍然应该公告出来。这能清理掉小组中的一些离题的回答并允许考虑其他的可能性。小组中的专家被召集起来指出当前思想的局限性，以此作为清除它们的根据。这一步骤附带的作用是进一步阐明了小组的任务。

步骤四：理解问题

小组的新目标变为"理解问题"。每个人都被要求对自己所理解的问题进行描述并提出所希望的解决方案。领导者将这些问题与理想化的解决方案记录下来。经过讨论选择一个方向，这个方向通常是所列出的各种方向的综合。然后，领导者要求大家将问题抛在一边开始一次精神遨游。

步骤五：精神遨游

精神遨游是创造过程的开始。各种类比被用来使熟悉的事物变陌生。推动者向每个成员提问并试图得到回答，要求参与者对各种问题作距离越来越远的不同类比。遨游过程通常要经历以下几个步骤：

1. 第一次直接类比——要求在类似领域寻求相似性的比较。
2. 个人类比——每个成员亲身融入直接类比中。
3. 符号类比——从个人类比中形成抽象的或看似矛盾的思想。
4. 第二次直接类比。
5. 重复以上步骤。

列出类比后，可以挑选其中的一些类比作进一步的检测。挑选可以建立在内在的兴趣基础上，要挑选那些与问题相分离或看似与问题无关的类比，或者挑选那些具备足够信息可对其进行详尽阐述的类比。这是关键的一个步骤，要求推动者既要具备一定的技能又要具备对问题的洞察力。

步骤六：强迫适合

在强迫适合阶段，最后疏远步骤（使熟悉变陌生）的结果与问题联系起来，它以寻求特定的类比链告终。有若干此类的类比链被使用。

类比与问题联系起来。成员在回答时享有大量的自由，所以任何联系都是允许的，不管此联系看上去多么牵强。强迫来自于类比与问题的连接。紧跟着幻想强迫适合的是应用强迫适合。在这一步骤中，战略管理小组以应用强迫适合代替幻想强迫适合。比如，假设参与者将特洛伊木马作类比设计捕鼠器。这一类比幻想强迫适合就是放置一些老鼠喜爱的东西，它们会把这些东西放到它们的窝里（Stein，1975）。应用强迫适合就是，小组必须确认哪些东西是老鼠可以用来造窝的，而且这些东西对老鼠是致命的但对家庭宠物或孩子没有威胁。

步骤七：观点

这一技术的最后一个步骤就是发现有趣的议题、战略行动或战略主题。为了得到有用的观点，人们必须开始注意如何引发对问题的领悟或可行的战略。与此发现相关联的观点是提出战略或返回第五个步骤进行又一次精神遨游的基础，以希望阐明现在更加理解的问题。

9.4　脚本法

搜寻是战略管理过程中开展活动所需的最重要的步骤。如果获得的思想十分贫乏且浅薄，那么，即使对它们进行整理或决定哪个更重要的努力可能会产生最好的描述，它也是毫无价值的。

当组织所面临的未来形势不清晰或相当模糊时，搜寻就会变得十分复杂。脚本法为围绕各种突发事件展开的搜寻过程提供了一个视窗，从而可用于处理复杂问题。脚本法集中和简化了对回答的搜寻，其每个视窗都为搜寻提供了一个中心点。脚本法也为搜寻第三到第六阶段出现的问题提供了框架。可以利用各种视窗指导搜寻，从而辨识这些阶段的议题、战略、利益相关者以及资源等。

脚本法（scenario）是作为突发事件的框架构建的，它详细指明各种可能性是如何结合在一起产生各种政治的、工业技术的或外部事件的形势，战略可能对这些形势起作用（Vanston *et al*．，1977）。当每个脚本都被作为战略管理的情况时，不同的议题、战略、利益相关者和资源就会显露出来。

最简单的脚本形式是比较高的和低的两个层面的重要因素。例如，有几类组织，如精神病康复中心和密西西比州的公立医院等，面临的突发事件可根据新顾客和地方征税支持量的未来前景进行界定。表9—2以这两个因素的交互作用为基础，辨识了四种形势或情况。

表 9—2　　　　　　　　　　　　　　　　**对增长的脚本描述**

		促销对需求的影响	
		小	大
征税规模	小	收缩管理	节约和吝啬
	大	公共服务	普遍用户

最优情况的脚本，是对新顾客的成功推销与征税的颁布，叫作普遍用户战略。此战略的核心，是辨识在精神病康复中心或医院的理想目标范围之内的新项目或服务。收费服务与公费的病人必须共存于任何提议的战略之下。这种共存情况和新项目或新服务就成为寻求战略的框架。

如果促销和增加征税量的努力都不成功，结果就会产生最不利的情况，即收缩管理。优先的行动是有关顾客需求的问题，应该减少为那些需求低而又无力支付的顾客所提供的服务。寻求补偿的战略可以分摊医疗费从而获取最大的收入。只有当新项目或新服务产生了额外的收入，或者从第三方（如国民医疗补助制度）得到的补偿足够弥补其他的服务费用，才能够提供这些新项目和服务。

表 9—2 的其他内容根据可取性产生了混合的结果。如果征税增加了支持而促销失败，就要采用公共服务的方法。这一战略要求扩大免费治疗。注意力将导向那些有很高 需求但缺乏财富的人，比如那些可治疗的智障人士。当征税的努力失败但促销表明会有新的自费顾客增加时，就出现了第二种混合情况。其结果是节约和吝惜，此战略将强调对新顾客的回应要划算。对以行业为基础的项目，比如精神卫生教育和药物检测服务，要进行验证以确保这些新服务和项目能以低成本获取收入。这样的战略将大大改变该中心的人员构成，需要进行再培训并雇用大量的新手。战略管理小组要努力找出这些战略的共同线索，并将其余的战略作为备选方案，以便出现表 9—2 的突发事件时使用这些战略。

通过稍微改变一下因素的界定，就会出现新的解释，例如表 9—3 所示的脚本。在此例中，征税有通过或失败两种前景。这一情况适用于许多面临着丧失公立基金又寻求保持其使命的公共组织，如图书馆或公立的儿童服务机构。征税可能通过或失败，需求可能增加或保持稳定。目前的形势造成了事务与往常相同的情况，即BAU（business-as-usual），搜寻在此情况下展开。征税失败与目前的需求相结合，以及征税失败与需求增加相结合就产生了紧缩与分配的情况。只有征税通过并且需求增加才允许设计增长战略。

表 9—3 　　　　　　　　　　　　　对缩减的脚本描述

		需求	
		目前的	增加的
新的征税前景	通过	业务与往常相同	增长
	失败	紧缩	分配

适用于公共事业的脚本如表 9—4 所示。此类脚本也可用于非营利医院、银行及其他一些组织，这些组织的经济状况可根据对涨价的调控、对营利许可的限制或收费与预算的上限来表达。考虑到涨价和服务需求的变化前景，这些组织正面临着重大的环境突变。

表 9—4 　　　　　　　　　　　　　与各行业相关的脚本

		环境	
		业务与往常相同	改变
需求前景	增加	能力增加	紧缩计划
	减少	建立新项目	调整和分配
部门		事务与往常相同	改变
政府		预算持平	预算减少
公共事业		原有安排	预测的盈利减少
银行		固定贴现率	利率上升
医院		收费补偿	扣除费用的补偿

在公共事业方面，经济形势是由公共事业委员会决定的，它们确定利率和其他政策，如阻止的政策，从而影响可收回成本的水平。这些控制形成了制定战略计划的经济环境。第二重要的因素是预期的需求。当事务与往常相同这一态度盛行且预

测到对权力的需求会增加时，就会产生最优情况的结果，即公共事业能力增强。无其他情况的形势就是与战略相关的能力增强。当调控者的行动导致涨价减少而对权力的需求增加时，就会产生最不利的情况。处理这一突发事件可能需要紧缩计划。当保守策略使顾客减少而保持正常的涨价时，就需要新项目或新客户。对使用特定权力形式的优点进行广告宣传是一种解决办法。当利润缩减时则需要调整和分配战略。谁理解什么是关键问题，要求以分配战略作回应。

表 9—4 也列出了界定若干行业的事务与往常相同（BAU）以及形势改变这两种情况的方法。例如，公立医院，像退役军人管理局医院，就面临着固定或削减的预算。其他的例子包括：公共事业赢利不足、银行面临利率的上升，以及非营利医院处理未来的补偿率问题。

对未来环境的更复杂的三—三式的表示更为可取，它是对关键因素的居中表示。如表 9—5 所示。在这一例子中，医院正考虑解决肾病服务的方法。此例将需求分为低的、目前的或预测的、高的三类。延迟补偿分为低的（少于 90 天），预期的，高的（超过 270 天）三类。长期的延迟补偿会导致现金流通危机，因为大多数滤膜分析病人是依靠公共基金付费。表 9—5 中列出的九种突发事件辨识了对医院肾病科设计战略可能很重要的情况。

表 9—5　　肾病项目战略的脚本

		需求		
		低	目前的或预测的	高
延迟补偿	少于 90 天	成本降低	使用补偿	使用意外收获
	预期的	促销	日常事务	使用涨价的意外收获
	多于 270 天	项目改变或终止	由于现金流动不足导致借款	保证金不足

延迟补偿与低需求或高需求的情形相结合，其最高价值是创造了值得探索的危机形势，并将之作为突发事件。如果医院缺乏现款而又面临着需求高的情况，就会产生以下情形，即补偿被延迟而预期款又无法满足需求。如果低需求与现金流动的迟滞同时发生，就必须考虑终止计划。如果延迟补偿的情况消失，就可获得未预期的意外的现金，如果这一意外收获被注意到，就需采取一些步骤形成保护性措施。像灰豹一类的组织就会注意那些不允许营利的组织"牟取暴利"的行为。

9.5　搜寻的混合技术

将各种技术结合起来能形成有效的混合技术。混合是为了产生或增强某些特定的优点。例如，将 NGT 和提示性默写技术相结合，就能通过在搜寻过程中微妙地暗示方向将各种约束结合起来。为了将这些技术融合在一起，提示性默写中沉默思考步骤代替了 NGT 中的默写程序。将 NGT 与综摄法相结合有利于创造并检测新思想。为了将这些技术融合在一起，可在综摄法的第五、第六和第七步骤进行的讨论中使用 NGT。也可将 NGT 与 NI 相结合，从而为观点易变的情形引入新思想并将其本质包含在内。

提示性默写与 NI 相结合允许将约束微妙地引入充满张力的情势，而这种情势必须得到缓解。脚本法可与 NGT、提示性默写（综摄法可有可无）相结合以形成搜寻的多维角度（Linstone，1984）。当战略管理过程的实施具有模棱两可的性质，且易变的未来形势预示了若干必须被控制的重大的突发事件时，运用混合技术大有裨益。表 9—6 总结了对搜寻特别有用的一些混合技术及其它们的优点。表格中的层次意味着混合技术复杂性的增加。

表 9—6   **搜寻的混合技术**

综合技术	为何被使用
层次一	
互动小组和焦点小组	创造象征讨论
互动小组	
层次二	
NGT 和辩证小组	为变化创造张力
层次三	
NGT 和 Kiva	洞察与缓和可能发生冲突的情形
NGT 和 NI	
层次四	
提示性默写，综摄法和 NI	在搜寻新思想之前引入核心价值
提示性默写和 NI	作为约束加以保持
层次五	
NGT 和综摄法	产生所需的创造力与革新
NI 和综摄法	
层次六	
脚本法、NGT 和 综摄法	从历史背景中寻求处理重大突发事件的办法
脚本法、NGT 和 综摄法	
脚本法、Kiva 和 综摄法	

注：以上按不同层次列出的技术具有类似的优点。

9.6   要点

1. 小组过程技术帮助有效地驾驭战略管理小组的搜寻活动。沉默思考技术最有助于发现新思想，互动技术有助于和解让步及做出判断。

2. 构建结合了各种技术的混合方法有独特的用处。战略管理小组的领导者或推动者，具备了可利用的搜寻技术的丰富知识，就可将这些技术结合起来形成一组常备的技术，以满足特定组织形势的战略管理过程提出的特殊情形。

第 10 章

了解信息的含义：
综合的技术

在综合这一步骤，战略管理小组试图从搜寻步骤获取的信息（例如，SWOT、议题和利益相关者）中寻求概括、模式或主题。本章描述一些技术，用以帮助小组辨识搜寻步骤产生的未经整理的庞杂信息的模式、主题和概括，提出了滚雪球法、形态学法、关联树技术以及解释结构模型技术。

正如搜寻步骤一样，我们给出了一组常备技术，以便为推动者或领导者提供多样化的选择，同时也给出了具有独特优点的技术。应当避免习惯性地运用某一特定技术。如果战略管理小组的推动者或领导者一次又一次地重复使用同一种方法，他们就会变得很陈腐。同时，每个技术都有其独特的优点，它们应被运用于能发挥其优点的情况。如第9章所讨论的，将各种技术结合起来形成混合技术，进一步使技术与情况相适应并且增强了它们的优点。

10.1　产生综合的技术

滚雪球、形态学法和关联树技术能在庞杂的信息中发现模式或主题。滚雪球技术可为小组所使用，如战略管理小组。形态学法和关联树技术可用来详尽阐述滚雪球的结果或运用于原始信息。尽管形态学法和关联树不像滚雪球技术那样对小组情况有用，但它们可用来提炼各项（如第四阶段的战略行动）之间的关系，能产生比滚雪球技术获取的结果更具有连贯性的战略主题。

形态学法和关联树技术通常被推动者运用于两次会议之间，以明了战略行动之间的关系。首先，我们对每个技术进行探讨，然后给出一个例子，说明每个技术是如何操作的。

滚雪球

滚雪球（Greenblat and Duke，1981）类似于 FBI 在绑架案中使用的"记事板"（storyboarding）方法。FBI 让间谍将有关绑架案的所有信息都带到一个屋子中并进行分类整理（如动机等等）。一旦间谍搜集到案件的新信息，就对这些分类及其每一类包含的信息进行定期更新。这个屋子就成了信息贮藏所，这些信息被分类整理，而这些分类在破案过程中逐渐显示出重要的特征（主题）。记事板的方法也被公司用来总结竞争对手的情报和市场信息。

滚雪球技术类似于记事板方法，是设计给小组使用的。用来产生新思想的小组过程经常会形成冗长的、不完整和重叠的思想。滚雪球技术能用来寻找标签，这些标签能辨识综合各种思想的主题或概括，诸如产生公共意识、重新定义客户、调整服务、扩大服务等等。

为了描绘这些类别，战略管理小组将卡片（或较大的纸片）进行分类，卡片上列出了搜寻步骤获取的个人的思想。每张卡片描述搜寻步骤辨识的一个思想。战略管理小组成员被要求将最终的分类贴上标签。不允许对这些思想或分类享有所有权；任何人都可以改变标签或交换同类别的卡片。战略管理小组成员对标签或类别进行研究，并在不进行讨论的情况下重新组织它们。经过三四次的标记和满意的调整之后，通常就会出现稳定的模式。这时的分类就比当初的思想提供了更通用的一组类别，因此辨识了思想中的重要主题或概括。

形态学法

魏奇（Zwicky，1968）设计了形态学法，为战略者的思考提供了多种选择。在形态学法中，战略选择被定义为关键成分的所有可能的要素组合。例如，精神卫生计划的关键成分可以是护理的类型及其紧急性。将"护理"成分的急性、慢性、康复与监护几个要素与"紧急"成分的便利、紧迫或突发几个要素组合起来，就产生了 12 个战略目标或战略选择，比如"慢性—便利"护理。

关联树

关联树有一个层次且层内再分层（Warfield，1976）。关联树图使总体目标与中间行动相关联。层级之间的联系显示了这些关系之间的相关性。最高层级辨识有待解决的问题或要达到的目标。中间层级考虑所关注的问题，比如环境，并且列举关键要素，比如补偿政策的规章变化。最低一层列出具体的行动。关联树中的关系性质可以通过使用网络技术进行探究，比如本章下一部分将要描述的解释结构模型。

使用技术的例子

考虑一下家庭医学系的战略管理小组建议的行动。利用滚雪球技术把解决"进一步增长与缺乏资金支持增长"这一张力的战略行动分为几类：

1. 增加基金
2. 改变财政分配
3. 改善管理
4. 增加病人数量
5. 增加服务
6. 处理提升与任期问题
7. 增加研究经费

最高层级的主题即增加基金，是利用滚雪球技术从以下个人提出的行动建议中辨识的：

1. 寻求捐赠
2. 重新界定预算程序
3. 增加与预算补助挂钩的教育
4. 减少不与预算补助挂钩的教育（例如体检）
5. 增加资助基金
6. 使大学医院的预算补助与附属医院的诊费挂钩
7. 增加州立法补助
8. 将所有员工改为兼职以减少保险费用
9. 允许员工从事第二职业以弥补减薪的损失
10. 增加住院医师在附属医院（在此得到补偿）的服务时间并减少在大学医院的时间
11. 使医学院接管实习计划的债务
12. 给予员工与资助金挂钩的可自由选择的预算
13. 从大学董事会提供的特别项目中寻求资金
14. 使医学院承担更多的员工薪金以减少付给病人护理者工资的压力

这些行动见解可以用另外的分类将总体目标与中间步骤相关联。首先，将增加收入与削减费用分开。收入可来自内部或外部，费用可以通过改变分配和单纯收缩来削减。图10—1所示的关联树对名义小组技术获取的个人想法进行了分类，此前这些想法已通过滚雪球技术进行分组。关联树阐明了将要采取的行动，为搜寻更有用的想法敞开了大门。利用关联树图，可以使战略管理小组寻求更多的解决方案，比如寻找更多的途径发现大学校内或校外的收入来源。

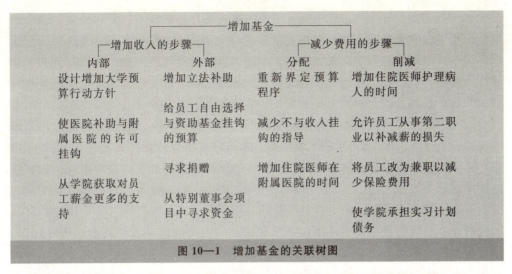

图 10—1　增加基金的关联树图

形态学法将每一类别的各项取出并将它们组合成一系列可能的解决方案。有些组合可能是毫无意义的，有些则颇具洞察力。

形态学法如表 10—1 所示。它与关联树图不同，树图详细说明了解决方案，而形态学法表示的是每一栏各项的组合，而它们可以被进一步组合形成新的解决方案。将内部和外部收入增加与通过分配减少费用和单纯削减费用行动相组合，一共可产生 3×3×3×4 或 108 种解决方案。例如，产生的计划可以是使许可与大学补助相挂钩，并给员工与资助金挂钩的可自由选择的预算。寻求补助金这一项的时间来源于增加住院医师在附属医院护理病人的时间。住院医师代替一般职员与增加科研时间的联系，通过对大学医院与附属医院进行安排的财政激励所调整。与各医院进行协商意味着，看是否能安排更合适的补助与报酬使职员免除科研的后顾之忧。可以逐个对这 108 种计划进行检测，以揭示它们之间的相互关系，这些相互关系有助于洞察集资战略以及使其奏效的方法。

表 10—1　　　　　　　　　　　　　　　增加基金的形态学法

提高内部收入	提高外部收入	通过分配减少费用	绝对减少
设计能带来大学补助金的行动方针	给员工与资助金挂钩的自由预算	重新界定预算	增加住院医师护理病人的时间
使附属医院的许可与大学医院的补助金挂钩	寻求捐赠	减少不与预算分配挂钩的指导	允许员工从事第二职业
从大学获取对员工薪金的更多支持	从董事会项目中寻求资金	增加住院医师在附属医院的时间	将员工改为兼职
			使学院承担更多的实习计划债务

10.2　描述结构关系的技术

解释结构模型（interpretive structural modeling, ISM）（Warfield, 1976;

Nutt and Backoff，1987），是一种可用来描述关系性质的技术，例如因果关系、严重性、重要性或优先性，并且可描述优先顺序（次序），从而使不明确的结构变明确。这一技术可被应用于议题、战略、难题、目标以及其他一些存在相互关系的项目，从而使人们就它们如何关联达成共识。解释结构模型特别有助于整理小组过程产生的各种思想主题之间的相互关系。

战略管理小组可以利用解释结构模型（ISM）确定解决议题或战略的顺序，辨识议题或战略之间的生产者—产品关系。战略管理小组使用配对比较技术（第11章）来获得这一顺序。所谓配对比较，就是战略管理小组成员将每一项（例如，战略或问题）与其他项进行对比，阐明尚有疑问的关系（例如，顺序或因果关系）。计算有多少成员判定某一项更具有严重性、优先权或应最先考虑。这一计算为每一项的严重性、领先性或优先性提供了指导。或者，可以确定各项的相对优先顺序。进行最初的排序之后，就可以允许讨论，以鼓励掌握了更多信息的战略管理小组成员评论他们所知的最佳关联。讨论可以使战略管理小组了解议题或战略的结构。讨论之后重复进行配对比较技术以使最后的排序能够反映这些成熟的见解。

为了说明这一过程，我们假定战略管理小组形成了四个战略，如下所示：

战略一：扩大客户

战略二：发展提供服务的替代方法

战略三：抑制提供服务的成本

战略四：保持资助护理基金的稳定性

在此例中要寻求两个关系：优先性和生产者—产品关系。战略管理小组被给予这四个战略的所有组合的目录。

优先关系

顺序关系是通过要求战略管理小组成员将各个战略进行配对比较并说明何者优先来确定。为了帮助进行比较，所有的组合都被列出，如下所示：

战略配对	顺序
客户和方法	P
客户和成本	P
客户和基金	S
方法和成本	P
方法和基金	P
成本和基金	P

战略管理小组成员以此种方式对战略配对逐一进行比较，优先的战略用字母 P（precede）表示，次之为 F（follow），S（same）用来表示配对比较的两个战略顺序相同。

评分的版式如表 10—2 所示。我们以方法—客户的比较为例来说明如何使用这一版式。方法的优先性被认为次于客户，所以表 10—2 中方法横排与客户竖排交叉的位置填入 F，客户横排与方法竖排交叉的位置填入 P。这些步骤之后要对每一个配对进行评分。在战略管理会议期间，可以用附录 B 中表 B—1 来搜集这一信息。

表 10—2 　　　　　　　　某一战略管理小组成员的优先关系

	客户	方法	成本	基金
客户	—	P	P	S
方法	F	—	P	P
成本	F	F	—	P
基金	S	F	F	—

注：表中"—"不能用于顺序关系但可用于其他关系，比如从战略中获取信息。

表 10—2 列出了从某一战略管理小组成员那里搜集的假设的信息。表的下半部矩阵检验了运用的逻辑。要检验某一成员提供的顺序，只要看其下半部矩阵是否与上半部相反。例如，如果客户优先于方法，则方法竖排与客户横排交叉处是 P，而客户竖排与方法横排交叉处应是 F，二者应相反。

假定表 10—3 的资料搜集自 10 人组成的战略管理小组。战略管理小组对顺序的一致意见是通过计算每单元中 P 的数目多少达成的。而对与对之间的顺序是通过比较合适的横排单元确定的。例如，在方法与客户的排序中，方法横排的数值是 2，客户横排的数值是 8，这意味着战略管理小组认为客户优先于方法。用箭头将战略联系在一起以表示所有战略组合之间的行动顺序就可生成一个图表，如图 10—2 所示。箭头的方向是由表 10—3 决定的。

表 10—3 　　　　　　　　战略管理小组形成的优先关系

	客户	方法	成本	基金
客户	—	8[a]	8	1[b]
方法	2	—	8	9
成本	2	2	—	1
基金	8	1	9	—

a. 表示 10 人组成的战略管理小组中认为方法优先于客户的人数。
b. 如果有一成员认为基金与客户可同时发生，就会产生总和少于 10 的结果。

获得十人组成的战略管理小组中八人或八人以上的投票才能形成强烈的关系。在此例中，从客户到基金就有着强烈的关系。对方法来说，从方法到成本和基金有着强烈的关系。图 10—2 中，成本优先性次于客户、方法和基金，所以箭头从这几个战略指向成本。基金优先于客户和成本，所以箭头从基金指向这两个战略。

正如图 10—2 所示，每个战略有三个箭头，每个箭头都描绘了一个战略与其他三个战略的关系。这些箭头的方向表示哪个战略应居于优先位置。抑制成本这一战略有多个箭头流入，表明此战略是结果的或是下游的行动。其他三个的关系是相互的，各有箭头流出或流入。相互关系表明，方法、客户与基金是联系在一起的，在执行中必须同时进行。

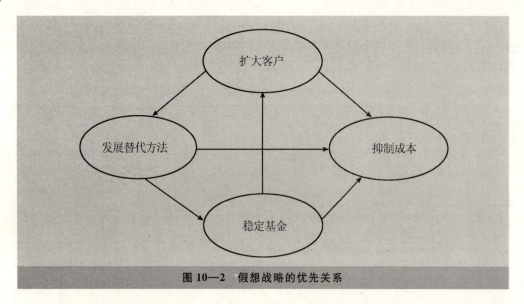

图 10—2　假想战略的优先关系

对更复杂的战略形势来说，可能会出现票数相近或相同的情况。票数相近或相同意味着不存在先后顺序关系。为了理解两个问题或战略之间不存在先后顺序关系，就不能用箭号相连接，这暗示着与顺序关系无关。

生产者—产品关系

为了获取被考虑的各项之间的生产者—产品关系（Producer－Product Relationships），战略管理小组也利用配对比较技术确定两项中哪一个为生产者。在此例中，表格中的箭号显示了某一项（例如战略或问题）作为生产者（原因）和产品（结果）的强度（生产者—产品关系类似于原因—结果关系，但它更为广泛，考虑到了因素之间的互逆关系以及其他类型的复杂联系）。这些关系意味着在竞争中一个行动是如何增强或阻碍另一个行动。然后战略管理小组探索战略之间的关系，考虑这种关系在计划实施过程中的影响（问题之间的生产者—产品关系能指导战略搜寻，我们将在本章的下一部分讨论）。

为了建立生产者—产品关系，将每一对战略进行比较，看哪一个是生产者。此外，将每一对战略在－5 到＋5 之间定一个等级，以描述此战略在何种程度上是生产者或产品。在此类等级中，矩阵的下半部可以不是上半部的相反。两个战略之间的生产者—产品关系不必对称。例如，有些客户能增加基金的预期而基金能增加服务对象。两者都是正相关关系。

要建立表格，就要通过比较一个战略在何种程度上对另一个战略产生正的或负的影响，从而将每一对战略定出等级。举例来说，如果客户非常消极地影响了方法，比如精神病康复中心被立法机关强制命令治疗被严重拖延的病人，那么这一对战略关系就被定为－5。其他的组合也可以定出不同的等级。例如，方法对客户有一些积极的影响（程序上的改变可使一些客户受益而其他客户则没有受益）

定级为＋2。

战略管理小组成员一次考虑一对战略的关系。为了帮助进行比较，将所有的组合列出，如下所示：

生产者	产品	关系等级
方法	客户	＋2
客户	方法	－5
成本	客户	－3
客户	成本	＋2
基金	客户	＋5
客户	基金	＋5
成本	方法	－4
方法	成本	＋5
基金	方法	＋5
方法	基金	0
基金	成本	－3
成本	基金	＋2

战略管理小组成员以这一方式对所有十二对组合进行比较列出等级，象征关系的强度。

表 10—4 显示了如何概括从假想的战略管理小组成员那里搜集到的资料。以方法和客户的关系为例。由于方法被认为对客户有一定的积极影响，因此在方法横排和客户竖排的交叉处填入＋2。客户被认为对方法有很强的消极影响，即客户改变方法，所以在方法竖排和客户横排交叉处填入－5。以这一方式列出所有组合的资料。表 B—2（见附录 B）可以用来从战略管理小组那搜集信息。

表 10—4　　　　　　　　　**某一战略管理成员的生产者—产品关系**

	客户	方法	成本	基金
客户	—	－5	＋2	＋5
方法	＋2	—	＋5	0
成本	－3	－4	—	＋2
基金	＋5	＋5	－3	—

计算出所有成员所做的等级划分的平均值，从而形成关于这 12 种生产者—产品关系的一致意见。假定表 10—4 所列的等级代表了战略管理小组的平均值，那么就可根据平均值生成一个图表来表示生产者—产品关系的强度。图 7—3（见第 7 章）就反映了表 10—4 中的关系。由于战略之间彼此相互影响，图中每一对战略都有两个连接箭号。粗线表示强关系（即平均值在 4 到 5 之间）。细线表示较弱的关系。实线表示正相关，虚线表示负相关。例如，从客户指向方法的箭号是粗虚线，表示客户对方法有强烈的负面影响。从方法指向客户的箭号是细的实线，表示方法对客户有一定的正面影响。其他的箭号也能以同样的方式用表 10—4 进行阐释。没有箭号表示不存在因果关系。

图上显示稳定基金和扩大客户群存在强烈的相互的正相关关系，这意味着在实施战略时要仔细考虑这些战略的利益相关者。替代方法和抑制成本也有着强烈的生产者—产品关系。替代方法对成本有很强的积极影响，而成本对方法有很强的负面影响。这一关系表明，关注方法战略中的利益相关者能够对成本产生合意的影响。但是，这样做也会使成本对方法产生不合意的影响。这就意味着实施关注于方法的战略应优先于成本。基金对方法的影响也值得注意，因为基金的改变可能会迫使方法发生改变。

在此例中，基金是极为重要的。通过处理利益相关者以稳定基金，同时小心观察预期中的方法和客户的变化，就开始了战略计划的实施。在为抑制成本而控制利益相关者的计划（比如管制）形成之前，这些变化就应产生。生产者—产品关系链条为假想的组织从何处开始进行战略改变指明了方向。

使用议题对解释结构模型的说明

对议题的解释遵循与战略相同的逻辑。表格理清了议题并明确了它们之间的生产者—产品关系。第一个受到攻击的议题应优先于大多数，如果不是优先于其他所有议题的话，且这一议题倾向于作为生产者而非产品。在议程中居于末尾的议题应排在所有其他议题的后面，且是其他议题的产品，可以最后再考虑。当有更多的议题被考虑时，处于图表中心的议题将发生重要的相互作用或反馈作用，它描绘了它们对其他议题的影响以及其他议题是如何影响这些议题的。在辨识战略以处理优先议题时不能忽略图表中心的议题。

这些关系指导着战略搜寻。将高度的优先权给予那些是生产者的议题和那些在事件链条中倾向于首先发生的议题。这些议题以及与它们有着重要关系的议题，是战略行动搜寻的核心。随着搜寻的展开，它们为研究和辨识重要的附带关注的事项划定了范围。第5篇描述的案例给出了几个用解释结构模型来辨识议题和战略主题之间相互关系的具体例子。

10.3 用来综合的混合技术

将综合步骤的各种技术进行结合，可以用来辨识搜寻步骤产生的繁杂信息的重要关系和模式。和搜寻步骤一样，结合使用综合步骤的各种技术产生了诸多优点，每一种结合都有其独特的用处。

这里推荐几种用以综合的混合技术（见表10—5）。滚雪球技术可以与解释结构模型、形态学法和关联树技术相结合。结合使用滚雪球技术和解释结构模型，使战略管理小组获得了从繁杂问题或战略中抓住关键主题的技术类型。小组可以利用这些主题进行分析并确立各种关系，例如优先性和生产者—产品关系。这一混合技术有助于抓住小组的见解且极易被接受。

表 10—5　　　　　　　　　　　　　　　　用来综合的混合技术

混合技术	为何被使用
滚雪球与解释结构模型	揭示主题并确定主题间的关系，例如顺序关系和生产者—产品关系
滚雪球、形态学法和关联树	探索以成分和要素划分的关系结构，显示活动的详细顺序
综摄法和解释结构模型	获取创新性的主题并抓住这些主题之间的关系
综摄法、形态学法和关联树	获取创新性的主题并探索主题之间相互关系的结构
综摄法与解释结构模型	获取创新性的主题并抓住这些主题之间的关系

　　滚雪球技术也可与形态学法和关联树技术相结合。使用滚雪球技术的战略管理小组运用形态学法和关联树技术进一步揭示和探求关系模式，就产生了这一混合类型技术。虽然这一混合技术因为可能抓不住有关顺序的重要观点，而不太为人接受，但它确实为研究关系提供了机会，也为战略管理小组的见解和讨论引入了一个有力的关系模式。滚雪球类型的每一细节都能以等级结构的方式进行组织，显示类型范围内的顺序和关系。

　　其他组合是以综摄法（在前一章中讨论）代替滚雪球技术。综摄法加解释结构模型和综摄法加形态学法的混合技术为创新和创造提供了奖赏。解释结构模型程序用来鼓励接受，而形态学法或关联树用来仔细研究模式，以提高关系的精确性。

10.4　要点

　　1. 综合步骤的各种技术为辨识搜寻步骤搜集的繁杂信息的模式和概括提供了方法。

　　2. 用于创造综合的技术（滚雪球、形态学法和关联树）能发现总结大量新思想的标签和类型，并将其内容进行组织从而揭示主题。

　　3. 解释结构模型用以描述主题之间的关系性质，例如顺序关系和生产者—产品关系。

　　4. 将各种综合技术结合建立混合技术有独特的优点。那些会利用混合技术且意识到其优点的战略管理小组推动者，能够整合这些混合技术，使其满足战略管理过程中出现的特殊需要。

第 *11* 章

确定优先战略的技术

在选择步骤中，战略管理小组将每一阶段产生的思想进行排序。这一步骤的目的是为了确定从综合步骤产生的概括、模式和主题的优先项目。这一步骤结束时确定的优先项目为战略管理小组进入下一阶段提供了行动的中心。

确定优先项目有两种方法。要么采取整体评估要么列出优点，后者结合了通过若干不同标准进行的排序。确定优先项目的有效技术包括锚定等级刻度，配对比较，分等—加权法，点数分配法以及 Q 型法。本章说明战略管理小组在考虑事件、趋势、理想状态、SWOT、问题、战略并进行风险金评估时，是如何使用这些技术确定优先项目的。本章也探讨了小组是如何考虑优先项目的，以及有效结合了各种技术的混合技术是如何创造的。

11.1 锚定等级刻度

锚定等级刻度（anchored rating scales，ARS）可被用来引出战略管理成员关于战略、问题、趋势、事件以及 SWOT 的等级划分，或用于战略管理小组希望投票解决的其他一些东西。这一技术容易理解且能被迅速运用，这使得它对调查研究和需要相当精确区分各项时极有用处。连续的刻度以及刻度上若干点的解说符号用来界定刻度的增加量和端点（Nutt，1980a）。注释帮助战略管理小组成员（或调查的回应者）设想刻度间隔和刻度端点的含义。可以使用各种大小不同的刻度，包括 0 到 100（或 0 到

1.0)，负的无穷小到正的无穷大，以及 0 到无穷大。以 0 为锚定点的刻度用于存在
自然零点的项目，比如成本。负的端点用于可能存在负值的项目，比如利润。以正
无穷大或负无穷小为端点表示此项目的值，理论上不受限制。使用无穷大或无穷小
为端点要求记载增加量。为了简化刻度，一般用－100 到＋100 为两个端点，这样
值可以很大也可以很小。大多数情况用 0 到 100 做线形刻度。

　　为了说明如何使用 ARS，我们假定战略管理小组要对一些战略如客户、方法、
成本、基金和公共意识进行排序。这些战略可用图 11—1 所示的版式向战略管理小
组成员提出。战略按字母顺序排列或随机排列，以避免位置产生的偏见。每一战略
管理小组成员都按照自己的观点用箭号将战略与刻度上的点连接起来。然后将这些
刻度值标准化，即将它们转化为百分比。例如，如果一条线将成本这一战略与刻度
值 0.80 连接，公共意识与 0.60 连接，那么成本的权重为：

$$0.80 \div (0.80 + 0.60) = 0.57$$

公共意识的权重为：

$$0.60 \div (0.80 + 0.60) = 0.43$$

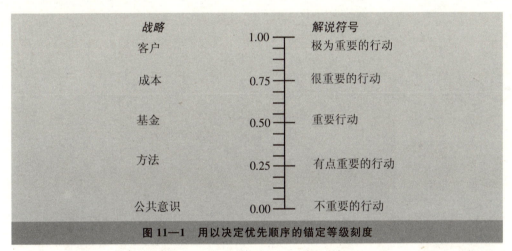

图 11—1　用以决定优先顺序的锚定等级刻度

　　这一计算方法能够发现一项战略相对于所有其他战略的权重（如果考虑两项以
上的战略，那就要用一项除以所有项的总和）。这一方法提供了这样一种等级或排
序，即它建立了被比较的所有项目的相对重要性。计算出这些百分点的平均值，就
代表了战略管理小组（或投票小组）的一致意见。

　　当要求通过一个标准的等级刻度（如图 11—1 所示）获取多重标准（例如，压
力、实施前景等等）的排序时，可以使用这一技术。每一战略管理小组成员使用一
个标准对战略进行等级划分。通过计算出平均值和平均标准可以将这些值结合起来
达成全体的一致。

11.2　配对比较

　　配对比较（paired comparisons）技术帮助战略管理小组成员将战略进行两两比

较，这样能精确地确定优先战略。将战略项目如议题或战略主题配对比较，使成员将注意力集中于两个项之间的区别，可以减少信息加工的要求。以前面提到的要求战略管理小组成员对五个战略主题进行排序为例，进行配对比较时，推动者首先要将这五项的所有组合列出，一次两个，然后要求战略管理小组成员将每一对的两项进行比较（通常更多项），并标明哪个更重要。假设某一成员的选择如下：

配对	选择
方法和成本	方法
方法和基金	基金
方法和客户	方法
方法和公共意识	方法
成本和基金	基金
成本和客户	客户
成本和公共意识	成本
基金和客户	客户
基金和公共意识	基金
客户和公共意识	客户

表 11—1 是用来将每一战略的权重制成表格（注意这里的讨论考虑的是竖排项如何影响横排项，所以表 11—1 计算竖排上的值。应该理解的是，计算竖排或计算横排值的原理和结果都是一样的）。首先，使用表中的第一竖排和第一横排。替代方法被认为比成本、客户和公共意识更重要，所以在方法这一竖排中，成本、客户和公共意识单元中都填入 1。方法的重要性次于基金，因此在基金下面的第一单元填入 1。第一竖排和第一横排的其他单元都填入 0。现在，第一竖排和第一横排可以在进一步的考虑中删去。

表 11—1   **用配对比较确定优先战略**

	方法	成本	基金	客户	公共意识
方法	—	0	1	0	0
成本	1	—	1	1	0
基金	0	0	—	1	0
客户	1	0	1	—	0
公共意识	1	1	1	1	—
原始分	3	1	4	3	0
标准分	3/11	1/11	4/11	3/11	0/11
百分比	27	9	36	27	0

注：既可使用横向的表格也可使用纵向的表格。此例使用纵向的表格，所以纵向单元中的 1 表示选择此纵向上的战略。

现在考虑第二横排和第二竖排上的单元，以同样的方法给每个单元打分。其余的横排和竖排也不断重复这一过程。将竖排上的总分转化成标准分，界定每一战略目标的等级，如表 11—1 底部所示。在大多数情况下，代表战略管理小组一致意见的平均值，是通过计算每个成员所认为的权重的平均值确定的。

当使用多重标准时，要根据每一标准进行配对比较。每一个标准都产生了一个权重等级表，可以根据每个标准将结果进行平均或结合。有时候要将不同标准的等级表分开，这样能使战略管理小组理解从不同角度（比如重要性或可行性）对战略、议题等进行的排序会产生不同的结果。

11.3　分等—加权法

　　分等—加权法（Rank-Weight Technique）是让战略管理小组成员先将各项（比如 SWOT、方向、议题等等）列出等级，然后详细说明其重要性。根据它们的重要性进行排序然后计算加权值，可以简化此项工作的信息加工要求，将每一项都列入卡片中，战略管理小组成员先将它们进行排序，然后计算每项的权重。

　　有一种方法可用来计算加权值。在差额步骤（odds procedure）中，战略管理小组成员将各项与排在第一位的项进行比较，一次一个，记录下更重要的项（Nutt，1984a）。最重要的项值为 1。如果第一项的重要程度是第二项的两倍，那么第二项的值就是二分之一。将零头比率转化为标准百分比值。优先项也可以使用 -100 或 0 到 100 的线形刻度、测程刻度或索引数字获得。与前面一样，战略管理小组的一致意见是由每位成员的平均值决定的。这一程序可以根据不同的标准（比如可行性和重要性）重复进行，从而根据每一种优先项形成等级排列。

11.4　点数分配法

　　点数分配法（Distribute Points Technique）有助于对大量的项目进行排序。这一程序可以用锚定点（anchors）也可不用锚定点。用锚定点的技术要求三个步骤——选择标志，在卡片上记录每项的名称，根据标志对各项进行分类。标志和数值如下所示：

标志	数值
最理想	10
非常理想	8
理想	6
有点理想	4
不够理想	2
不理想	0

　　随着数字间隔的增加，精确性也增加，但标界的容易程度降低，从而会导致区别模糊。一般选择 5 到 10 做间隔。然后将各项的名称记录在卡片上。每一个战略管理成员根据标志将卡片分类为几堆。这样的分类重复若干次。重复有助于确保将

各项分入了正确的类别中。

为了加速优先项目的确定，比如正式会议就要求这样做，可以直接分配等级。在此例中，整数可以与解说符号联系在一起，比如 10 代表最重要，1 等于最不重要，可以将整数直接分配到每项中用来描述它的重要性。也可以使用刻度，比如-5（最小）到+5（最大）或-10 到+10。只要有可能增加等级划分的精确性，刻度应以端点的符号解说固定范围。表 B—3（见附录 B）提供了一个模式，它可通过运用不同的标准对各项（比如议题）进行点数分配。

11.5　Q 型法

小组过程、调查研究或公开听证经常会产生大量的备选项目。战略管理小组成员经常要对 60 个以上的优势、弱点、威胁、机会、趋势、事件、方向、利益相关者以及资源等进行优先顺序排列。从如此多的项目中确定优先项常常是不可靠的。由于数目极大，很难对这些项目进行优先排序。如果从若干不同来源获取的优势、弱点、威胁、机会、方向等具有价值负荷、复杂性和部分重复等性质，情况就更为复杂了。Q 型法（Kerlinger，1967）为减少信息加工要求和提高可靠性提供了方法。

Q 型法（Q sort）要求战略管理小组成员首先从繁杂的项目中寻找最重要的项，然后寻找最不重要的项，这样来回进行直到所有项目都被分类，这样做能够提高可靠性。每一来回考虑的项目数是相等的。各类中的项目都有着类似的正常分布形状。

对大量的项目进行分类要求有三个步骤。第一步骤，使用 Q 型法将各项按其优先性排序。第二步骤重复第一步骤以确保分类能再现，确保其可靠性。最后一个步骤，运用以前讨论的一个分类程序将各项排序。

Q 型法适用于存在 30 到 130 个项目的情况。低于 30 或高于 130，可靠性就会降低（Kerlinger，1967）。当少于 30 项时，可以使用直接分配技术，因为此时的信息加工要求是可控的。如果多于 130，工作会变得很乏味，且在分类过程中易忽视一些项目。

Q 型法的第一步要求将各项（如 SWOT 等）写在卡片上，并附简短的定义。一开始，小组成员通读各项以将其分类。最简单的分类就是将它们分为三种不同程度的重要性，比如重要、不重要和其他。其他这一类别总是由那些中等重要的项组成。

为了说明这一程序，我们以 55 项的等级划分为例（Brown and Coke，1981）。定等级者先从 55 项中选出最重要的三项，将每一项的数字代码填入+5 这一竖排。（附录 B 中的表 B—4 为战略管理小组提供了有助于划分等级的评分表。）接着，定等级者选出最不重要的三项将其填入-5 这一竖排。然后从剩下的部分选出四个最重要的项，将这四项填入+4 竖排。接着再选出四个不重要的项填入-4 竖排。这一过程持续进行直到剩下七个项。将这七项填入 0 竖排。不断重复此分类过程直到每一类别中开始出现同一组项。这种等级划分第一次进行需要二分之一或四分之三小时，此后所需时间大量减少（Brown，1980）。

不同的项目数需要不同的评分制。分布应是常态的或尽量接近常态以使分类具有可取的统计性质。有几种分布如下所示（Kerlinger，1967）：

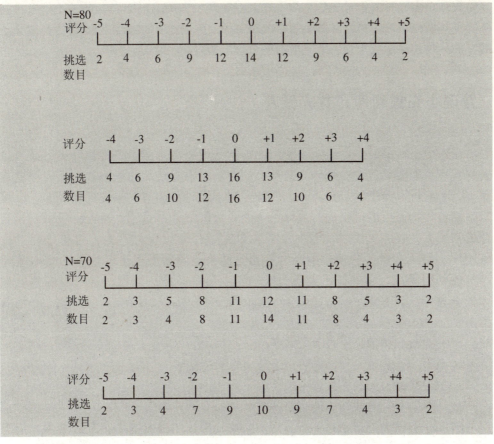

评分制使用±5 的刻度和±4 的刻度。对 80 项而言，如果是±5 的刻度，最初应挑选两项；如果是±4 的刻度，第一次分类应挑选四项。也可以使用其他的频率与典型钟形常态分布曲线相类似的评分制。建立评分系统需要提供刻度表，用一组数字来说明每一类别的分值。使用五项刻度的例子如下：

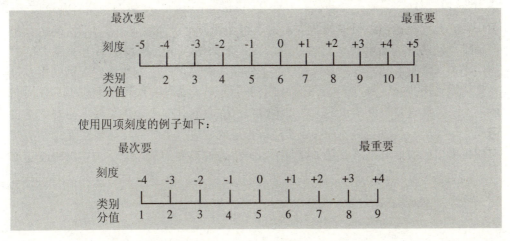

　　Q 型法可以使战略管理小组参与者谨慎决定他们对大量项目的态度。这一技术极为适合 30 项以上的分类工作，能迅速分配这些项目并予以记分。利益相关者或战略管理小组成员关于优先顺序的不同观点能产生重要的洞察力。通过比较各种持不同见解者的层次，可以瓦解小组中的小党派。每一个小党派支持的项目都意味着潜在的分歧，在达成小组一致之前这些分歧应被提出。

11.6　管理小组重新考虑优先顺序

　　在一个小组中，确定优先顺序应鼓励再考虑和再思考。战略管理小组成员最初的观点可能会受他们的立场和其他人的立场的不确定性的影响。为了克服这些困难，小组可以使用以前描述的任何技术在不经讨论的情况下安排优先顺序。接着，算出平均值代表最初的一致意见，然后提供给大家讨论。讨论直接辩护或批评最初的优先顺序。战略管理小组考虑讨论过程中出现的观点。讨论之后，战略管理小组再次给这些项目排序。平均的结果代表掌握了更多信息的战略管理小组的共同观点，它往往比最初的排序显示出更多的一致性。这一程序被称作评估—讨论—评估（estimate-discuss-estimate，EDE）（Nutt，1984a），它可概括为：

1. 每个成员将项目进行优先排序。
2. 计算出平均值，详细说明小组最初的一致意见。
3. 讨论小组最初的一致意见。
4. 二次排序，对最初的排序进行再思考。

　　EDE 是整理优先顺序的有效方法。战略管理小组经常需要花时间考虑和反思所有初步的选择。再思考有助于减少成员立场的不确定性。EDE 技术将讨论包括在内。讨论允许信息交换，从而鼓励公开和相互调适。小组成员掌握了更多的信息之后，最初的排序总是会发生变动。

　　EDE 程序被设计用以从小组中获取参数评估，从而取得精确的评估。EDE 被认为是进行评估的一种十分精确的方法（Gustafson et al.，1973）。这有几个原因。第一，它允许批评小组目前的共同观点，但不批评个人的。第二，EDE 模拟小组面临排序问题时，通常会做出的反应。在大多数情况下，决策小组需要思考的时间。小组通常将最初的选择看做是开端，它将随着成员的感受和他们提供的事实等信息的增多而改变。第三，举手表决或公开讨论表决会使有些成员屈服于其他成员的压力。那些感觉自己知识不够丰富的成员，在看到其他人表决之前不愿意确定自己的立场。公开表决会诱导一些成员违背自己的初衷。最初的排序步骤使每个成员都能思考自己的偏好，从而避免屈服于压力。进行最初的排序之后，立场的改变更可能源于其他成员的说服而不是源于他们的地位或人格（Huber and Delbecq，1972）。

11.7　混合技术

由于每种确定优先顺序的技术的速度、精确性和与假设的连贯性不同，因而各有其优点和缺点（见表 11—2）。在具体的运用中利用混合技术有助于克服某些缺点。其中，最基本的结合就是将 EDE 程序加入其他技术中（见表 11—3）。EDE 与其他排序技术的结合能够提高其精确性。这种混合技术可被用来对 SWOT、事件、方向、趋势等等进行排序。实施 EDE 需要独立的会议。

表 11—2　　　　　　　　　　　**比较各种确定优先顺序的技术**

技术	速度	精确性	与假设的连贯性
锚定等级刻度	中等	中等	中等
配对比较	中等（多于十项）	高	中等/高
分等—加权法	中等	中等	中等
点数分配法	高	低	低
Q 型法	低	高	中等

表 11—3　　　　　　　　　　　　**备选的混合技术**

混合技术	为何被使用
EDE 和 ARS	速度不重要，中等数量的项目
EDE 和分等—加权法	速度不重要，中等数量的项目
EDE 和点数分配法	速度是关键
EDE 和配对比较	考虑的项目数量小，精确性重要
EDE 和 Q 型法	需排序的项目数量多且模糊，精确性重要

EDE 与点数分配法相结合具有速度和精确性方面的优点。EDE 和 Q 型法相结合，适用于项目多且在 SMG 会议期间有时间仔细将各个项目要素（如 SWOT）进行分类的情况。EDE 与 ARS 和分等—加权法共同使用增加了分类的精确性，它要求在 Q 型法和点数分配法之间有一定的时间。EDE 和配对比较技术一起使用，为少量项目的排序提供了十分精确的方法。它适用于战略和有争议的主题，但不适用于其他情况。

11.8　要点

1. 选择技术帮助战略管理小组的推动者将战略管理过程中辨识的各个项目（如趋势、SWOT 或议题）排出优先顺序。优先顺序的确定有助于战略管理小组做出决策，这是管理过程必不可少的。ARS、分等—加权法、点数分配法、配对比较以及 Q 型法这些技术可被用来帮助战略管理小组确定优先顺序。

2. 结合了各种技术的混合技术为特定的情况带来了独特的优点。意识到这些技术及其优点的战略管理小组推动者能为特定的情况创造出各种混合技术。

第 *12* 章

适应不同战略类型的
技术组合

因为公共和第三部门组织的环境很复杂，掺杂着政治因素，且需要管理诸多内部和外部的利益相关者，所以仔细考虑所设计的战略的性质极为重要。挑选用以实施战略管理过程的技术必须先明确组织的需求。本章指出了各种混合技术的结合体，我们将在最后三章提出这些技术，它们满足公共和第三部门组织实施战略管理的需求。

所谓需求是指战略管理者对所形成的战略的要求或预期。有四种要求或执行预期被用以区分不同类型的战略：质量、认可、创新和保存（Nutt, 1977; Quinn and McGrath, 1982; Backoff and Nutt, 1988）。将这些执行要求结合起来可形成 16 种战略，如表 12—1 所示。使战略类型与搜寻、综合和选择的混合技术相匹配，能以最经济的方式发挥这些技术的优点，使战略管理成员花费的时间和努力最小化。

第 3 篇和第 4 篇描述的战略管理方法有三个主要特征：过程，支持过程的技术，挑选技术的指导方针。第 6、7、8 章描述了符合公共和第三部门组织需求的六个过程阶段。这一过程辨识了公共和第三部门组织战略管理中出现的一些矛盾和特有难题，并且指出了避免这些困难的途径。

战略管理过程的六个阶段，每一阶段都必须重复三个步骤。搜寻、综合与选择这三个步骤用来描述历史背景、进行形势评估、形成问题议程、制定战略、评估可行性和实施战略。第 9、10、11 章描述了开展搜寻、综合及选择的有效技术。

本章我们为技术的挑选提出了指导方针，这些技术是以战略

表 12—1　　　　　　　　　　　　　　　　**战略类型**

执行预期	类型
质量、认可和创新	综合
质量、认可、创新和保存	有限综合
质量和认可	传统
质量、认可和保存	有限传统
质量和创新	理想原型
质量、创新和保存	有限原型
质量	效用
质量和保存	质量效用
认可和创新	意识
认可、创新和保存	有限意识
认可	诱导
认可和保存	有限诱导
创新	思想
创新和保存	有限思想
无	姿态
保存	批准

的执行要求为基础的，而执行要求来源于战略管理者的预期。这些指导方针虽然不能被管理者用来进行决策，但它们鼓励管理者认真考虑他们的需求并指出这些需求是如何影响战略管理过程行为的。

12.1　判断需求的标准

战略发展的预期被描述为质量、认可、创新和保存。质量战略要求具有可取的执行特征的服务，例如成本利益或成本效用，认可战略处理那些阻碍或颠覆战略管理过程及其结果的人的主要观点。受到高度认可的战略有董事会和其他关键小组的支持。

创新战略来源于以前未认识到或未尝试过的想法，希望这些想法能够提供决定性的优势。例如，创新战略使组织处理不熟悉的利益小组、新客户或新服务。保存战略认识到战略发展要求维持现有安排和在现有安排的框架内工作。这些需求的例子包括程序、政策、计划或关系，正如组织不愿质疑或改变的组织图表所描述的。当战略改变可能引发混乱时，组织就会寻求保持原有秩序。这些约束成为组织承诺的真正价值，而不仅仅是限制，因而成为管理者的执行预期。这些约束也提供了一个框架，在此框架中人们能假定存在秩序和延续性，或能采取行动保存一定的价值。

12.2　战略类型

　　战略管理过程是由这些战略要求形成的。第 3 篇探讨的几个过程阶段是设计用以满足公共部门和第三部门的要求。相比较而言，挑选混合技术是根据它们所能产生的特定结果。战略的具体执行要求可与使用某项技术的优点相匹配。第 8、9 和 10 章根据混合技术在搜寻、综合及选择步骤所能产生的特定结果对它们进行了集中的讨论。战略的具体执行预期可与混合技术的预期优点相匹配（Nutt，1982b）。表 12—2 概括了用于战略管理的混合技术。

表 12—2　　　　　　　　　　　　支持战略管理过程的混合技术

搜寻技术	综合技术	选择技术
互动	滚雪球和 ISM	EDE 和 ARS
互动和焦点小组	滚雪球、形态学法和关联树	EDE 和配对比较
NGT 和辩证小组	综摄法和 ISM	EDE 和分等—加权法
NGT 和 Kiva	综摄法和 NI	EDE 和点数分配法
NGT 和 NI	综摄法、形态学法和关联树	EDE 和 Q 型法
提示性默写		
NGT 和综摄法		
NI 和综摄法		
提示性默写和 NI		
脚本法和 NGT		
脚本法和提示性默写		
脚本法、NGT 和综摄法		
脚本法、提示性默写和综摄法		

　　根据过程挑选技术还有其他的优点。最后三章探讨的技术可以被结合成具有独特优点的混合技术。例如，将 Q 型法与名义小组技术结合可以使选择更有效。滚雪球或解释结构模型技术与名义小组技术相结合可以使综合变得更容易。在名义小组技术中使用默写增加了多样性且将限制结合到搜寻过程中。其他的混合技术包括：综摄法与默写和配对比较相结合，名义小组技术与形态学法和 EDE 结合，默写与滚雪球和配对比较结合。

　　搜寻、综合以及选择技术的所有可能组合共产生几百种的混合技术，推动者或领导者可以在战略管理小组中使用这些混合技术。战略管理者通过陈述执行预期辨识组织面临的形势，然后挑选合乎这些执行预期的混合技术，如表 12—3 所示。

表 12—3　　　　　　　　　　　最适合各种战略类型的混合技术

战略类型	要求	搜寻步骤	综合步骤	选择步骤
1. 综合	质量、认可和创新	结构性默写与辩证小组和综摄法	滚雪球、ISM和脚本法	Q型法、EDE和配对比较
2. 有限综合	受重要约束的质量、认可与创新	提示性默写	形态学法	EDE和分等—加权法
3. 传统	质量与认可	NGT	滚雪球与脚本法	Q型法、EDE和分等—加权法
4. 有限传统	受重要约束的质量与认可	提示性默写	ISM	EDE和分等—加权法
5. 理想原型	受重要约束的质量与创新	德尔菲法与综摄法	滚雪球与脚本法	Q型法
6. 有限原型	受重要约束的质量与创新	焦点小组与结构性默写	形态学法	Q型法
7. 效用	质量	默写	关联树	ARS
8. 有限效用	受重要约束的质量	提示性默写	关联树	
9. 意识	认可与创新	NGT	滚雪球、ISM和脚本法	EDE和配对比较
10. 有限意识	受重要约束的认可与创新	提示性默写	ISM	EDE和分等—加权法
11. 诱导	认可	NI	形态学法与NGT	任意
12. 有限诱导	受重要约束的认可	提示性默写和NI	形态学法与NGT	任意
13. 观念	创新	NGT和综摄法	滚雪球和ISM	EDE和配对比较
14. 有限思想	受约束的创新	提示性默写和综摄法	ISM	EDE和配对比较
15. 姿态	无	互动小组	无	集中分类
16. 认可	识别重要约束	综摄法小组（例如调查利益相关者）	无	任意

综合

综合战略要求质量、认可与创新但约束最小。战略管理者享受最大的行动自由，但对所寻求的战略提出了最广泛的预期。当一个组织承诺要考虑服务和客户的重要变化时，应建立此种战略管理过程。用以搜寻的小组过程应使战略管理小组进行长远的考虑。因此，结构性默写与辩证小组过程和综摄法结合的技术是值得推荐的。滚雪球、ISM和脚本法可用于综合各种新思想。Q型法和EDE可用于整理新思想清单，而配对比较则用于安排清单中各项的优先顺序。

具有约束要求的称为有限综合战略。战略管理者应该开展广泛的搜寻，但要宣布组织试图保存的核心价值。当存在约束时，可以使用提示性默写微妙地将这些要求引入管理过程而不降低认可程度和创新。形态学法和 EDE 与分等—加权法可用于综合与选择，从而再次确保约束能被识别。

传统

传统的战略不强调创新，但要求质量和认可。此类管理过程用于对外部机构（如控制者）的回应，此类机构能对组织施加一定的制裁，迫使组织改变政策、服务与实践。例如，医药补偿政策迫使医院考虑扩大对门诊病人的服务。公用电力机构的控制者要求使用当地的汽油和石油，而不考虑它的贮存和运输费用。面临同类外部压力的竞争者所采取的战略常常与此类似。NGT 的提出是因为它既促进质量又促进人们的认可。滚雪球、脚本法、Q 型法、EDE 与分等—加权法可用于综合和选择工作。

当约束被加入时，这一过程叫作有限传统战略。例如，公用电力机构可以尝试购买当地的汽油，但继续从其他州输入汽油以避免诉讼案件，同时确保在极端恶劣天气下有足够的汽油供给。提示性默写、ISM、EDE 及分等—加权法也值得推荐，原因如前所述。

理想原型

理想原型战略要求质量和创新。原型为衡量未来的努力创造了标准。这一战略过程可被咨询公司用来阐明战略合作的范围，它使公司目前或预期的客户变得有意义。由于认可没有争议，德尔菲调查值得推荐。德尔菲调查通过组织内部和外部人士的参与，引出人们的理想状态的信息。在使用综摄法之前，德尔菲调查被用来为战略管理小组的思考发掘新思想。滚雪球和脚本法用来综合，Q 型法用来整理新思想。

在有限原型战略中，焦点小组确保将组织需要的新思想引入战略管理小组，并确保小组的价值取向与组织要保存的价值相同。结构性默写适用于引入质量。形态分析法提供了结构，Q 型法为未来的考虑创造了经清理过的可供选择的新思想清单。不论是理想原型战略还是有限原型战略，正式的选择都期待将战略销售给顾客。

效用

仅仅设计用来寻求质量的战略叫作效用战略。当组织的领导者力量十分强大且独立于他们的董事会和控制机构时，可以使用这一战略。那些靠收服务费当作收入的非营利性组织可以采用这一战略。例子包括咨询公司（比如 RAND）以及一些州立组织（比如自然资源部门），它们按法律规定可收取执照费和检查费。这样的环境允许倾向于主动采取行动的领导者以高度自由的方式工作。当这些领导对新事物的兴趣少于对现有事物的兴趣时，就需要寻求过程的效用战略。我们建议采用默写技术。关联树结构可被用来获取首席执行官所需的行动。ARS 为安排优先顺序提供了快速的方法。有限效用过程战略（质量和约束）可用提示性默写完成，用关联树综合，用 ARS 进行选择。

意识

意识战略被用来使战略管理小组获知可能发生的事情，并寻求人们认可就那些看似特别相关的可能性所采取的行动。试图诱使利益相关者探索可能发生之事情的组织应采用这一战略。在意识战略的形成中，NGT 用来搜寻；滚雪球、ISM 和脚本法用来综合；EDE 与配对比较用来选择。有限意识战略也寻求对可能发生之事情的认可，但对搜寻有一定的约束。例如，效用可以使用这一过程使高层管理者在认识那些产生约束的受偏爱的想法的同时，为组织设想新的前景。这些战略可以使用提示性默写做搜寻，用 ISM 来综合，用 EDE 和分等—加权法进行挑选。

诱导

对诱导战略而言，只有认可是重要的。当领导者面临这样的情况，即董事会成员坚持要求组织设计战略计划，这时就会出现诱导战略。例如，学校董事会坚信没有正式战略的学校是凭本能来管理的。学校管理者可能有战略，但宁愿隐匿它们，比如可能因为废除种族隔离诉讼的来临，或者管理者在战略管理过程中没有看到其优点。这两种情况都只需寻求认可。采取搜寻技术可以使成员觉得已完成了某些东西，但不限制领导者的控制能力（Mintzburg and Waters, 1982）。推荐采用名义互动过程（NI）。形态学法与名义小组技术（NGT）可被用来探求紧急因素，寻求所有人都可接受的综合技术。

有限诱导战略（有限的认可）需用提示性默写技术认识约束，用名义互动（NI）与劝诱（为其重要想法游说的人）促进认可。诱导战略的综合与选择可使用相同的技术。

观念

观念战略为思考而非为行动发掘各种可能性。医院要弥补由于补偿上限的限制造成的收入损失，就可以发展此战略，从而在没有认可障碍或不必做质量评估的情况下获知可能发生的事情。搜寻需要创造性的过程，它要求使用综摄法，且综摄法的每一步骤都为名义小组技术（NGT）所支配。综合要用滚雪球和解释结构模型抓住相互关系。选择要使用 EDE 和配对比较。

有限观念战略在组织将各种可能性进行分类之前找出那些要加以保存的部分。

提示性 默写和综摄法可用以搜寻。解释结构模型用以综合，EDE 和配对比较用于选择以辨识有限观念的粗略顺序。

姿态和认可

当获取战略的过程仅仅是为了给第三方留下深刻印象时就形成了姿态战略。当管制者或立法机构对那些开展战略管理或产生新战略的组织给予特别关注时，这种战略过程是合乎情理的。例如，卫生管理机构在考虑某医院的扩张计划前要求证明此战略计划的合理性。姿态战略要求由领导者控制的人员组成的互动小组发掘新思想并像战略管理小组那样行动。记录下这些新思想并使用分类表决技术进行投票。

对认可战略而言，由于约束很重要，因此要使用综合小组（例如调查）。调查分析确保能辨识这些约束。比如，报纸调查读者的偏好，然后忽视那些与报纸编辑政策相冲突的偏好，这时就可使用此类战略。任何使表决变得简单的方式都可采用。姿态战略和认可战略可以忽视综合这一步骤。

12.3　要点

1. 战略管理需要有关过程的知识；需要支持过程的搜寻、综合与选择的技术；需要将各种技术结合为混合技术以满足特定情形的战略管理的需要。

2. 混合技术是通过将搜寻、综合与选择的技术以创造性的方式结合或融合形成的。第 9、10、11 章描述了其中的一些混合技术，但可能还有其他的混合技术。熟悉这些技术的战略管理过程的推动者可以发展更多的混合技术，以适应特定的需要。

3. 战略的类型是以战略设计是否要求质量、认可、创新与保存来界定。每一战略都与混合技术相匹配，这些混合技术可被用于处理战略管理过程每一阶段必须进行的搜寻、综合与选择步骤。

第 5 篇

战略实践：三个案例

在第5篇中，我们提供三个案例，描述如何遵照我们所提议的程序实施战略管理。我们挑选的这些案例表明：非营利性组织、地方政府和州的代理机构将会产生一些特定的需求。这些案例无论从参与战略管理的人员与董事会、召开会议的次数与努力的程度上，还是在战略管理过程中监督机构所扮演的角色上，都存在差异。有的持续不断地推进，有的进行一次性的尝试，而且，各自采用不同的战略模式。

在每一案例中，我们都详细介绍组织的历史、促使变革发生的事件以及后果（aftermath），在后果部分问题议程被重新塑造。我们会展示如何运用本书中所讨论的工具与概念，收集所需信息、运用管理技巧、对事件进行分类、识别并解读环境因素。

第 *13* 章

一个非营利性社会服务机构面临的战略挑战

　　本章描述一个精神病康复中心的战略管理活动，其促发事件是联邦财务资助的丧失。联邦在三年内要削减掉的这部分资金占中心运营资金的 34％。因此，中心设法在不缩减向愈益依赖它的人群提供的服务的前提下，寻找补偿这些收入损失的途径。

　　促发事件具有生产力价值。生产力价值与盛行于中心的管理中、却没有被认识到的公平之间存在着张力关系，这是在战略管理过程中发现的。要弥补联邦政府削减成套财务资助带来的损失，最佳方法是对服务收费。然而，中心治疗医师的传统做法使得这一方法难以实现。治疗专家鼓励将精神康复服务从支付中分离出来，即使像私人付费和通过保险为服务接受者付费的能力这样的问题也都被忽视了，这就导致本可以收取的服务费白白流失。中心的浮动收费标准 （sliding-fee scale）使得医疗救助收费和其他公共帮助项目无法实施，福利机构根本不会接受这种收费标准。在这种收费制下，治疗专家通过与客户协商，确定治疗目标与支付水平。浮动收费标准深深地植根于组织的传统中，结果，生产力与公平之间的张力关系由于对传统的维持而得以缓和。

　　本章将略述规划这一机构战略的程序，并制定出战略实施方案。首先，我们给出描述中心历史与性质的背景材料；接着，讲述我们怎样对战略管理过程进行阶段性划分并组成战略管理小组（SMG）；然后，我们将提供在战略管理过程的每一阶段所收集的信息与使用的技巧；"后果"部分将总结这一机构如何运用这些观念，并将战略管理融入到组织中。执行官制定出了追求质量、可接受性与创新的综合战略，我们选出与这些要求相匹配的技巧（参阅第 12 章）。

13.1 机构背景

20 世纪 60 年代初，旨在创办一个精神病康复中心的指导委员会成立，中心随之诞生。在两年内，五个县以指导委员会会员的资格参与这一中心的活动。中心创办两年后，就开始为五县管辖区域内的人们提供精神病康复服务。1969 年，基于州的资助，中心创建精神病康复与弱智服务的延展服务项目。1975 年，一项征集精神康复税的法案通过，肯定了中心的发展和它为客户提供的持续不断的服务。在中心所在地区和全国各地，人们对精神病康复服务需求的认识日益提高。1978 年，中心获得了国家精神病康复协会（NIMH）的专项拨款，用于进行综合服务包的设计。

中心的迅速发展导致向地方社区提供的服务趋于分散化，这有助于确保地方社区通过一个中心管理机构对康复中心的财务与发展进行监督，从而参与到中心的运作中来。NIMH 的资助将中心指定为一个"综合中心"。到 1980 年，它的雇员增加到 130 位专家与救护人员，向 1 500 位客户提供服务。1981 年，两家新的诊疗机构在其中两个县开办；1982 年又增加了一所，1984 年再增加两所。在这期间，一家有 15 个病床的诊疗所也竣工。

中心按照五个县的需求提供服务，并在每一个地方性中心都让社区参与进来，这无疑有助于对地方的需求提供回应式服务，而并非只是确保项目迎合中心的医生与联邦政策制定者的偏好。

中心的生存依赖于志愿者，他们是中心成立的原动力，也为它以后的发展不断提供支持。另外，200 名危机志愿者的力量也是不可忽视的，人们认为是他们向中心所在社区验证了中心的承诺，验证了中心与社区在服务发展与提供上存在的伙伴关系。

致力于向每一位需求者提供最好的服务使中心获得了长足发展。在过去的六年里，中心的病员增长了一倍。另外，还有 18 000 人通过一条危机热线接受服务。

现状

中心的运作依赖于 400 万美元的预算资金。它拥有 120 位专业工作人员，包括心理学家、精神病学家、社会工作者、顾问人员和技师。中心通过 5 个诊所向大约 2 700 位客户提供服务，服务范围涉及病人出院后的护理、成年门诊病人的护理、日间护理、儿童家庭看护、咨询与教育、紧急服务和药物滥用治疗（substance abuse treatment）。

中心将其使命规定为：为社区提供领导与服务，以培养真正的精神卫生。它致力于想方设法防止、降低和减少精神卫生问题所引发的后遗症，认为服务应该面向每一个中心所及范围内的人员，不应顾及那些将人们加以区分的因素，包括支付能力。就中心提供的所有服务，客户与中心之间都维持着高度的信任。

中心向那些精神失常者、药物滥用者和因压力造成不适的人们提供服务。它将服务项目设计得符合各种客户的需求，向试图自杀者、婚姻和经济出现困难的人们以及国内混乱的受害者、遭受强奸或污辱者提供服务，并主要针对吸毒者和酗酒者提供物质滥用项目。中心还大量增加多样化的特定项目，用来帮助难民、儿童服务支援者、失业的照看服务提供者、危难幸存者及其家庭、管教所、贫困者、耳聋人、压力承受者，也帮助那些支持阿尔茨海默症（Alzheimer's disease）患者组织、十几岁的父母、单身父母、处于生活危机中的人们、老年人、处于经济困境的农民和失业者。

中心运作资金有几个不同来源：年收入的 33％来自州的财务划拨和地方税收，XX 与 XIX 项（title）占 12％，病人自费与保险金支付占 6％，儿童家庭看护与 LEAA 占 4％，向地方企业界提供服务获得的收入占 10％。如果构成中心年收入 33％的联邦成套资助被取消，就必须开辟新的收入来源。

中心由多个县组成的一个志愿者董事会实施总的指导与监督，一个政治任命的"648"委员会就精神病康复中心向多个县提供精神病康复服务事项与中心签订合同，并与中心一起，在各县之间配置州精神病康复资金。

动力

生产力的一系列发展机遇激发了中心运用战略管理程序的兴趣：联邦资金的中止、来自其他医院与服务提供者的竞争和收入来源的转移。中心领导者想用更有活力和预测性的方法进行规划，他们力图用注重长远发展和行动导向的程序改善他们的年度规划活动。

在以下的内容中，我们描述战略性地管理该中心、辨别主要参与者和描述所得结果的方法，目的是通过描述怎样实施战略管理和最终的结果，说明战略管理如何做、做什么。

13.2　战略管理过程

一个由组织内部成员组成的战略管理小组（SMG）实施战略管理过程。这 15 个 SMG 成员都是高层管理人员，包括首席执行官、财务总监、主管助理、行政事务主管、研究与教育主管、咨询协调官（coordinator）、四个辅助主管（satellite directors）、康复治疗服务主管、紧急服务协调官、药物滥用联络官和住院病人协调官。外部利益相关者们在战略管理过程开始时的参与使这一过程合法化，并在实施中重新参与到战略管理中来。

在 7 个月时间里，推动者通过每月一次与 SMG 历时 4 小时的碰面会，实施战略管理。图 13—1 展示了这一案例的战略管理活动的几个阶段。请注意关键活动如何重复进行以不断增进 SMG 成员的相互理解（见第 8 章）。

为启动战略管理过程，SMG 投身于一系列活动，并将自身发展成为一个战略

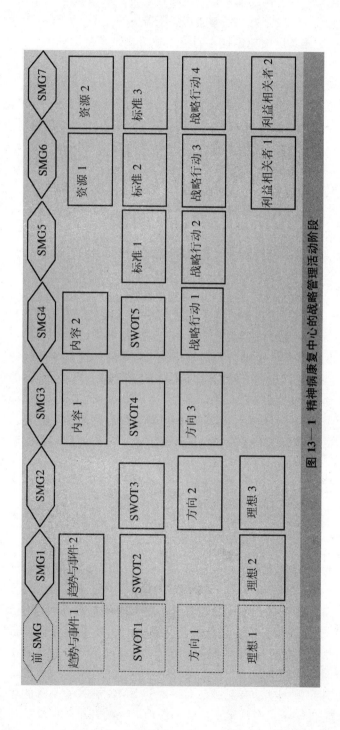

图 13—1　精神病康复中心的战略管理活动阶段

管理小组。明确的时间安排以议程形式排成一个事件列表，交给 SMG。下面就是根据图 13—1 列出的精神病康复中心的事件列表。

会议 1：战略管理方向与背景分析

讨论战略管理过程的目的

界定战略管理

评论与估价形势评估（调查反馈）

评论与估价趋势与事件（调查反馈）

评论与估价理想（调查反馈）

会议 2：形势评估

评论与估价优势、弱点、机会与威胁

评论方向

评论理想

会议 3：战略方向

讨论各议题的关系

对比议题与 SWOT

评论形势评估

确定方向

识别议题

会议 4：战略

评论 SWOT

讨论战略原则

制定战略行动计划

会议 5：战略行动 1

制定战略行动计划

分析战略行动

识别战略标准

会议 6：战略行动 2

整合战略行动

根据标准选择优先行动

识别渠道

识别利益相关者（在各议程之间举行利益相关者见面会）

会议 7：行动与实施规划

测试战略

规划行动

分析利益相关者

评论形势评估

确定方向

识别议题

分析资源

管理战略意旨（implications）

每次会面之前，参与者都会准备好一份明确说明每次会议活动事项的议程。

13.3 第一阶段：历史背景

在第一阶段，战略管理小组识别趋势、关键事件、将精神病康复中心的历史背景特征化的方向和它的理想。通过检验过去的趋势、事件和所强调的方向，他们重新构建对历史的理解。在这一过程中，他们关注的是过去中心如何变化以及将来中心可能会怎样变化。

收集信息

在第一次会面之前（见图 13—1 中的前 SMG），组织使用一种经改良的德尔菲法（见第 9 章）收集描述趋势、事件和方向的资料。然后，用两个星期时间完成第一轮会议，再用两个星期总结结果。

中心向 SMG 成员寄送表 A—1 并要求填写表 A—2（见渠道 A）。工作人员将 SMG 各位成员就每项要求所作的回答进行汇总后，得出最后的结果，这一过程将每位 SMG 成员的回答都与其他成员的答案进行了综合。在最初的见面会上，SMG 运用直接分配技术对每一趋势、事件和方向从 1（最不重要）到 10（最重要）评级（此评分等级见第 11 章），并对评级过程重复进行，以确保各成员都能进行思考并实现信息共享。为了体现分数计总中意见的一定分散性，个人评定的分数还要与描述当前一致结果的平均分数并列在一起。

外部趋势与事件

SMG 要列出在将来三到七年时间内，中心必须正视影响其运行的特定外部趋势与事件。每一成员都要充分考虑经济因素、客户因素、管理因素、技术因素、社会因素、政治因素和人口统计学因素对战略的影响。59 个趋势和事件被识别出来、评定等级并划分为经济的、与使用者相关的和政治的三类。下面列出 SMG 确定的每一大类排在前 5 名的趋势和事件（完整的列表可写信向作者索要）。

平均分	经济事件与趋势
9	1. 联邦资助与征税补助的丧失
9	2. 保险规则对健康服务成本的限制和第三者偿还款项增长势头的停止
8	3. 当要求为服务支付费用时，人们会降低服务消费
8	4. 服务领域入侵与竞争的增加
7	5. 648 委员会要求用更少的投入提供更多的服务

平均分	与使用者有关的事件与趋势
9	1. 要求改善服务
9	2. 投工商业界所好的专业化项目与服务
8	3. 不断增多的无家可归者和这一群体愈益认识到需要精神康复服务
7	4. 中心服务区持续的高失业与低就业导致更多没有消费能力的消费者的出现
7	5. 对社区帮助小组（如对有精神困扰的十几岁孩子的父母提供帮助的小组等的组建、癌症患者和同性恋者的父母提供帮助）

平均分	政治事件与趋势
9	1. 招聘工商界精英作董事会成员
8	2. 州精神卫生部门对向重度精神迟钝者提供的服务的期望值
8	3. 州政府要求不搞重复建设，要更关注机构间的合作与协调
7	4. 药物滥用资助金的使用存在持续的冲突
6	5. 社区反对病人集体住宿

方向

通过对中心过去的运行态势进行特征性的概括，并对这一运行态势的未来发展趋势加以预测，SMG 要识别中心现在的战略方向。每一个 SMG 成员都要回顾过去三到七年内中心发生的主要变化，预测在未来同样时间内中心将要发生的变化，并利用由需要和要求、项目、资源和行政或管理能力四个因素组成的体系，对方向进行分类。最初的反馈信息被归入这四类因素中，以便随后进行检讨。SMG 成员在需要与要求因素类下列出了 22 个方向，以下是前 5 个：

离开	走向
1. 免费服务和向穷人提供服务	1. 更多的与经营或财务相关的活动
2. 工作人员独立性	2. 更多的规则与结构
3. 用单一方法回应基本需求（精神病学评估、药物治疗和顾问）	3. 对目标群体（如出院者、垮掉的女人与男人和需要服务的雇员）的需求作出反应
4. 主要对精神康复体系的雇员所感觉到的需求作出反应	4. 适应多样化需求的综合方法
5. 将治疗作为主要的处理方式	5. 将病例管理作为主要的项目活动

SMG 在项目因素类下列出了 21 个方向，下面是前 5 个：

离开	走向
1. 公共福利与州机构的治疗安排	1. 中等收入、享受保险的在业人员
2. 建立在全体人员突发奇想基础之上的缺乏方向与目标的项目	2. 更加强调特定的目标
3. 资助董事会指定的服务	3. 资助基于特定需求和客户的服务
4. 与其他精神康复机构提供的服务相对隔离	4. 与其他机构进行合作
5. 主要为低收入低功效客户工作	5. 为高功效高收入的客户工作

SMG 在资源因素类下列出了 15 个方向，以下是前 5 个：

离开	走向
1. 落后的物质设施	1. 良好的物质设施
2. 生产力优先	2. 更为看重服务提供的效益
3. 无偿服务	3. 提高收费和更多的资金来源
4. 工作人员具有冲锋陷阵的形象	4. 工作人员具有专业化、守旧的形象
5. 环境稳定、资源丰富	5. 不确定的环境、有限的资源

SMG 在管理因素类下列出了 20 个方向，以下是前 5 个：

离开	走向
1. 自治	1. 增加责任感
2. 散乱的形象	2. 更清晰的形象
3. 在治理与委员会工作中，董事会的角色和任务明确	3. 董事会没有明确的治理任务，而是要向行政人员放权
4. 低层自治的分权模式	4. 上下双重责任的分权而专业化的模式
5. 不同工作人员面对媒介，造成多种多样的公众形象	5. 由董事会、执行官和媒体专家有意识塑造的中心整体形象

理想

　　第一阶段的第三项也是最后一项活动是，SMG 成员在对趋势、事件和转型方向的分析仍记忆犹新时，对精神病康复中心未来五年或更长时间的理想化形象提出设想，描述构成他们所认为的理想组织的属性。

　　遵照用于 SMG 第一次会议（见图 13—1）中分析趋势、事件和方向的程序，SMG 填写表 A—4。展望未来，SMG 确定了 14 个属性，从而将中心所有可能出现的美好景象都予以特征化。这些属性被整合后，得到下面的看法："在确保客户对需求的敏感性和维持向所有人提供高标准服务之间寻求分权和集权的平衡；在收入来源（第三者付费、自费、征税、州资金和工业合同）之间寻求财务平衡；在住院治疗、家庭看护、日间照看、疾病治疗后的照顾调养（aftercare）、EMC 所、门诊病人顾问、危机和教育项目之间寻求资源配置的平衡；在发展医疗技术以维持、提高医疗处理质量与使用外部项目之间寻求平衡。"

SMG 还识别出 14 个属性，将中心所有最坏的可能性都展示出来，这些看法是："失去平衡，机构被引向这样的境地：决策集权化、服务范围与消费者范围狭窄化、因繁文缛节而没有时间提供服务以及为满足财务动机而背离优质服务。"

解读信息

SMG 注意到联邦资金下降等的外部趋势与事件，提高了控制医疗保健成本的需求，也促使董事会强迫中心提高生产力。为此，SMG 将中心的方向调整得适合需要与要求、资源、项目与服务和日常管理实践的情况，更确切地说，SMG 正视了从免费服务的传统模式向定量配给服务转变的要求。中心的 SMG 观察到，中心过去使用资源的典型方式是修建设施，他们认为，将来不应再进行新的建设，而应充分使用那些已有设施。SMG 认为，中心必须从为穷人提供非专业化的服务转向为工商业界提供专业化服务，从反应式规划转向期望定位式规划，从以工作人员的医疗倾向性为基础的管理转向组织生存管理。

精神病康复中心的 SMG 认为，中心的理想是实现单个客户的需求和为所有人提供高水平的服务之间的平衡，实现各收入来源之间的平衡，寻求资源在多种多样的项目之间进行配置的平衡，以及寻求医疗技术开发和使用外部项目之间的平衡。组织的理想化图景展示了将要成为议题的各相反力量之间存在的张力，同时也提供了一个目标，这一目标是一种对实现期望结果的活动进行评估的方法。

SMG 成员利用方向和趋势重新构建了组织的历史，据此检验了他们最初的想法，并利用理想将组织的规划视线向前推进了一步。这些信息是用调查的方法向每一个 SMG 成员收集的，调查结果汇集后反馈回 SMG，以便在会议上加以讨论与修改，经过讨论，SMG 形成了对组织历史与理想未来的一致理解。

13.4　第二阶段：形势评估

通过对历史背景的探究，SMG 理解了中心的过去和它的理想未来。在下一阶段，SMG 要考虑组织当前最紧迫的形势。为了确保这一阶段的实施，SMG 识别了组织现在的优势与弱点和它未来的机会与威胁，并对这些方面的情况评定等级。

收集信息

在第一阶段用来收集信息的经改良的德尔菲调查表中，包括用于收集有关 SWOT 信息的部分，而在前 SMG 的调查活动中（见图 13—1），则要用到表 A—5（附录 A）。第一阶段的步骤完成之后，紧接着就要评定信息的等级，并进行总结。

在几次会议上，SMG 都重复评定 SWOT 的等级（见图 13—1）。讨论与评级有助于实现信息共享，促使 SMG 成员间达成一致意见。同时，个人投票情况都列在等级下面，以注明 SMG 成员之间的意见分歧。

大多数 SMG 碰面会，都要对 SWOT 进行数次的等级评定。在精神病康复中心的案例中，对 SWOT 的一致意见是在经历了五次重复思考之后才出现的。在某些情况下，寻求对 SWOT 的一致意见比本案例花费的时间要少，比它花费更多时间的情况很少。

在新战略的实施中可能会受到内部活动或政策影响，但又必须动用的技能、独特竞争力、能力、竞争优势或者资源组合成的优势。SMG 确定了 74 个优势，并对它们评定等级。在等级序列中，10 代表最强，1 代表最弱。请注意这些优势的优先性是如何在讨论过程中发生转换的。以下列出的是排在前 5 名的优势：

平均分数	优先性新	旧	优势
9	1	20	多样化的项目与综合服务
9	2	13	当前的财务状况
8	3	4	合格的治疗师与医护人员和他们对卓越服务的追求
7	4	18	积极的、起支持作用的董事会以及董事会成员的良好关系
8	5	54	社区的关键领导特别是立法者和政府官员的支持

组织缺失而为了实现战略转变又必须克服的困境就是组织的弱点，这些困境体现在技能、独特竞争力、能力、竞争优势或者资源方面。SMG 共列出 64 个弱点，以下是排在前 5 名的弱点：

平均分数	优先性新	旧	弱点
8	1	8	不完善、复杂、混乱的票据处理系统不合时宜，能力欠缺
7	2	12	即将失去公共资金和低额的第三者补偿支付
6	3	6	欠缺精神病学领域的领导能力
6	4	26	在资源缺乏时，工作人员不知道如何运作
5	5	35	与内科医师的关系不好

利益明确且通过一系列的正确行动就很可能实现这些利益的形势构成了组织的

机会。SMG 识别出了 47 个机会，以下列出的是前 5 个：

平均	优先性		机会
分数	新	旧	
9	1	3	第三者和当事人年收入的增长
9	2	7	专项征税法的通过
9	3	18	在业（有支付能力）人员对服务的使用量增多
9	4	2	工业项目
8	5	5	将组织发展成社区内不可或缺的机构，增加认可度，提高声誉，增强与州政府的相互信任度

如果不采取行动，某些形势会引发对中心未来不利的后果，这些形势构成了组织的威胁。SMG 确定了 43 个威胁，以下列出的是前 5 个：

平均	优先性		威胁
分数	新	旧	
9	1	1	648 委员会的怪异行为
9	2	2	随后两到三年内既定的联邦成套资助的中止
9	3	12	丧失地方专项征税的支持（五县行政长官在专项征税百分比上的斗争）
7	4	16	对重症者护理项目的支持率降低
7	5	27	有服务支付能力的人们存在漠视地方医疗机构的倾向

解读信息

SMG 认为精神病康复中心的优势包括服务多样性、当前的财务状况和合格的临床医学家、工作人员，以及领导人员和管理部门的高水平。他们感知到的弱点包括：不适当的票据处理系统、对不确定的公共资金的依赖、中心从第三者支付中获取的收入偏低，以及由于医疗主管职位长期空缺导致的在精神病学方面领导能力的欠缺。至于未来的机会，SMG 成员相信，他们可能会增加来自第三者的收入、确保一项专项征税法的通过、增加为工业界提供服务的合同，并向新客户进行积极的服务推销。他们认为，威胁来自于联邦成套资金的逐步削减；来自于他们能够使县董事会写在选票上以获取投票人支持的专项征税额的有限性；来自于 648 委员会任意改变优先性以及健康保持组织对精神病康复资金的严格控制。

SMG 做出的形势评估，坦率地面对来自于中心所面临的压力中的不同意见。第一阶段对历史的回顾和第二阶段实施的形势评估，使 SMG 有可能正视中心的弱点与威胁，而不是怨天尤人。摸清优势，则有助于 SMG 看到组织所具备的能力，从而强化他们在管理弱点与威胁时的竞争意识。理想化的程序激发了在理想的方向指导下，更为积极地寻求机会。前两个阶段强烈要求充分理解必须加以管理的核心议题，下一阶段则展示这一要求是如何实现的。

13.5 第三阶段：问题议程

我们将议题界定为一种困难，它对组织获取理想化未来的能力具有重要影响，而且人们对它的反应也不可能是一致的。对于一个组织来说，议题可以是内部的，也可以是外部的，或者同时涉及内、外部。

典型的情况是，公共和第三部门的 SMG 会为了进行积极的管理而找出四到七个具有高度优先性的议题，并构成一个问题（议题）议程。组织及其环境的变动特征使我们确信，在一两年之后，战略问题议程将随着新条目的进入和旧条目的消失而发生变动，因此，正如在第 8 章中所讨论的，SMG 应该对它的问题议程定期进行检讨与更新。

收集信息

议题表明 SMG 要摆脱先前行动的内容与程序。第一和第二阶段强调历史，即找出作用于组织的力量并达成一致意见，第三阶段则通过对这些关注点的处理将视线引向现在。我们使用 NGT（见第 9 章）发现议题，用在第 5 章和第 6 章中讨论的关于张力的观点建构议题，用直接分配法给它们定级（见第 11 章）。在使用 NGT 时要用到表 A—6（见附录 A）。

SMG 使用 NGT 找到了 30 个议题，以下列出的是前 6 个：

等级	平均分	议题
1	8	在满足支付能力较低者的需求的同时，扩大有支付能力的消费者数量
2	7	保持财务稳定
3	6	在票据处理系统的开发中吸收商业理念和专业价值观（浮动收费标准）
4	6	设立不受 648 委员会控制的新机构
5	6	为日益增长的生产力要求配置有限的医护人员
6	6	吸引并留住合格的医护人员

依据将中心拉向或推向多种方向并使其偏离未来理想形象的性质，SMG 将这些议题归入相反的力量类别，这些力量辨识出了作用于组织的潜在压力。这种议题表达的模式表明，组织内或组织与外部行为者之间存在极端对立的或相反的力量，人们必须对议题进行检验以发现其背后的张力。经讨论，发现了 6 个议题张力：

1. 内含商业与人道主义价值观的票据处理哲学（如，根据浮动收费标准实施服务收费）。

2. 在寻求新的收入来源时，维持财务稳定。

3. 在满足系统对新服务的要求的同时，留住合格的医护人员。

4. 生产力要求与专业人员所持的高质量看护的价值观。

5. 新的冒险对中心的旧利益相关者形成的威胁。

6. 对收入的需求和应对无支付能力的服务使用者。

依照第 10 章中所描述的程序，这些议题被两两对比，以确定这些议题的优先性和它们之间的生产者—产品关系。图 13—2 和图 7—3 就是对比结果。

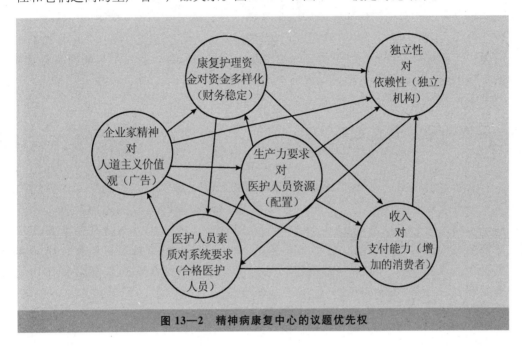

图 13—2　精神病康复中心的议题优先权

解读信息

为所有人服务而不管其有无支付能力的人道主义价值观和服务收费中所需的商业化方法构成了根本的张力。通过将议题构筑成相互对立的力量组合，并正视历史环境和对形势的评估，SMG 成员感觉到很有必要调和这些互相矛盾的压力。第二个议题是与中心的财务稳定有关的，涉及降低健康及护理补助的压力和在资金短缺的情况下对多样化资金来源的需求，这一议题再次要求找到调和这两大压力的方法。第三个议题关系到保持优质服务，同时，也要在与客户交往过程中实现更高的生产力。另一议题的产生是由独立性与依赖性之间的张力导致的，产生这一张力的三个因素是：中心对 648 委员会财务支持的依赖、648 委员会可获得的资金预期要减少（源于委员会支配的联邦补助的减少），以及中心通过新的冒险有可能获得独立的资金。图 7—3 表明这些议题是怎样互相影响的，这使得它们成为寻求战略行动过程中的焦点。

在一次会议上，SMG 识别出这些议题，对它们进行讨论，并评定等级。在下一次会议上，SMG 则为管理者挑出了排在最前面的议题，这一议题是：调和人道主义与商业价值观。图 13—2 用优先性关系确认了这一选择，在优先性关系中，这一议题比其他议题更为重要。在考虑营销和资金议题之前，必须管理好票据处理议题。

问题议程通常在第三或第四次会议上设立，这标志着这一过程走到了转折点。在其他的会议中很少再关注环境，而更为关注找到管理关键议题的根本性行动。应该注意的是，战略思考无须有明确目标的引导，而要求参与者对历史进行重构并形成理想，并以此作为目标建构期望的未来构图。转而关注当前正发挥作用的张力，使得 SMG 能够设立一个现在就可加以管理的问题议程，而非寻找一个在将来某一时间点才能获得的目标。一个关系网络（见图 13—2 和图 7—3）不是朝向抽象目标的直线运动，而是战略管理行动最为关注的内容。

13.6　第四阶段：备选战略

战略管理小组从要处理的最为重要的议题开始，依次为议程上的每一议题确定可能的战略。处理每一议题时，SMG 都要检讨在第四阶段所列出的优势、弱点、机会与威胁，以便确定哪一组 SWOT 组合与议题是相关的，并借此发现那些被忽视的议题。不同的议题导致不同的 SWOT 组合和每条项目在组合中的不同等级。改变 SWOT 的优先性能够使战略管理小组看清中心里正在发挥作用的复杂动力。在 SWOT 的引导下构建行动理念，有助于中心控制组织内的复杂动力。

收集信息

SMG 要寻找出导致议题产生的组合力量。票据处理系统的哲学观这一议题要求调和人道主义价值观与商业现实。优势、弱点、机会和威胁暗示要对造成新的票据处理系统的哲学观议题予以关注。

为了确定战略行动，SMG 成员拿到了处理议题的工作表，与议题相关的优势、弱点、机会与威胁被列在旁边（见附录 A 中表 A—7）。他们要考虑我们已经确定的关于未来的理想；提出明确的行动建议，使我们能够管理下面描述的议题，从而增强优势、克服弱点，开发机会、挫败威胁。在这一过程中，SMG 必须发现或创造涉及所有这四个方面的行动。

图 13—3 是交给小组成员的有关票据处理系统哲学观议题的工作表，它与第 7 章中所描述的默写并用。这就要求有两个小组，两个小组的 SMG 参与者各自列出行动内容，然后，相互交换表格并添加新的想法。这一过程将一直持续到所有成员都传递过表格，并且没有可以再添加的行动为止。对于结果的列举不分先后。然后，SMG 成员对它们进行讨论并排序。以下是第一组提出的有关战略行动的 22 个

想法，它们带有 SWOT 编码，并注明了优先性：

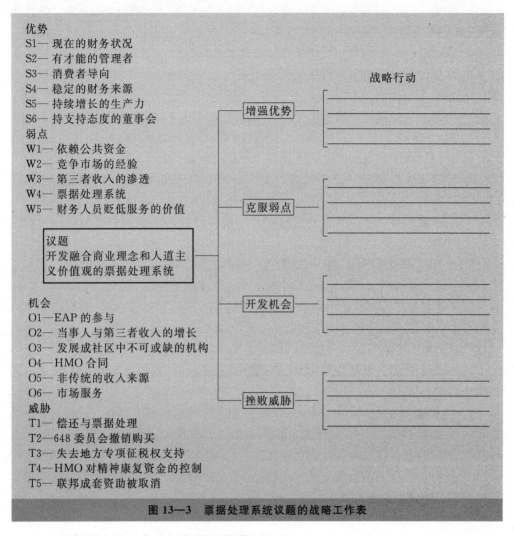

图 13—3　票据处理系统议题的战略工作表

1．确保所有的工作人员都关注收费。(W4)

2．支持 648 委员会的说服战略以获得人们对专项征税权的支持。(T3)

3．同客户、保险公司一起，利用具有代表性的服务，宣扬服务的价值，鼓励服务消费。(O2)

4．唤起消费者与其家庭的支持与帮助，以教育公众。(T3)

5．雇用专职的募资人（fundraiser），其收入根据募集资金的数额确定。(T5)

6．支持对第三者保险范围事项的游说活动。(T1)

7．在所有地区的战略管理引导活动中，对第三者市场加以识别，并区分优先次序。(W3)

8．招聘优秀的票据处理工作人员。(S2)

9．发表有影响力的声明，激发人们设想取消服务的后果。(T3)

10．识别竞争者，并在竞争开始之前寻求合作。(W2)

以下是第二组为战略行动提供的 27 个想法中的一部分：

1. 让每一个临床医师对其服务定价（W1），然后集中回答这一议题："是什么确保你拿到机构支付的全部薪金？"（W2）

2. 以收取的费用为基础发放年终津贴或奖金。（S1）

3. 以缺失的收入数字，提醒临床医师关注收费需求并回答客户有关收费的议题。（O1）

4. 为无力支付者提供储蓄资金以取代销账体系。（T4）

5. 建立报告制度，向临床医师们通告他们挣得的钱数。（W3）

6. 雇用财务顾问帮助客户处理预算与理财问题。（S2）

7. 消费者在每次就诊之后付费，票据处理和费用可因服务的不同存在差别。（T2）

8. 为开展收费工作，从成功的医疗所雇用顾问或者从健康保持组织雇用行政人员。（T3）

9. 费用用作临床医师对客户实施治疗的手段。（T4）

10. 建立"利润中心"，负责确定收入占总预算的比例。（T5）

战略是由具有共同主题的行动理念组成的。为了确定这一主题，SMG 要为每一组行动贴上标签。主题可以从启动新项目、识别后果与结果中产生，也可以在描述过程时产生。用滚雪球的方法可以抓住主题。以下就是浮现出的主题：

1. 资助金：提供大笔资金取代治疗前的同意支付，并发放表格，为额外所需的治疗寻求补偿金。

2. 售卖与营销（sales and marketing）：创造性地运用媒介力量，以便与工业界签订多年服务合同，向保险公司推销服务，通过宣传服务价值赢得消费者支持。

3. 合同程序：让临床医师参与合同谈判。

4. 所有权：获取消费者支持和合作资金，服务使用要从遵循计划书走向强调需求，而且要强调双方的需求。

5. 引导性收费：确定最先从第三者市场开始。

解读信息

精神病康复中心所选择的战略，源自于它要改变过去在服务收费方面的实践模式。以前，精神病康复中心的收费标准根据客户的支付能力确定，每一位临床医师都与每位客户商定费用额。这种协商有助于临床医师为那些低收入者提供对他们意义重大的服务，但是，它也导致中心对具有相似资源与困难的客户收取不同的费用，福利机构和保险机构将这种实践模式称为浮动收费标准。这一收费标准对中心产生了两个影响，一是无法得到第三者的偿付，除非服务提供组织实施固定服务收费制，否则，许多福利机构和保险机构拒绝偿付；二是浮动收费使许多客户将精神病康复中心提供的服务看作是免费的：完全由公共资金支付。预期的联邦拨款缩减将导致中心从这些资金中获取的支出补偿从 80% 下降为 50%，从而将中心置于财力不支的境地。

　　SMG 选择了资助金战略，所谓资助金是由中心承担客户护理费的一部分，这部分资金由公共资金支付。但是，在住院期间，客户要帮助中心确定他们怎样用多种渠道（如自费、保险、医疗补助计划等）支付剩余的费用，并授权中心向这些支付人收取补偿金。这一战略导致了固定收费制的出现，有助于精神病康复中心向福利机构和保险机构积极收费，而又不向低收入者收费。它使得中心在提高收入的同时，又维持了服务的人道主义本质。在选择了要实施的战略后，SMG 进行了实施前的可行性评估，从而进入了一个新的阶段。

13.7　第五阶段：可行性评估

　　区域性的精神病康复中心的运作环境是相当复杂的，引入一个深思熟虑的新战略并不仅仅意味着消费者将可以购买什么样的服务。它除了要考虑客户或消费者和雇员对变革的看法之外，还要顾及新战略在政治、财务、法律方面所隐含的东西。为了对这样广泛的内容加以考虑，SMG 采取了两个步骤。第一步，利用利益相关者分析法进行广泛的讨论，内容是：谁将受到新战略的影响，以及其他力量可能会如何影响成功的实施过程。对于资助金战略，将要施加影响或受到影响的特定力量被识别出来，以确定在这一战略中具有政治、财务、管理、专业或其他利益的人和组织，并预测在宣传和实施资助金战略时，他们会有怎样的反应。第二步，确定战略实施所需的资源。对此的分析要超出财务因素，考虑到政治的、法律的、管理的、专业的和其他资源，还要考虑谁能使用这些资源。

　　利益相关者和资源分析弄清了在中心与它的利益相关者之间必须存在或者确定的共同责任，当然，如果要保证战略实施成功，还要弄清资源提供者必须承担的责任。这种责任感的培育由高层管理者负责，操作性、技术设计性活动以及战略的实施就授权给其他人员。

收集信息

　　精神病康复中心的资助金战略要求实现从免费服务政策向更为积极的收费态度的转变。资助金承诺支付部分护理费用。但是，客户必须帮助中心找到支付其余费用的渠道。

　　时间与资源的限制要求中心寻找具有最大优先性的利益相关者。首先，SMG要为资助金战略确定利益相关者，为此，SMG 考虑了服务的使用者、主要的支持者、合作单位、服务提供者等。它用表 A—8（见附录 A）列出所需的信息，在第六次会议（见图13—1）上收集信息，并用 NGT（这一方法在第 9 章中介绍过）加以管理。在这一步，SMG 列出了利益相关者和他们在战略中的利益。

列出名单后，SMG 要根据利益相关者的重要性，用表 A—8 对其排序。在排序时，还要注意到利益相关者的利益性质和他们是来自于组织内部还是组织外部（排序过程在第 7 章介绍过）。在对利益相关者排序时要用到直接分配法（见第 11 章）。

为了给利益相关者的态度评分，SMG 成员要找到最有可能支持资助金战略的利益相关者，并给他们评＋5 分；然后，给最可能反对这一战略的利益相关者评－5 分，中立的利益相关者评 0 分，其他的则使用这些标杆（anchors）评分（见表 A—9）。

对这一议题的态度

（－5＝反对　＋5＝支持）

内部利益相关者	优先性	平均分
精神病康复中心董事会	#4	1.50
精神病康复中心管理层	#1	4.00
基层主管	#3	2.58
临床医师	#5	0.83
护理人员	#6	0.75
票据处理人员	#2	3.42

外部和内部利益相关者

客户		－0.75

外部利益相关者

648 委员会	#9	－1.83
648 工作人员	#8	－1.67
州精神康复部	#7	－0.67
地方政府、州政府官员	#5	－0.5
仲裁机构	#3	0
整个社区（纳税人）	#4	－0.33
C&E 签约方	#6	－0.58
保险公司	#1	－1.17
反精神病康复压力集团	#10	－2.17

为了给利益相关者的重要性打分，SMG 成员要找到最重要的利益相关者，并给他们打 10 分，然后找出最不重要的利益相关者，并给他们打 1 分，其他的利益相关者则根据标杆打分。被评定为 5 分甚至更少的利益相关者就是无须正式接触的利益相关者（见表 A—10）。

重要性

（1＝最小　10＝最大）

内部利益相关者	优先性	平均分
精神病康复中心董事会	＃2	8.75
精神病康复中心管理层	＃1	9.08
基层主管	＃3	8.00
临床医师	＃5	7.58
护理人员	＃6	5.83
票据处理人员	＃4	7.83

外部和内部利益相关者

客户		5.92

外部利益相关者

648 委员会	＃2	7.17
648 工作人员	＃3	6.67
州精神病康复部	＃5	4.50
地方政府、州政府官员	＃8	3.67
仲裁机构	＃7	3.83
整个社区（纳税人）	＃9	3.67
C&E 签约方	＃10	3.50
保险公司	＃1	7.25
反精神病康复压力集团	＃6	4.33

像利益相关者一样，资源也被用同样的方法排序（见表 A—11 和表 A—12）。

解读信息

　　排序帮助中心认清了利益相关者力量的大小和类别，这些信息暗示每一利益相关者对战略所需的行动能发挥多大的影响作用。中心确定了每一利益相关者的重要性和态度（支持、中立或反对），并据此对利益相关者进行分类（见图 7—7）。排序之后，利益相关者被归入低优先性的、反对的、有问题的和拥护者四类，这就为下一阶段做好了准备。

13.8　第六阶段：实施

　　我们的实施方法是要应对转向资助金战略引发的广泛关注，并非是为实施新的票据处理程序提供措施。为此，我们设计了用来控制和评估利益相关者的预期行动的项目。

SMG 对每一类利益相关者进行估价。首先，确定每一类利益相关者的数量与比率；然后，分析利益相关者支持或反对的程度，并确定每一类利益相关者的同质性和合作前景；最后，识别出中立的利益相关者，将他们作为游说的目标。

计划

在这一时刻，对战略管理程序的控制权被转交给精神病康复中心的首席执行官 (CEO)。CEO 用图 7—7 为精神病康复中心和它的资助金战略识别利益相关者。归入反对类的利益相关者的重要性说明需要慎重考虑战略的实施。CEO 首先接触那些接近于中立态度的利益相关者（客户），试图将这些人争取过来。中心召开了公共集会，让客户参与到对这一议题的充分讨论中，恳请他们提出有关丧失的收入来源的替代方法的建议。

许多外部利益相关者是未决的利益相关者，为此，中心最初的战略实施避免过早地吸引人们对资助金战略的关注。CEO 也对这些利益相关者进行了估计，以确定在他们中是否存在联合的可能性，以及这种联合对资助金战略意味着什么。例如，州的精神病康复部和地方政府之间存在联合的可能性，CEO 便采取措施减少政府官员的担忧，向他们保证精神病康复中心并不想从地方政府获取资助，然后，通过大众传媒对整个社区进行教育。这时，战略实施就转向了行业签约者，中心发表言论试图转变这些利益相关者的态度，即使不能将他们转变为支持者，至少也要转变成持中立态度者。接着，中心做好了对付 648 委员会成员和它的工作人员的准备，由于 648 委员会被授权为精神病康复中心使用州的资金订立合同，因此，必须设法得到它的支持。这些潜在的反对派利益相关者是实施中的重大障碍。

中心预计到肯定会出现反对放弃浮动收费制的意见，便扶持反对意见，还制定出一个对策。这一对策设计了多种行动（如减少服务等），一旦相当大比例的服务成本不能得到补偿，就不得不采取这些行动（见第 10 章）。中心要分析其当前的成本构成，这种成本构成展示出不同的目标，通过这种分析中心可以将多种不利的可能性与不同的目标联系起来。比如，联邦资助被削减后，中心的收入将只能补偿支出的 50%，因此，中心必须根据 50% 的水平、65% 的水平、95% 的水平，制定明确的方案，它们分别代表了当前难以为继的局面、有麻烦的局面和好的局面。精神病康复中心提出的资助金战略，其实是一种在保持精神病康复服务的人道主义本质的同时又确保中心生存的出路。

行动

SMG 发现服务中的票据处理和服务提供的人道主义之间存在张力，并将它作为最重要的议题进行管理。这一议题张力表明在制定任何战略时都需要处理公正与收费问题，为此，中心提出了资助金战略，它为管理票据处理和提供人道主义服务之间的张力提供了一个双赢的方法。根据这一战略，客户拿到了资助金，其数量根据他们的财务情况和需要进行的治疗确定，作为附加条件，他们要说明自己是否投了保险，并授权中心从其他渠道如福利机构寻求补偿支付，从而使中心先前丧失的收入得到补偿。通过一段时期的固定收费和延迟支付，浮动标准观念得以保存，同时，从联邦和州获得补偿也有了可能性，这些安排也将授权给专业人员做出收费决定的传统保存了下来。

这一战略管理程序彻底改变了精神病康复中心的面貌，凭借这一新的面貌，中心雇用关键的执行人员，向董事会提出了挑战并对其重新定向，还在精神病康复业的兴盛时期与多样化的雇员进行沟通，加强了凝聚力。外部利益相关者的理解帮助中心塑造了与 648 精神病康复委员会的新关系。中心曾经面对 "648 委员会的怪异行为" 的威胁，以上行动则使权力中心与 648 委员会的关系走向成熟，648 委员会已经认识到中心经常会改变议题的优先性，从而采取各种措施逐步调整其关注点和议题的优先性。

中心制图学式的市场规划取得了相当大的成功，它还将开办一个成人集中治疗中心，以帮助那些从州医院转回社区的病人。而且，为了推销中心的产品，他们已着手在组织中设置一个销售职位。

13.9 重塑问题议程

经过这一轮的战略管理过程，精神病康复中心的问题议程上还有五个议题需要考虑。我们帮助战略领导者测试那些没有被 SMG 发现的议题，并利用第 5 章和第 6 章中的构架确定问题议程的包容性。

如下所示，议题被加以分类：

生产力—公平

商业的对人道主义的票据处理系统

提高生产力的要求对工作人员要求优质服务

收入对使用者支付能力

转变—生产力

新的经营模式对资金稳定性

转变—公平

新服务对保存合格工作人员

转变—传统

新冒险对中心的独立性

对这一列表的检讨意味着中心能够预见生产力—公平张力，并在没有将这些转变付诸实施之前，认识到预期的转变将会产生的影响。在第一轮战略制定过程中，促动生产力发展的事件（失去联邦资助）是与公平相联系的，许多剩余的议题也关系到公平观，这些议题包括使用者支付能力和掌握服务提供条件（为最贫困者和最有利可图的人提供服务）的临床医师的能力。

预算缩减（生产力）激发了对未来的关注，而主要由临床医师组成的 SMG 却将生产力理解为一种公平张力。处理公平议题需要采取收入丧失的替代行动，而 SMG 不愿考虑与传统和公平没有联系的转变，因此，其他需要考虑的转变议题都与生产力有关。

处理议题的框架表明需要对所忽略的议题进行检查，这些议题在第一次尝试发现议题并找出隐藏在议题背后、值得关注的东西时，遭到漠视。例如，公平—传统张力暗示人们，需要考虑临床医师对服务条件的控制是否会影响到可接受服务的人数，从服务使用者的角度来看，这一情况会影响到公平。在第一次问题议程中，传统—生产力的张力也被忽略了，这一张力暗示精神病康复中心可能拘泥于某些行事方式，难以启动新的具有商业精神并能提供精神病康复服务的机构，因为这一新的客户来源可能会限制临床医师在决定服务条件和服务提供时的自由。

为了形成一个新的问题议程，建议战略领导寻找那些详细说明了传统的事件和那些引发了每一个传统的议题；然后，将调查导向发现隐藏在公平—传统和传统—生产力张力中的议题。在完成了这一调查寻找之后，就要形成并分析新的问题议程，以便在为下一轮战略发展确定优先议题之前发现议题之间的关系。

这一方法表明，最初的问题议程反映出组织存在着盲点，但是，这些最初的行动都一定会处理那些所感觉到的关键性价值观。资助金战略允许精神病康复中心处理由生产力威胁引发的公平问题，然后，机构就有能力处理传统问题，而先从传统入手将会导致抵制。随着这些反对的中立化，问题议程被更新，从而继续进行战略开发。

13. 10　后果

精神病康复中心建立时，外部控制较强、内部能力较弱。从历史上看，外部控制起源于为治疗各种精神疾病而接受支付的排他性特权，为了维持这些安排，中心形成了有节制的组织政治形式（见图 4—3），其战略的重点就是维持中心权力关系网，这个权力网确保中心能够获得州和联邦的成套资助，以满足中心的预算要求。但是，预期的联邦资金缩减，迫使中心从一个政治组织转变为一个受挫的组织。

在中心寻找出路应付缺失三分之一收入的困境的过程中，外部的控制也消失了。中心的领导者认为，需要采取更为积极主动的行动，为此，他们设法提高内部竞争力，并为达到这一目的而试图取代外部控制。

中心曾在一种平静的环境中运营，它的客户的要求得到了联邦法令的保证。地方也曾通过专项征税法案，以扩大中心治疗的范围并对贫困者提供资助。中心一度精于操纵它的监督机构，使这些机构成为中心的拥护者，为中心提供排他性的特权以应付五县区域内需要精神病康复服务的人们，并在表决通过地方征税法案时提供帮助，这些征税法案为贫困者和其他人提供了承诺支付。根据这些条件，中心采取了官僚战略，它引导中心对州和联邦关于财务支出（见图4—1）的法令作出战略反应。至于服务提供条件，则交由治疗专业人员决定，专业人员的决策权扩充到可以决定以下问题：要有多少日常费用应该根据每一客户的情况而变动。

预期的联邦资金削减使中心的环境从平静转变为动荡（见图4—1）。中心管理者认识到必须改变官僚战略。中心需要获得新的收入或对预算进行大的削减，或者在削减预算的同时，寻找新收入。扩大收入要求有新客户，要求有对待新冒险的更为超前的姿态；削减预算则要求对那些有可能破坏将来的征税前景的客户群进行严格选择。由于中心要回应由新的变化产生的要求，因此，出现了适应者战略（见图4—1）。

中心要寻找对其环境中的两簇重要因素进行管理的方法，也就是要管理维持州和地方政府的资金提供与进行新冒险的关系，这两者都有特定的利益与要求，并且，二者总是不能相互补充。中心相信，新冒险可能会引致低需求的服务，这些服务能迎合地方雇主对精神病康复问题的理解和他们的公司对这些服务的需求（如压力管理）。而这些新的主动精神可能会导致那些高需求低收入的服务的出现（如为可以教化的智障人士提供服务）。处理诸如为可教化的智障人士提供服务等的议题，可冠以坐鸭这样的术语（见图4—2）。中心为可教化的智障人士和其他关键客户服务将产生一些问题，由于这些问题的存在，中心可获得实质性的进步和强大的公共支持，正如地方专项征税的成功所显示的那样。更加前卫的服务（如为强奸和侮辱的受害者、艾滋病支持小组提供咨询）源自于那些可称为怒虎的议题，接受这些服务的客户可能会宣扬他们的需求和获得的服务的质量。这些群体中的成员觉得，忠实于某一特定护理方式既不合适也不必要。而且，有些客户曾经有过对健康及护理人员进行严厉批评的经历，他们的宣扬可能会将中心精心打造的形象破坏掉。

SMG识别出的要优先加以管理的几个议题张力列在下面，它们被组合归类，并在括号中给出其最初的优先性。

黑马

票据处理对免费护理的张力（1）

怒虎

财务稳定对新冒险的张力（2）

合格工作人员对提高生产力的张力（3）

生产力对护理质量的张力（4）

坐鸭

新冒险对中心独立性的张力（5）

收入对支付能力的张力（6）

精神病康复中心选择了黑马即票据处理议题进行议题管理，忽视了坐鸭和有可能成为怒虎的大量议题。对中心来说，为了提高能力，在遭遇怒虎之前寻求新的冒险，可能相当关键。然而，成功地处理了新的冒险议题时，可能已经缓和了财务稳定议题，也已经减轻了处理合格工作人员和支付能力的议题的压力。

第 *14* 章

地方政府的创新

　　这一章描述一个县图书馆的战略管理。促发事件源起于"保存"这一价值观。一项新的税法获得了通过，它以严格的预算削减威胁着图书馆的生存。这个在美国被广泛认为是非常先进的图书馆，想方设法避免其项目和创意被分解。

　　战略管理过程发现了以前被忽视了的存在于保存这一价值观和转变、生产力之间的张力。图书馆发现它当前的项目和能力与在市内和市郊的各种服务使用者之间的配置情况（生产力）存在张力，还与税收征集和要求图书馆拟订出资金配置的新的州法律（转变）存在张力。旧的法律根据一个基于服务人口的公式配置税收，县图书馆拥有最大的目标群体，所以获得了最大的拨款额。几个富有的郊区提议改变这一公式，从所服务人口为基础向流通性为基础转化。这将会从根本上提高郊区的资金配置份额，而图书馆的那些服务于低收入和少数民族孩子的项目则会失去支持。因为，从历史上来看，这些孩子相对较少读书。县政府试图将图书馆办成一个对这些学龄儿童教育的港湾，如果基于以借出图书馆的书来界定的流通性进行预算分配，图书馆的这一使命将变得更难以为继。

　　同时，这一图书馆像县里的其他图书馆一样，正经受一次转型。它的交易系统承受着持续增长的要求的重压，逐次累积起来导致了反应迟缓，从而形成了流通过程的瓶颈。为此，它需要其他的终端，需要对系统进行更新，而且，几个地方的物质设施都已处于临界状态。另外，它还需要建立新的分馆。所有这些都发生在图书馆成功地吸引了前所未有的用户的时候，这些用户既包括少数民族，也包括它先前的用户。

图书馆设置了"求助线"和"清晨备忘录"信息系统，在电子邮件成为新奇的事物之前，它们被认为是美国最好的方式。清晨备忘录提醒承担任务（如会面、项目和工作开端）的雇员，并为这些工作人员寄去新书。求助线为各分馆提供受过训练的工作人员，寻找并检修终端，对于保证各分馆陈旧设备的运转来说，求助线是至关重要的。如果实行新的分配公式，预算就要被削减，从而也会威胁到这些系统。

这一章描述图书馆构造项目和资金战略的过程，并提供描述图书馆历史的背景；然后，描述 SMG 和战略管理阶段，并介绍从每一阶段中所获得的信息。"后果"部分对图书馆怎样使用这些观点、如何使战略管理成为它的日常管理的一部分进行归纳。图书馆馆长挑选了一个高品质的综合战略以寻求质量、创新、接受性和保存，我们则挑出相应的技术以识别和整合与这些要求相匹配的信息（见第 12 章）。

14.1　组织背景

图书馆系统包括一个很大的主馆和 20 个分馆，总藏书 2.5 万册。它服务的县人口为 87 万人。去年，分馆的总流通量为 350 万，借阅次数达 260 万，并有 2 800 个注册用户。流动书亭和为医院、家庭、监狱提供的服务使分馆得以扩展，延伸至没有分馆或者对超出服务边界的服务有着特定需求的区域。人均借阅次数和流通次数最大的分馆坐落在郊区，最少的在市里的低收入区。在相当大程度上，各分馆的规模和设施新旧程度各不相同，它们试图保持服务与流通率（流通与藏书的比率，是实用性的衡量标准）和借阅人次的一致性。如果分馆的流通量超过了 12 万，借阅人次超过 10 万，并且注册的借阅者超过 8 000 人，就被特指为"大"图书馆。所有的分馆都追求这一称号，因为大分馆以每周 57 个小时配置工作人员，相比之下，小分馆只能按照 40 小时配置人员。

历史发展

1873 年，图书馆开始提供服务，即在旧的市政厅里提供杂志和报纸服务。1907 年，新的主馆开业，提供公共会议室。1908 年，一个妇女音乐俱乐部慷慨地捐赠了一批音乐书籍，同年，实施了第一个视听项目，它促成了 1950 年的一个视听分部的设立。1937 年，图书馆开始收集盲文书籍，并在 1968 年将其捐赠给市教育委员会。微缩胶片的收集始于 1948 年，1974 年增加了照片和图书邮寄服务，一年后，又创办了录像工作室的服务。1978 年买了第一盘录像带，同年开创了报纸与杂志分部。1981 年，创办了可视书籍周转部。

为了支持它的多样化服务和不断扩充的收藏，图书馆进行了许多值得注意的行政创新和项目开发。1928 年开始设立分馆，这使得图书馆完成了向两个中心城市和两个边缘村庄的扩展。1937 年开办了一个帮助公立学校的图书馆站，并在它们能够承受服务的负担时，于 1950 年并入校图书馆。为医院的病人和留在家中（homebound）的读者提供的服务开始于 1949 年，而第一个图书流动亭在 1951 年投入服务。1975 年开办了一个汽车图书窗口。为低收入家庭的孩子提供的"校外教室"项目开始于 1977 年，同年，又开办了居住地作家项目和旧散文书店。两年之后，首次提供图书的系谱分类。家庭和花园系列则开始于 1984 年。

在这段时间里，大量引人注目的行政服务被添加进来以支持这些创新项目。1963 年添加计算机工资表项目，IBM 信息系统在 1975 年开始运作，并开辟了通向分馆的电脑化交流。图书馆在 1975 年扩展到城市以外，成为一个全县性的图书馆，这一变化为其带来了一个名为图书馆之友的新的支持团体，它联结着新用户和新的服务区域；这一变化使图书馆获取了提供投票人注册和其他的社区服务的权利。1978 年图书馆安装了自动化的快乐主人流通系统（automated gaylord circulation systems），用以应付因服务区域扩大而导致的使用需求的急剧增长。

为了推动这些项目的实施，图书馆做了大量工作。《根》的作者亚利克斯·哈雷（Alex Haley）为一个扩大了的中心城市分馆应作出的贡献定下了基调。对低收入区特别关注的著名儿童文学作者被请进来推介年轻人阅读的书，发言人被请进来推介成人文学，像第一位美国黑人小姐苏泽特·查尔斯（Suzette Charles）这样的人物也在分馆露面。许多著名的作者、漫画家和为孩子们写书的作家都在分馆出现，力图将人们引入分馆，从而向他们介绍图书馆并鼓励他们使用图书馆的各项服务。州和联邦的政治领导人的夫人们也都为此目的而在图书馆露面。图书馆还在其藏书中拨出一些，降价出售，以期支持马上就要进行的专项征税说服活动，并促成一个吸引 12 000 位年轻人的夏季读书俱乐部的创立。

理事会刚刚为改善运作实施了一项重大的组织建设，这一变革将信息系统划分为三个分系统，分别处理图书馆自动化、行政（工资和薪水）和运营、检修事务，并添加了几个新的职位。

由 7 位理事组成的图书馆理事会实施监督并雇用执行主管和财务总监。四位理事会成员由县委员会（一个选举机构）任命，三位由负责公众诉求的县法官任命，各理事任期七年。理事会曾非常积极地涉足到图书馆的事务和管理中。现任理事会成员代表着工会、地方公司和城市公立学校系统。执行主管和财务总监是前官方理事会成员。其他行政人员包括一个助理总监、三个协调员、七个部门主管和主馆、分馆的馆长、工作人员。

当前的利害关系

进入 20 世纪 90 年代，人们对图书馆的期望很高，但是它的资金却是有限的。由于在设立分馆时并没有战略性地选择地址，导致图书馆忽略了其服务区域内的某些地方，而流动图书服务并不能代替所需的分馆服务。同时，它所收藏的图书也有些过时，所有的分馆又都需要配备一个堆放录像带、光盘和记录的不停运转的信息台，都需要大量收藏报纸、杂志和其他期刊，并收集最新的图书。另外，它的计算机系统也已经过时，郊区又要求在它们的区域建立分馆。一些较富的郊区已经建立了一个竞争性的图书馆，蚕食了它的服务区域，并导致了公共组织之间的竞争。

图书馆的资金来自于几个渠道，包括专项征税、州税收的分配和捐款，这些公共财务支持的渠道都在发生变化。新的立法允许图书馆延长它的最长专项征税期间，由先前限制在 5 年内延长至 20 年，甚至可以没有限期，正如公立学校所做的那样。以前，州曾经根据各图书馆服务人口的多少，将财产税收入的一部分划归图书馆使用。现在，地方长官签署了一项法令，将 6.3％的州个人所得税收入用作公共图书馆的资金。但是，对新税收进行配置的基础并不明确，这就要求各图书馆在它们之间制定出一个划分标准。这一图书馆的理事会和工作人员担心，拥有更大的人均流通量的新的郊区图书馆会提出一个新的公式，从而导致那些县图书馆努力要为其提供服务的少数民族群体处于不利地位。

同时，州的个人所得税不像财产税，它是不确定的。理事会和工作人员担心，税收收入下降，以及纳税人对州税收提出的大幅度减税的要求，会严重地削弱图书馆长期以来建立的资金基础。当前的图书馆专项征税已经到期，需要更新，而要求更大数额的专项征税，有可能惹恼曾是图书馆支持者的县投票人。可是，图书馆又不得不继续获得资助和捐款。州刚提供了一笔 7.3 万美元的资助以建立一个媒介中心并增加图书馆的高科技和文学艺术类的藏书。去年，图书馆征集了 8.2 万美元的内部人员现金捐助，用于各种用途。面对这些困境，图书馆馆长和理事会决定启动一个重大的战略管理革新，相对而言，以前的规划只不过是创建了一个财政年度的目标列表而已。

14.2　战略管理过程

这一案例中的战略管理是由两个战略管理小组实施的，为了让理事会的理事（用 SMGB 表示）和关键的工作人员（用 SMGS 表示）都参与到管理中来，这一安排注定是必需的。SMGB 由 7 位理事会成员、执行主管和财务总监组成，SMGS 则有 16 位成员，包括执行主管和财务总监、所有的部门主管（图书馆运营、流通、财务、信息服务、人事、技术服务和其他服务）以及志愿者服务、成人服务和儿童服务的协调员。外部利益相关者在实施过程中参与进来。

为了实施第一次过程循环，推动者在 15 个月的时间里，召开了 14 次会议，每次 4 小时。这一案例的行动阶段展示在图 14—1 中。本案例的战略管理阶段在两个方面与其他案例不同。第一是采用了两个 SMG。理事会在 SMGB 第一次会议上发动了战略管理过程，并在 SMGB 第二次会议和第三次会议上，即过程结束时，对所提议的行动进行了确认。从 SMG 第一次到第十一次会议（见图 14—1）的过程中，两个 SMG 分别进行了组织和形势评估，提出了战略实施方案。第二个不同是

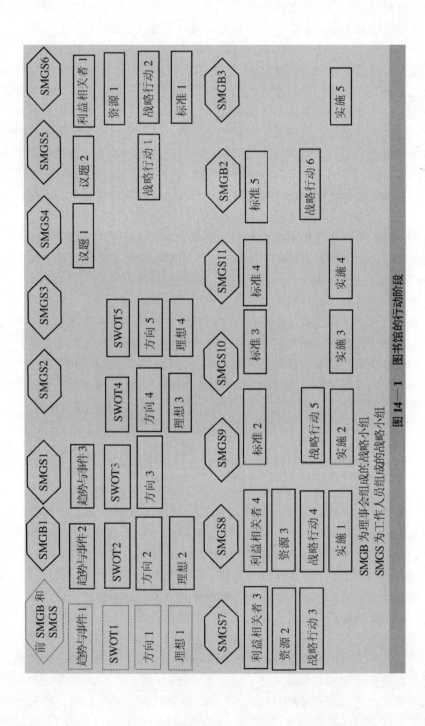

图14—1 图书馆的行动阶段

SMGB 为理事会组成的战略小组
SMGS 为工作人员组成的战略小组

进行了两个 SMG 会议前的调查，一个是针对理事会，一个是针对关键工作人员。这些调查包括了图 14—1 中所列出的前 SMG 行动的所有条目。

各次会议按照以下的要求组织：

SMGB 会议：为战略管理定向并（同理事会一起）进行背景分析

界定战略管理的概念并明确如何进行战略管理

检讨趋势和事件（理事会调查反馈）

检讨 SWOT（理事会调查反馈）

检讨方向（理事会调查反馈）

检讨理想（理事会调查反馈）

SMGS 会议 1：为战略管理定向并（同关键工作人员一起）进行背景分析

界定战略管理的概念并明确如何进行战略管理

检讨趋势和事件（工作人员调查反馈）

检讨 SWOT（工作人员调查反馈）

检讨方向（工作人员调查反馈）

检讨理想（工作人员调查反馈）

SMG 会议 2：形势评估

修正 SWOT

修正方向

检讨理想（工作人员调查反馈）

SMG 会议 3：战略方向

对 SWOT 的讨论定稿

识别方向

选择理想

SMG 会议 4：议题评估

识别议题

识别议题之间的关系

SMG 会议 5：战略议题与行动

识别议题的优先性

识别战略行动

SMG 会议 6：战略开发 1

评估战略行动

识别标准

识别利益相关者

识别资源

SMG 会议 7：战略开发 2

整合战略行动

评估利益相关者

评估资源

　SMGS 会议 8：可行性评估

　检讨战略行动

　检讨利益相关者

　检讨资源

　检讨实施中的利害关系

　SMGS 会议 9：实施 1

　检讨战略行动

　选择标准

　讨论实施方案

　SMGS 会议 10 和 11：实施 2 和 3

　讨论标准的使用

　讨论所决定的实施方案

　SMGB 会议 2：SMGB 的检讨

　检讨战略行动

　检讨标准

　SMGB 会议 3：决策

　讨论实施方案

战略管理小组为每一次碰头会准备了一个议程，详细指出了每一项活动所需的行动。

14.3　第一阶段：历史背景

在第一阶段，每一个 SMG 都要识别趋势、关键事件，描述图书馆历史背景的方向，并选择理想。通过对比理事会和关键工作人员重构的历史，可以明白两个小组的感觉是如何不同，以及这些不同意味着什么。由于理事会曾经积极地参与进组织中并制定政策，而且关键工作人员有相当长的任期，因此，有必要使用两个 SMG 并对比他们的感觉。两个小组都具有重要的洞察力，通过分享这种洞察力，可以建构行动的基础。

在正式的会议之前，要用一个改良了的德尔菲法收集描述事件、趋势和方向的资料。这一程序和评分的步骤请参阅第 13 章的叙述。

趋势和事件

两个 SMG 要列出在未来的几年内将会影响到图书馆的趋势与事件，小组成员要广泛地考虑包括经济的、客户管理的、技术的、社会的、政治的和人口统计学的因素。以下归纳了各因素的前五个答案。

经济的

1. 由于社区的责任心而成为资源中心的公共图书馆，在社区中的重要性和可见度得到提高

2. 作为图书馆资金来源的经济基础的变动和公众认为图书馆拥有大笔资金

3. 由于资金削减，与其他文化团体围绕资金（如读书权项目）而展开的竞争加剧

4. 财产、建筑和维持的高成本

5. 从普通财产税中抽取的 0.6 密尔的图书馆运营专项税两年后到期，要取代它或增加数额都存在困难，因为让公众接受增加专项征税或取代方案是不太可能的

与用户相关的

1. 公众对图书馆服务的态度变化：以前将图书馆看做是邻近的休闲机构，现在是满足信息需求的途径

2. 用户的技术能力得到了提高，要求图书馆为商业界和学生提供技术服务的呼声更高

3. 高水平的用户能力和市内人口更基本的需求之间的矛盾

4. 多元经济城市的持续增长，要求在图书馆内提供额外区域，以满足特定的利益需求

5. 伴随经济的发展，新的用户群需要不同的服务和藏书

管理的

1. 走向完全自动化，这将影响到技术和公共服务的类型，并制约着需要在自动化环境中工作的人员的水平

2. 人事管理的高成本

3. 不断提高管理和行政技能，以便图书馆能够在社区中继续生存

4. 图书馆的安全需求在提高

5. 院校图书馆为图书馆管理员和管理者职位提供的候补人员很少

技术的

1. 图书馆资源的发展，是商业化社区技术提高的强大支持体系

2. 公众期望迅速进入日益扩展的信息基地

3. 激光光盘和录像的发展，使通向图书馆的媒介力量发生巨大改变

4. 将来，信息爆炸将导致人们改变获取所需信息的方式

政治的

1. 地方政府强调扩大与发展县和城镇，这就需要从图书馆获取更多的领导

2. 不同的立法者不断地试图减少划拨给图书馆支配的州税收收入的 6.3% 的数额，在经济困难时期更是如此

3. 公共官员不喜欢将图书馆税收议题与自己的议题一起写在投票纸上

4. 用图书馆行政官员作为游说人，并且需要获取生存资金

5. 对从州的个人所得税中抽取的 6.3% 进行分配

6. 将图书馆服务看做是一种奢侈品的政治气候发生了变化

7. 图书馆专项税期限的变化

社会/文化的

1. 无家可归者和刑满释放人员将图书馆作为避难所和与社会接触的渠道

2. 单亲家庭和双职工家庭

3. 文盲问题的严重化与历时三年的扫盲运动的开始

4. 城市的文化艺术活动机会增多

5. 家中娱乐技术和服务的新浪潮

人口统计学的

1. 人口的高速增长和北方城市与县的发展

2. 人口年龄的变化：更多的婴儿，高中和大学中的孩子更少，更多的年长市民

3. 图书馆服务的使用者是 1984—1985 年生育高峰期出生的孩子（对服务的期望是由受过良好教育且经济生活舒适的父母提出的）

4. 郊区居住地仍受到欢迎

在对这些趋势和事件进行了检讨以后，依据它们的重要性排列出下面的优先顺序：

1. 资金的改变和公众认为图书馆有大笔资金

2. 明年运营专项税就要到期

3. 走向全面自动化

4. 对州的个人所得税收入的 6.3% 进行分配

5. 不同的立法者试图降低分配百分比

6. 人口趋势

7. 人事管理的高成本

8. 图书馆行政官员作为游说人

9. 不断提高技能以满足外部需求

方向

两个 SMG 要通过将图书馆过去的行动特征化和对未来进行预测，识别当前的战略方向。建议用 5 年的时间段作为考虑的时间范围。他们的回答被分为项目与服务、资源、常客的需要与要求和日常管理与组织类型几大类，以下列出排在前五名的结果。

项目与服务

离开	走向
1. 不关心常客的需求/常客的自助服务	1. 深入关注常客的个人需求/用户帮助
2. 程序设计局限于图书馆资源和服务	2. 由程序设计者的突发奇想决定程序设计，并对其他社区机构实施的项目进行复制

离开	走向
3．几十年的缓慢成长与发展	3．迅速扩大基础设施、服务和使用
4．服务时间便利于工作人员	4．服务时间满足顾客的需求
5．对查询服务不够关注	5．由图书管理员和受过训练的 LTA 提供优质的查询服务
6．等待顾客来图书馆	6．在商业社区进行积极的推介活动，以增大服务的可能性
7．藏书的低流通率	7．藏书的高流通率

资源

离开	走向
1．追逐大笔的资助	1．发挥行政人员的集体智慧和经验
2．以设施的规模为基础实施物质预算	2．以有助于系统的流通百分比为基础实施预算
3．成本巨大的资源和最小化的服务	3．成本—效益服务
4．零星购买	4．集中采购

技术

离开	走向
1．录像片和闭路电视节目的先驱	1．不生产录像片，没有闭路电视节目
2．看似迷人的技术与体系	2．经久耐用的计算机系统和考虑到持久性、生产力的更为现实的购买
3．简单的不充分的流通体系	3．更为复杂化的流通体系和大众分类
4．需要填写和使用打字员来完成记录性的工作	4．用文字处理程序和微机处理基本的日常工作

顾客要求和需求

离开	走向
1．将图书馆看作是存书的笨重仓库	1．图书馆的大众形象是：具有反应性的学习机构
2．被动参与	2．积极参与
3．感激的顾客	3．有要求的顾客
4．旺季与淡季的区分	4．全年持续忙碌
5．地方性的形象	5．四海为家的形象，引导人们期望更为复杂的服务
6．"搭便车者"的概念	6．责任感

日常管理和组织类型

离开	走向
1. 冒风险	1. 更好地进行合作性规划
2. 政治机构	2. 发展政府间关系
3. 独裁主义的领导	3. 提高参与
4. 危机管理	4. 需要提供远景和领导权的管理类型,用多样化来支持共同的目的
5. 内部边界概念	5. 系统管理的整合
6. 系统感觉到政治上的自治	6. 与市和县政府相互支持并成为整体

检讨之后,以其重要性为序列出以下的优先方向(第 2、3、5 项在讨论中出现):

离开	走向
1. 危机管理	1. 需要提供远景和领导权的管理类型,用多样化来支持共同的目的
2. 为回应新技术的挑战而追赶潮流	2. 在作出与新技术有关的决策之前进行更为细致的规划与分析
3. 将每一设施都看做是独立的图书馆	3. 在整个系统的范围内考虑整体性,获得某种程度的一致
4. 前执行主管没有将时间花在 PL-CFC 上	4. 现任执行主管关注图书馆,关注解决问题,而不只是做其他人的顾问
5. 物质选择基于分馆或分部的工作人员的利益	5. 物质选择基于整个社区的利益
6. 对查询服务不够关注	6. 由图书管理员和受过训练的 LTA 提供优质的查询服务
7. 服务时间便利于工作人员	7. 服务时间满足顾客的需求
8. 简单的不充分的流通体系	8. 更为复杂化的流通体系和大众分类

理想

这一阶段三分之一的行动是要 SMG 成员构想图书馆未来五年或更长时间的理想化形象,在此过程中,要考虑到趋势和、事件和变化的方向。SMG 成员对组成一个理想化图书馆远景的特征作出了这样的描述:"一个用户导向的组织,有力的领导者为包括残疾人、少数民族和地位低下者在内的公众。提供最佳的服务;稳定的预算支持所需的服务；确保人员充足，满足更大的、配置更好的主馆和分馆的需求；理事会和执行主管的角色被界定和遵循，并培植出一种进行雇员开发和将图书馆建成社区不可分割的一部分的强烈的责任感。"

14.4　第二阶段：形势评估

由理事会和工作人员组成的两个 SMG 对历史的考察，强化了每一个小组对图书馆的过去和理想化未来的理解。在下一阶段，要考察图书馆面临的紧急形势。为了进行形势评估，每一个 SMG 都对图书馆的优势、弱点、机会和威胁进行评估。收集这一信息使用的是一个在前 SMG 时期（见图 14—1）改良的德尔菲调查表，而且与上一章一样对它们进行打分。应该注意的是，SWOT 在四次单独的会议上被讨论并评级，这有助于形成一致意见。下面是确定为要优先考虑的 SWOT。除非注明，两个小组对每一 SWOT 都持一致看法。

优势

1. 有挑战精神的执行主管和强有力的管理类型
2. 各个层次的工作人员都具备竞争力和参与精神，并致力于为大众服务
3. 强大的公众支持
4. 一个富有创造性和革新性的图书馆系统
5. 图书馆理事会的强烈责任感
6. 专业公共关系工作人员和产品
7. 高度的可见性：21 个设施
8. 儿童服务（理事会认为）

弱点

1. 资金来源不足
2. 技术问题
3. 需要方向（战略规划和领导）
4. 几个设施的工作人员配备水平（人手不足）
5. 主馆的馆龄和条件（工作人员认为）
6. 工作人员的士气和沟通（工作人员认为）
7. 空间限制（工作人员认为）
8. 服务时间
9. 藏书计划

机会

1. 资金提供的增加——包括发行资产改善债券的健全财务
2. 新的领导类型与指挥哲学（理事会认为）
3. 流通系统的开发
4. 获得资金划拨的水平（理事会认为）

5. 新的主馆的扩大或革新（理事会认为）

6. 与政府官员的持续密切联系（理事会认为）

7. 优质的查阅服务

8. 主馆工程的商业支持（财务和其他）

9. 处于计算机技术的最前沿

10. 有序化增长的规划（理事会认为）

威胁

1. 感觉到由于州资金削减而出现的需求下降

2. 税收的不确定性与新的资金方案存在的问题

3. 当前的计算机系统、VTLS 的缺陷以及流通系统

4. 长期的"依赖机器"的理念和人手不足

5. 没有能力回应内部与外部的要求，包括空间问题

6. 缺少体现行政管理者对未来信念的长期规划

7. 可以感觉到某些郊区存在服务不公平现象（理事会认为）

14.5 第三阶段：问题议程

与先前的阶段相比，在内容与程序方面问题阶段都有所不同。在前两个阶段就图书馆面对的关键利害关系，两个小组达成了一致，在第三阶段，则确定了一个行动议程。请记住，一个战略议题就是一种事实存在的或预期会出现的情况或张力，它可能存在于图书馆内部，也可能存在于外部，如果它持续存在，将会极大地影响到图书馆的运行和实现理想未来的能力。我们使用默写过程发现议题，用第 5 章和第 6 章中所谈到的关于张力的观点解释清楚议题，并用直接分配法对它们打分。

两个 SMG 在默写过程中识别出 35 个议题，用滚雪球技术将这些议题归入十个主题，并列在下面：

1. 主馆与分馆的长期资产改善计划

2. 创建一个一体化的内部计算机系统（硬件与软件）。现在的分类卡片不完整、数据库很"脏"、物质购买体系需要与图书馆总的分类账体系融为一体

3. 对新的外部技术和它们对系统的影响进行评估

4. 保证充足的工作人员配备水准（质量、培训与数量）以支持和提供图书馆服务项目，同时，保证适当水平的沟通，以便工作人员知道图书馆要向什么方向发展

5. 稳定的资金提供水平与资金来源。议题的核心在于资金的安全与维持，在于稳定县的分配，在于改变公众认为图书馆财务充足的印象

6. 推广系统整体概念，而且，这一整体要有一个管理小组，有普遍的关注点，在决策过程中能坚持始终如一

7. 通过形象、参与和可见性增强公众对图书馆的支持

8. 识别市场，对服务进行优先性划分，并决定如何对市场的标准与优先性作出反应

9. 为工作人员和顾客提供安全感

10. 确保工作人员了解情况并保持他们的高昂士气

然后，这些议题被清楚地确定为相反的力量，它们将图书馆拉向或推向不同的方向并远离它的理想，通过对这些力量的认识，SMG 识别出了图书馆存在的内在张力。这一议题表达模式揭示了组织内部、组织与外部利益相关者之间的状况。这些议题张力根据其优先性列在下面：

1. 识别市场和对服务进行优先性排序（旧服务与新服务之间的张力）

2. 提供充足而稳定的资金（保持现有资金与获得新的资金之间的张力）

3. 充足的工作人员配备水准（工作人员生产力与参与关键决策之间的张力）

4. 长期的资产改善计划（改善物质条件和需要新的资助之间的张力）

5. 内部计算机系统的一体化（过去的计算机创新与新的技术发展之间的张力）

6. 关注系统整体（分馆的需求与系统的需求之间的张力）

7. 提高公众支持（为每个人提供服务与满足特定需求之间的张力）

8. 工作人员的士气和沟通（工作条件的压力和改善这些条件所需的资金之间的张力）

9. 新技术与它们的影响（与时代同步和资金革新之间的张力）

10. 工作人员与顾客的安全（工作人员和顾客的安全与进入之间的张力）

运用 ISM 确定的议题优先性关系，在图 14—2 中得到展示。两个小组认为服务与资金提供是需要管理的关键议题，并决定在第一次尝试创建战略时攻克它们。存在于旧服务和新服务之间的张力暗示，必须采取措施找到没有得到服务的市场领域，并确定需求。同时，要识别体现了图书馆的核心价值观且必须维持下去的当前服务。为了提供这些旧的和新的服务，并照顾好它所服务的顾客与市场，图书馆必须获取新的资金并保护旧的资金。但是，在发现新的收入来源与保护旧的收入来源的优先性上存在张力。这些议题在战略管理过程的下一阶段成为寻求战略行动的焦点。

在服务与资金议题之后，也要考虑其他议题。第二组议题关系到人员、资产改善、计算机支持和关注整个系统。就人员配备议题来说，参与发展和生产力之间的张力被识别出来。更多的参与会压迫一个早已负重累累的系统，但是单方面的独断专行又会导致实施的失败。资产改善议题导致了需要新的建筑物和设施与既有资金的其他用途（包括人员配备与培训）之间的张力。计算机支持议题表明，在保持过去的革新和以更少的花费更好地完成同样工作的新发展之间存在张力。

第三组议题涉及公众支持、人员士气、新技术和安全，这些议题看起来在先前的议题解决时就已经得到解决了。例如，服务和资金提供议题解决之后，能够创造解决人员配备、资产改善、计算机支持和关注整个系统的议题的条件，进而又能顺

理成章地解决为每个人服务和服务于有特定需求的顾客（如经济条件不好）之间的
张力。相同的关系在剩余的议题中也可以被观察到。

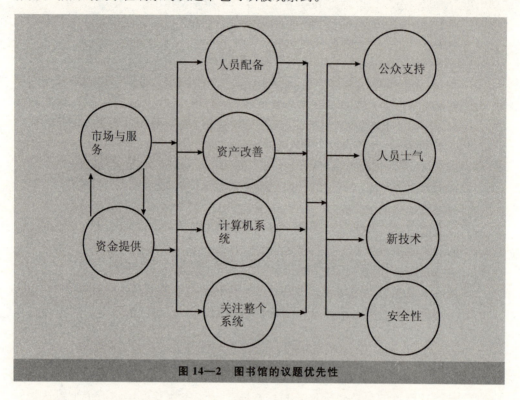

图14—2　图书馆的议题优先性

14.6　第四阶段：备选战略

　　两个SMG为处理两个关键议题张力确定了可能的行动，为了确保每一个议题
都与SWOT相关，讨论每一议题时，它们都将优势、弱点、机会和威胁的列表重
新审阅。用SWOT作为指导方针，两个小组设法调和新旧资金来源和新旧服务之
间的张力。它们首先解决服务议题，然后转向资金提供议题。

　　为了识别战略行动，两个小组的成员拿到了一张列有议题与相关的SWOT的
工作表，他们要考虑自己的理想，并为管理议题张力提出明确的行动建议，这一建
议能够增强优势、克服弱点、开发机会和挫败威胁。

　　图14—3就是这一工作表（注意，这一方法不同于其他案例中使用的工作
表，这表明当有许多利益相关者时，可以有很多有效的方法展开分析）。两个小
组的成员用一个结构化的默写替代方法，识别当前必须保持的服务（客户和市
场），并将表格传递给其他成员，由这一成员再识别新的服务。这一过程使得各
成员对其他成员所感知到的价值变得敏感起来。旧的和新的服务与用户被分别记
录。每一组又各自分成两个小组并根据这一方法提出战略行动，一个SMG的
两个小组产生了65个想法，另一个SMG的两个小组产生了46个想法，这些

想法被合并以确定当前和将来的用户、服务和服务模式的列表，并为每一类项目提供实例。

	用户	
	当前的	潜在的
当前的	服务：录像带图书馆 用户：年轻白人男子	服务：录像带图书馆 用户：家庭、社会俱乐部、兄弟会和妇女联谊会
潜在的	服务：使用个人电脑 用户：企业中的专业人员 服务：软件图书馆 用户：企业中的专业人员 服务：优惠券交易 用户：消费狂	服务：使用个人电脑 用户：学校的孩子和家长 服务：软件图书馆 用户：学校的孩子和家长

图 14—3　图书馆当前和未来市场的工作表

（当前与未来的）用户包括个人（如在校的 10 岁前的孩子、学龄前儿童、蹒跚学步者、中上层阶层人士、商人、老人、退休人员、英语作为第二语言的人、留守家中的顾客、在押犯）、群体（如图书馆的朋友、特殊利益集团、零售商、邻近的商会、读书俱乐部成员、"黄金年龄"组织和新的分馆的服务区域）和组织（如其他图书馆、政府官员、合同服务的用户、学校、公司用户和信贷征集机构）。当前的服务有几类，包括实物流通服务（如书的流通、小册子和杂志的流通、录像带流通、视听设备出租和木偶展）、查阅和信息检索服务（如图书馆藏书的大众分类、非流通资料、政府文献和地图）、家庭和花园/健康/法律的专业化服务、查阅议题和调查，还有其他的娱乐、教育、信息服务［如教育/信息项目、个人电脑服务、投币机服务（复印机、打字机、缩微阅读/打印机服务）、会客室、会说话的书、选举人注册和探询（polling）］，以及未来的服务（如邮寄、激光光盘、语音室、自动化的社区布告栏、电子键盘、进入人造卫星、流通微机和自动旅游售票）。最后，服务提供类包括当前服务模式［如电话、邮寄、建筑（主馆和分馆）和界外服务（outreach）］和未来服务模式（如地方区域网络、便携式报摊、在线分馆查阅、电话拨入的大众分类、电子查阅室、录像带出售、传真机和微波上行链路）。

在将这些想法进行合并时，要用到形态学。战略根据服务和用户、市场和提供模式、资源和提供模式进行构建，对于服务与用户要识别出当前要保存的和将来要发展的。图 14—3、图 14—4 和图 14—5 描述了在这一整合过程中出现的战略。图 14—3 将用户与服务联结，表明利益相关者想要什么，并根据当前和潜在的服务与用户对他们进行分类。图 14—4 展示了当前和潜在的提供模式和市场的关系。图 14—5 将资源与提供模式相联结，提供了另一种资源分析方式。最后，在图 14—6 中，同时展示用户（利益相关者）、服务和资源之间的所有关系。

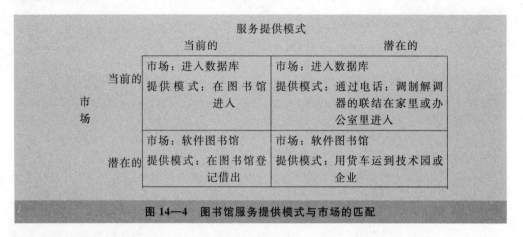

图 14—4　图书馆服务提供模式与市场的匹配

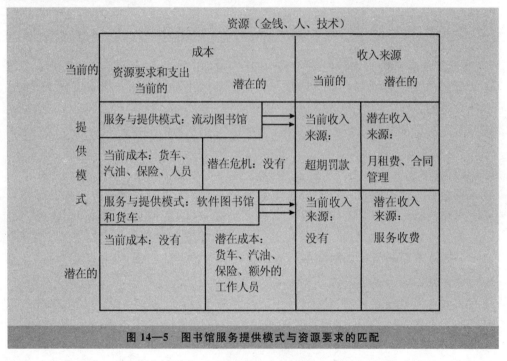

图 14—5　图书馆服务提供模式与资源要求的匹配

解读信息

图书馆所选择的战略要求保持并提高服务质量。在图 14—6 中，一个由三条线组成的形态图展示了用户、模式和服务优先性之间的关系。在挑选了实施战略之后，两个小组进入了一个新的阶段，即考虑实施的可行性。将要考虑的未来的推进力被确定为：对闲暇时间的竞争、不断增长的功能性文盲、人口老化、宗教团体、刑满释放人员、市内居民（需求对要求）和吸引县的经济增长类型。

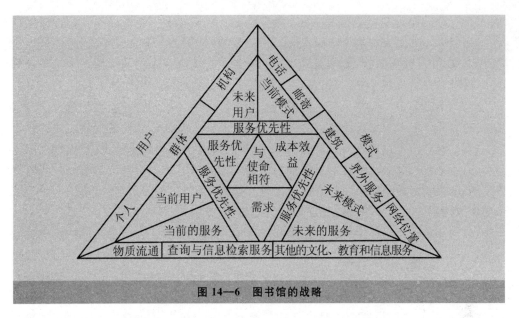

图 14—6　图书馆的战略

14.7　第五和第六阶段：可行性评估与实施

　　图书馆的理事会帮助图书馆与各个支持渠道相联系。理事会与图书馆之间有着持久而密切的关系，这种关系意味着，首先，理事会是图书馆和它的项目的强有力的拥护者；其次，理事会一直涉足于过去的战略主创中，将来也要参与进来。要让理事会参与战略管理，图书馆必须认真地进行管理。为此，战略管理过程要设计得能够使理事会主动地以支持者的身份参与进来，正如在图 14—1 中所展现的那样。理事会要构想做什么，还要对任何所提议的行动予以支持。

　　通过将它的趋势和事件、方向、理想和 SWOT 与工作人员小组得出的结果进行比较，理事会组成的 SMG 看清了现状，这一对比表明两者在很大程度上是一致的。前六个外部事件被两个小组列出，优先的 SWOT 也出现在各自的列表中，两个小组还识别出了前两个议题张力，这就使得 SMGS 提出的结果具有特定的可信性。

　　SMGB 对所提出的行动进行了检讨并支持这些行动，下一步就是要获得所需的资金，这发生在下一轮的战略管理中，是在没有推动者参与的情况下，由图书馆实施的。这一案例像第 8 章中所提到的那样，成功地从再造式的战略管理走向了持续变革的战略管理。

　　部分地由于战略方案，代理总监被理事会任命为正式的总监。理事会决定采取一个政治方面的冒险策略，即为了支持战略方案，在保持现有的州资金配置水平的同时，要寻求新的运营专项税。理事会授权继而又支持一项全县范围的图书馆专项征税，此专项征税抓住了州的图书馆征税法令提供的时机。新的专项征税将替代 0.60 厘的专项征税，计划以 1 年为限。他们向县行政长官提出要求，将一项 2.2 厘的永久（无限期）专项征税提议写在投票纸上，以支持图书馆的战略。这项专项征税将每年为图书馆筹集到 940 万美元，并且能够支持一个 5160 万美元的资产改善项目。这些改善将包括：购买新的场所、在市中心建设一个新的主馆、为十个分馆建新楼群、在另外两个分馆进行较大的建设，以及增建两所新的分馆。

这一策略假定，投票人是关键的利益相关者，并且他们将成为拥护者，同时假定，社区群体不至于采取比中立更差的立场，而且可能会支持专项征税。可是，事实证明，这种假定过于乐观。商业院（the chamber of commerce）投票决定，不同意这项活动或不再为图书馆的运作提供捐助。图书馆馆长认识到市中心的权威人物对图书馆利益明显地持不支持态度，但是，顾客和投票人却是可以依赖的力量。邻近地区对图书馆的认同有着积极的作用，它暗示专项征税将会通过，但是，市中心区的公司却愈加不支持。商人们反对专项征税，担心专项征税将会使他们所喜爱的计划（如一个会议中心和一个运动场）所得到的支持下降。市里唯一的一份报纸也发表文章，说专项征税将会使图书馆在州预算中所占的份额达到最大。县行政长官投票决定，可以将专项征税事项写进投票券，但不会批准它。媒体称这一专项征税是"过分的"，并与报纸上不时出现的"新闻"联合起来反对它，那些"新闻"包括发表宣扬征税违反财政法的声明。由于不断扩大的反对声势，理事会将专项征税额下调，并把时间限制在 15 年内。在预言要失败的声浪中，这一专项征税却得到了投票人绝对优势的支持。

与其他图书馆的协商是很困难的。馆长努力辩解，图书馆为全县 87 万位住户中的 78％提供服务，要求资金分配公式将这一地区的州资金的 70％给图书馆。六个郊区和县图书馆的馆长们聚集在一起，以便能够想出一个配置州资金的分配公式。但是，这次会议演变成了县图书馆馆长与几个郊区图书馆馆长之间的争吵。在几次不成功的资金分配会议之后，县里的预算官员实施了干预，强迫他们接受了一个基于人口、流通和服务区域规模的公式。现在，预算增加要通过县董事会的协调委员会。

图书馆的建设工程已经完工，阅览者和拥有图书证的人每年增长 10％以上，全系统的流通与查阅问题的数量也体现出整个系统的急剧增长。

14.8　重塑问题议程

在第一轮过程之后，问题议程中还有 8 个议题需要管理。运用第 5 章中的议题框架，推动者帮助图书馆馆长对议题的综合性进行测试，以重构问题议程。

议题像下面所列的那样被加以分类（数字代表其在最初的问题议程中的优先性）。

保存—转变

市场与服务（旧服务对新服务）（1）

充足和稳定的资金提供（旧的资金来源对新的资金来源）（2）

一体化的计算机系统（过去的革新对新的发展）（5）

生产力—转变

资产改善方案（新建筑对新的资金提供）（4）

新技术（保持领先对资金来源的革新）（9）

公平—生产力

充足的人员配备（工作人员生产力对参与）（3）

关注整个系统（分馆的需求对系统的需求）（6）

公众支持（为所有人服务对特定需求）（7）

工作人员士气（工作条件对资金提供）（8）

工作人员和顾客安全（安全对进入）（10）

问题议程提出了两点：首先，需要注意的是，每一议题都蕴含在其他议题中，关键议题（市场和服务、充足与稳定的资金提供）的解决，有助于缓和存在于资产改善、人员配备、公众支持、人员士气和关注整个系统中的张力，而且，也能够使有关新技术和一体化的计算机系统的议题部分地得到解决；其次，议题列表表明SMG对保存与转变有一种先入之见，需要注意的是，生产力—保存、公平—保存和公平—转变这三种张力并没有合并，但是，图书馆有一种与生产力和保存结合在一起的文化，转变（革新）对于图书馆来说，却是陌生的，只是在事态发展威胁到它的资金来源之后，图书馆才接受转变。因此，图书馆是在生产力与保存中看待变革的张力的。

我们忠告图书馆领导者，在对问题议程进行重构时，要考虑这三个被忽视的张力，在进行最后一轮的战略构建时，也要考虑这三个张力。这将一步有助于图书馆正视过去造成各分馆困境的议题。尤其是，在处理郊区居民和他们对公正的认识时，公平议题似乎被忽视了。如果对这些利害关系进行检查，就能发现用双赢战略管理竞争利益的新方法。

14.9　后果

图书馆是一个专业组织，它设法在战略发展中更为主动积极，但是又不知如何开发一个战略。它的内部能力高，外部控制适中。关键的当事人想进一步提高能力，但是又没有做好进行控制的准备。这一战略管理实践试图让关键当事人构造一个图书馆会变成什么样的远景，在这一过程中，领导者从来没有清楚地意识到，通过放弃控制（如交给县行政长官），他们能够创造出新的选择，从而增加组织内部能力。

从历史上看，图书馆依赖于指导者战略。然而，图书馆是在一个越来越动荡的环境中运作的，动荡的环境要求提高反应性，要求采取重要的行动。正如在它的趋势和事件、方向中所提到的，图书馆正确地认识到了这些特征，并且决定要变得主动积极，以应付这些议题。最后，图书馆选择了一个妥协者战略，试图通过积蓄所有可以得到和可能增加的资金以确保胜利。在战略实施中，图书馆决定进行适当的合作并强烈要求行动。

为了走向共生者战略，图书馆必须更为合作，而且，要在几个不同的方面展开合作。首先，与六个郊区图书馆的竞争态势可能仍有破坏性。通过寻求共同合作的途径和分享资源与项目，图书馆不能提供服务的县的边远地区，也可以得到帮助。其次，顾客看不到官僚组织的边界，这一点可以从许多顾客拥有几个图书馆的图书证这一点得到证实。图书馆为获取顾客的注意而竞争，其实冒着相当大的风险。因为这样可能会疏远他们，并失去他们对专项征税的支持，而他们的支持对专项征税的成功是至关重要的。图书馆馆长是否能够设计出一个共生者战略并实施它，还需拭目以待。

图书馆识别出要优先进行管理的几个议题列在下面，它们被组合归类，并在括号中给出其优先性。

坐鸭

市场和服务（1）

人员配备（3）

关注整个系统（6）

公众支持（7）

工作人员士气（8）

怒虎

充分而稳定的资金提供（2）

资产改善（4）

一体化的计算机系统（5）

新技术（9）

顾客和工作人员安全（10）

请注意，图书馆选择坐鸭进行议题管理，而可能会成为怒虎的几个议题却需要资金。在管理过程中，图书馆对阻碍它们的新战略创新的力量的数量和强度判断失误。将来，对于图书馆来说，将更多的时间用在利益相关者和资源管理上面，并且正视那些倾向于成为怒虎的议题，将是明智之举。

就战略实施的开支来说，这一案例的革新不太典型。正如第 6 章中所提到的，在战略管理中，战略的形成与实施都是非常重要的。图书馆很幸运地与投票人建立了密切的关系，而投票人能够扭曲市中心的反对者、摇摆不定者和有特定利益需求者的批评。图书馆仍然需要下一笔资金，到时，面对这些反对力量，要获得投票人的支持可能会更为困难。同时，郊区图书馆可能会形成联盟，阻止它将来进行革新的企图。

第 *15* 章

经典教材系列
公共行政与公共管理经典译丛

为一个州卫生机构
锻造新的使命

这一章勾画下属州卫生部的一个跛足儿童服务办公署 (BCCS) 的战略管理,其促发事件是生产问题。跛足儿童服务办公署面临着来自于组织内外的大量威胁,这些威胁都影响到它的预算。新的地方长官走马上任,并在他的政纲中提出了"预防纲领"(prevention plank)。对预防的强调可能会导致州取消拨给 BCCS 的资金,因为它建立的目的是为了提供服务,并没有预防的职能。

而且,还要考虑到服务操作中存在的问题。在操作中,BCCS 授权的服务只有 37% 被实际使用,这就提出了这样的问题:用于决定服务使用合法性的程序是合理的吗? BCCS 必须考虑有关合法性的变化,因为它们能够减少来自于州和联邦的资金。对于大的和难以预测的赔偿要求,跛足儿童服务办公署是不堪一击的。虽然不太可能,但是,一个严重残疾孩子的合法赔偿要求能够用掉 BCCS 一年预算的相当大部分,几个这样的要求,就将使它一个财政年度的预算在头几个月里耗尽。服务局的管理层希望在危机出现之前,对这些利害关系进行预测和处理。发动战略管理就是要在事态失控之前采取行动,并为将来进行规划。

战略管理过程发现,在生产价值和转变、保存之间存在张力,这种张力以前却被忽视了。预期的预算削减(生产)与赔偿处理中所需要的变化(转变)、保持现在的责任感的需求(保存)之间存在张力。当前的授权和赔偿处理体系是劳动力密集型的,它们本来是可以计算机化的,但是,没有由州和联邦制定并使其具有合法性效力的规则和程序的支持，BCCS 就不能变更人力化的系统。

这一章描述 BCCS 设计的用于构造并实施服务战略的过程，变革使 BCCS 改换了名称，以反映它的新使命。它去掉名字中的跛足，并用残疾取而代之，这一变化其实也就意味着服务局的战略。首先，我们提供背景，指出 BCCS 的历史角色；然后描述这一案例的 SMG 和战略管理行动阶段，并勾画出从每一阶段中所获得的信息；"后果"部分则展示 BCCS 如何应用书中所讨论的观点，并致力于持续变革的战略管理过程，以应付它的各项事物。到目前为止，这一过程仍然恰如其分地发挥了引导作用。服务局的管理层需要一个强调质量、接受性和革新的综合战略，我们所挑选的识别和归纳信息的技术就要满足这些需求（见第 12章）。

15.1　机构背景

1935 年，联邦立法首次为低收入孩子的看护服务提供公共支持，从此，为跛足孩子提供的服务也就开始了。60 年代，由于医疗救助和多种多样的项目的启动，更多的孩子有权接受这种服务。最初的立法提供联邦专项拨款，各州也竞相模仿提供资助。而且，州政府专门设立管理和分配这些资金的机构，负责找到有跛足情况的孩子，进行诊断并提供服务。

1981 年，国会设立了母子健康成套拨款，它包括大多数跛足儿童服务机构（CCS）所行使的职能。可是，由于州法规先前为病例、收入限制和服务范围设置了标准，许多州仍然让 CCS 机构存在。在这些州里，CCS 机构仍然在照顾跛足孩子中扮演着重要角色，它们每年要花费 3 亿美元，其中 31% 来自于联邦资助。

州项目

BCCS 是一个州管理的项目，它使得为有跛足或潜在的跛足问题的孩子（从出生到 21 岁）提供服务具备了合法性。BCCS 的运行开始于 1919 年，1980 年归入一个州的部，从而成为母子健康处的一个操作性单位。BCCS 拥有 400 万美元的年度预算，为州里的 3.5 万位孩子提供服务。它确定具有跛足问题的孩子，把他们交给合适的医疗机构，并为所提供的服务支付资金。它的关键职能是：服务授权、病例处理和按发票付款。服务授权包括医疗案例管理和财务案例管理，其中，医疗案例管理涉及评估、诊断合法性和治疗服务，以及照顾方案。

服务授权行动确定客户和他们的病情。在这个州里，接受客户的标准是病情、严重程度、客户的年龄和家庭的收入。BCCS 以这些标准为指导，决定客户是否可以合法地接受服务。照顾方案要确定提供服务的单位，并授予它们花费资金的权力，然后，将病人交给一名临床医生进行治疗。这一病例由一名护理人员控制，以确保照顾方案被遵照执行。

以前，BCCS 曾授权 65 万个以上的服务单位，从事 70 个类别的服务。最常见的服务类别包括：临床医生访问、临床医生咨询、X 射线照射、实验室、公共卫生护士访问，以及占治疗安排 75％ 的对医院门诊病人和住院病人的访问。在这一州里，38％ 的服务是由 BCCS 资助的，62％ 则由医疗看护和保险公司的支付人提供。大量病例归因于肌肉骨骼系统的疾病：肌肉骨骼畸形、婴儿脑瘫痪、耳疾、唇裂与上颚裂、内分泌与新陈代谢疾病（膀胱纤维症）、内刺突分裂以及产前的状况。

跛足儿童服务办公署为涉及治疗、教育和培训在内的服务支付报酬，也包括支付特殊的补贴、日常饮食、理疗、咨询、药物、休闲活动和交通的花费，这些服务的总成本可能会花掉一个家庭的总收入的很大一部分。例如，膀胱纤维症基金会发现，据一项调查的回答者报告，一个家庭为此要支付的成本达到总收入的 30％ 以上，有内刺突分裂症的孩子家庭，其花费数额占总收入的 12％。如果将收入丧失和非医疗花费（如交通）包括在内，这些数字就要再翻一倍。BCCS 的服务通过改善合作功能、增大雇用机会和提供一个改进了的前景，改善了一个孩子的生活质量。

BCCS 是围绕它的照顾方案和偿付行动加以组织的。它由一群护士负责照顾管理，由数据处理专家控制支付决策系统。BCCS 接受的每一次询问都被程序化，并根据需要的照顾方案或新旧病例和对发票的财务支持情况进行分类。照顾方案和财务支持用来处理服务授权。首先决定是否合法，然后，通过信件通知病人的家庭治疗已经授权，并且还要通知那一辖区的城市和县卫生部门。如果不合法，信件中要声明不予支持的医学或财务原因。最后，还要将这一信息输入数据处理系统并随时更新。行政管理活动要求建立案卷、决定医疗和财务合法性、终止照顾支持、跟踪病例、管理问询、更新数据库和对相关信息进行编码和储存，在 BCCS 的数据处理系统中，共存储着 21 万个照顾方案。

去年需要考虑的 2.1 万个病例中，大约一半是新病例，其他则是延续下来的。这些病例中，93％ 获得了通过，7％ 遭到拒绝。它确定了 2.7 万个合法的病例，并进行了授权，6.1 万例中止服务。超过 1.6 万封通知信被寄往医疗机构、病人和户外工作人员。

医疗机构根据照顾方案，代表病人交上账单，BCCS 根据账单支付资金。发票处理程序包括多个步骤，以确保筛除那些不能予以报销的发票。可报销的发票被重新复核，以发现可能漏掉的信息或错误。如果发票不完整，就要退回给医疗机构（通常是他们提出申请）。接受了的发票还要再次与数据库的病例进行比照审查，以确认提供者的名字、诊断编码等等合法。如果编码是合法的，照顾方案就要更新，以显示这项服务已经执行。在这一点上，一张发票可能会因多个原因而被退回。例如，如果一个病人已经投了保险，这张发票就可能被退回。剩余的合格发票被统计，从而准备出一个凭证，并寄往州审计局，以便获得委任状。从接收发票到写委任状需要八到十个星期的时间。

BCCS 努力使发票与照顾方案完全相符。为了确保实现这一目标，在照顾方案完成与发票报销之间设置了两个月的延期。以前，BCCS 曾授权 22.5 万个照顾单位，为 7.6 万个或 32％的单位提供了资金支付。其中，最高支付率（即服务确实执行）接近 100％，那是为动手术和住院病人在院期间提供的。临床医生的访问占41％，实验室服务占 11％。膀胱纤维症是占有授权支付比例最大的医学问题（87％），而肌肉骨骼畸形则是最低的（57％）。

如果所有这些服务都被消费掉，BCCS 将缺乏运作资金，因为，它的生存依赖于低水平的授权转换率。根据我们收集的资料，以下情况可能会发生：临床医生的成本增长 140％，顾问成本增长 169％，X 射线照射成本增长 816％，实验室服务增长 439％，门诊病人收费增长 257％。如果授权服务确实被消费，预算成本就必须要提高 49％。

困难与前景

BCCS 相信，授权服务失败的原因是多方面的，包括没有充足资金的家庭无力接触到各种照顾渠道、缺乏动力和没有认识到需要照顾。而且，BCCS 的官僚式支付系统也会使提供者泄气，况且，提供者也有可能要求比实际需要更多的服务，以便增大要求被考虑的可能性。不管情况如何，BCCS 都认为，大量证据证明，支付系统需要合理化，家庭也可能需要获得使用这些服务的激励。同时，BCCS 在决定医疗求助和其他活动的合法性中所扮演的角色，也被质疑。

新的地方长官走马上任，并提出了一个自由的议程，要求强调预防。BCCS 将此作为一个危及其生存的威胁，因为，它根深蒂固地扎根在治疗项目中，而这些项目与预防项目没有联系，并且，它所服务的一系列状况都不可能预防。BCCS 相信，新的资金提供将变得不太可能，而资金削减的可能动向是将资金转向正在流行的母子健康项目，如筛选、早期使用率检查和产前照顾，这一动向将回应地方长官政策的优先点和主创精神。BCCS 认为，可以主动要求削减明显很低的授权服务。多种成本削减的建议都在考虑中，但是没有一个被实施。对建议的模仿揭示出，所提议的变革将削减内部处理时间的 12％到 57％，但又不会影响到病人的照顾，虽然服务成本可能会提高。

全国性的研究暗示，跛足情况与 BCCS 机构提供的服务无关，州的跛足儿童服务办公署的医疗项目与州里的跛足孩子的需求也没有什么联系。因此，机构存在的合法性遭到了质疑。题名为 V 的为低收入家庭提供免费照顾的命令也受到了质询，共同支付的提议正在准备中。同时，对低收入的界定也遭到质疑，美国管理与预算办公室每年都要加以确定的贫困线被当作一条捷径，用以确定是否提供帮助。这一捷径所带来的变化，可能会极大地降低联邦资金，而州资金的提供倾向于跟随联邦资金的变动而变动。还有人要求，在同样的情况下，一些孩子有权享受几项免费照顾项目，对那些已经点起的怒火这无异于火上浇油。

15.2　战略管理过程

战略管理由 SMG 实施，它由跛足儿童服务办公署内部人员和它的主管机构的关键成员组成，这一主管机构就是州的母子健康处。该处的人事主管和财务总监、跛足儿童服务办公署的代理主管、护理人员代表、财务与数据处理人员代表，共计12 人组成了 SMG。跛足儿童服务办公署设法使 SMG 成为一个为生存进行规划的单位，通过它的运作，组织能够延存到未来。外部的利益相关者在实施中参与进来，那时，户外工作人员也及时进行参与。

推动者通过在 6 个月时间里召开的 7 次会议，实施第一轮的管理过程。图15—1中列出了活动的阶段划分。在这一过程中，通过调查收集信息以启动战略管理行动，如图中的前 SMG 所示。

接着，各次会议按照以下情况组织：

会议 1：为战略管理定向并进行背景分析

界定战略管理的概念并明确如何进行战略管理

检讨趋势（调查反馈）

检讨 SWOT（调查反馈）

检讨理想（调查反馈）

会议 2：形势评估

为 SWOT 评定等级

检讨方向并为其评定等级（调查反馈）

会议 3：战略方向

检讨方向

识别议题并为其评定等级

会议 4：议题评估

识别议题中的关系

检讨 SWOT

识别战略行动

会议 5：战略行动

识别战略标准

识别战略行动关系

会议 6：可行性评估

检讨战略标准

检讨战略行动

识别资源

识别利益相关者

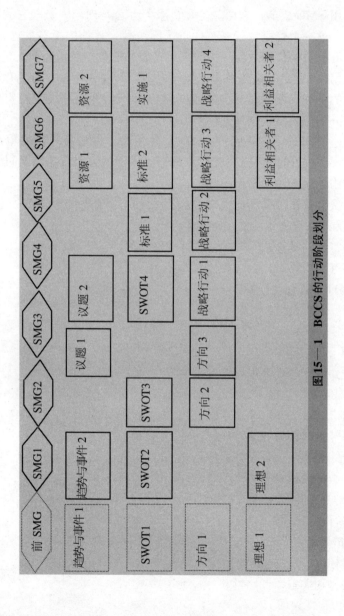

图15—1　BCCS的行动阶段划分

会议 7：实施

整合战略行动

分析资源

分析利益相关者

实施方案

遵照这一构架，推动者为每一次会议准备了一个议程，以便将这些行动具体化。

15.3 第一阶段：历史背景

在第一阶段，每一位 SMG 成员都为 BCCS 识别描述历史背景的趋势、事件和方向，识别它的理想。收集这一信息，要用到一个改良的德尔菲法，并遵循第 13 章中所勾画出的步骤。

外部趋势与事件

SMG 列出了以后几年中将会影响到 BCCS 的趋势和事件。SMG 成员要考虑经济的、与客户相关的、管理的、技术的、政治的和社会的因素，并考虑这些因素对战略的影响。在设立了优先性之后，得到下面的列表：

行政技术

1. 服务授权的计算机化

2. 办公室自动化

成本控制/特征相关群体

1. 来自于立法机构、行政机构和公共福利部的持续的控制成本压力

2. 特征相关群体（DRGs）——正如州公共福利部所提出的那样

资金提供机制

1. 通过成套资助和地方抽税导致的资金提供上的变化

2. 州与联邦两级可能的预算削减

服务要求的提高

1. 由于经济条件（失业、失去保险）而使更多的人具备了合法性

2. 来自父母与医疗机构的、要求扩大服务的持续压力

医疗技术

1. 医疗卫生护理方法的发展导致更多的成本、更多的服务

2. 迅速变化的医疗技术导致需要服务的客户类型发生变化（即高技术可能导致残疾程度更为严重的孩子存活下来，并需要长期的照顾）

方向

　　SMG 通过将 BCCS 过去的运行特征化，并预测其未来 5 到 10 年的发展方向，识别出了当前的方向。这些反馈信息按照需求与要求、资源、服务与客户、管理的和组织的加以分类，下面列出每一类的前几个。

要求与需求

离开	走向
1. 对政治和特殊利益群体的漠视	1. 回应特殊利益群体的战略
2. 分散的治疗方案	2. 综合的、标准的方案
3. 强调少数中心的集中医疗服务	3. 由地方支持服务的幻想
4. 分散的、不协调的照顾	4. 照顾的协调，如医疗中心和儿童医院

资源

离开	走向
1. 有力的资金支持	1. 通过责任感/绩效评估进行成本控制与项目判定
2. 更为依赖州的资金	2. 更为依赖州以外的其他资金
3. 没有适当的数据库	3. 开发可靠的数据库
4. BCCS 的孤立观点	4. BCCS 作为提供卫生护理系统的一个组成部分

服务和客户

离开	走向
1. 住院服务	1. 增加门诊服务
2. 为具有所有残疾情况的病人提供有限服务	2. 为具有部分残疾情况的病人提供广泛服务
3. 低收入客户	3. 低到中等收入的客户
4. 努力防止残疾情况	4. 增加为病情复杂的病人提供的服务

管理的和组织的

离开	走向
1. 关注短期	1. 关注长期
2. 人工操作	2. 计算机记录与规划
3. 医疗与财务管理的矛盾	3. 有计划的和一体化的组织
4. 危机管理、反应主义者	4. 负责的组织系统，通过规划进行管理

理想

运用自己认为优先的趋势和方向，SMG 成员为 BCCS 未来 5 到 10 年构造了一个理想化的形象。经过合并与优先性的设置，SMG 识别出一个理想的健康局的以下特征："BCCS 将有权确保，这一项目中所有需要照顾的孩子是在一个综合照顾中心接受服务；资金提供充足，以改善服务范围内的条件，提高收入的合法性；在实现抑制成本和确保对残疾孩子的高质量照顾之间的平衡中，BCCS 将成为一个领导者。"为了给规划提供一个基底，SMG 又识别出一个最差的景象，其特征如下："需求增多而服务减少；服务提供缓慢，延误治疗，不为客户的完全康复提供所必需的服务。"

15.4 第二阶段：形势评估

这一阶段探查 BCCS 面对的、最紧迫的形势。为实施这一阶段，SMG 对 BCCS 的优势、弱点、机会和威胁进行了评估，这些信息通过一个在前 SMG 时期改良了的德尔菲法收集，并像第 13 章所做的那样，对它们评定等级。应该注意的是，SWOT 在三次会议上被讨论并评级，这样做有助于达成一致意见。以下按优先性顺序列出 SMG 识别出的需重点考虑的 SWOT。

优势

1. 资金和财务资源的多样化
2. 联邦政府对母子健康的承诺
3. 对残疾人口的真正关心
4. 广泛的公众支持
5. 一个良好的计算机系统的启用
6. 合作（内部、提供者等）

弱点

1. 相对于服务要求，增长率和对资金的控制力下降
2. 感觉到服务项目不能适应当前强调预防的政策
3. 缺乏为规划而进行的需求评估
4. 感觉到操作中的延误与无效率
5. 依赖人工操作

机会

1. 立法
2. 当前的政治气候强调政府项目的创新和变革
3. 基层对 BCCS 的支持
4. 用技术提高效率和效益

5. 强调医疗保健成本

威胁

1. 资金提供议题

2. 对 BCCS 不理解

3. 特征相关群体

4. 与福利非常相似

15.5　第三阶段：问题议程

与先前的阶段相比，议题阶段在内容与程序方面都有所不同。在前两个阶段，SMG 成员已经就 BCCS 面临的关键利害关系达成了一致，而在第三阶段，小组确定下一个行动议程。请记住，一个战略议题就是一种事实存在的或预期会出现的情况或张力，它可能存在于 BCCS 内部，也可能存在于其外部，如果它持续存在，将会极大地影响到 BCCS 的运行和实现理想未来的能力。我们使用 NGT 发现议题，用第 5 章和第 6 章中所谈到的关于张力的观点解释清楚议题，并用直接分配法对它们打分。

SMG 运用 NGT 识别出 25 个议题，用滚雪球的技术将这些议题归入 4 大主题，并列在下面。这些议题按照为每一主题所评定的等级列出，括号中的数字代表每一个议题单独获得的评分。

1. 政治环境

项目和服务与母子健康处相一致（2）

成本—控制政策——DRGs、预期支付系统（3）

外部利益相关者对项目的理解（4）

对其他资源和项目所发生变化的反应（10）

项目独特性的确定（17）

2. 财务方面的利害关系/竞争资金

合理分享母子健康预算（6）

县与地方的利害关系——地方根据州的资助再提供资金，并对其负责（7）

评估任何行动的财务影响（16）

展示项目的成本效益（17）

3. 为有限人口提供综合服务或为更多的人提供更少的服务

决定 BCCS 的角色——直接服务、推荐、教育等（9）

强调以社区为基础的急救服务，而不是提供等级照顾（13）

培育基层支持，实现服务分权化（20）

注重照顾质量与支付账单（25）

4. 项目管理的复杂性

将鸭子列成一排（align ducks in a row），以识别并确定外部的利害关系（5）

文书工作（11）

推荐程序需要改进（19）

评价补偿支付机制以确保照顾服务的成本获得高效益，并确保提供充分的服务（22）

让 BCCS 明白它的项目如何影响社区的反馈系统（24）

SMG 被分成两个小组，并对每一议题进行讨论。讨论的结果是改变了优先性，第三个主题被确定为要优先加以考虑的议题。两个小组重新构建的主题是：对残疾孩子和他们的家庭，BCCS 应扮演什么角色。

然后，问题议程上的议题被清楚地确定为相反的力量，它们将 BCCS 向不同的方向推拉，远离它的理想，而且，SMG 还将 BCCS 存在的内在张力识别出来。这一议题表达模式揭示了 BCCS 内部、BCCS 与外部利益相关者之间的关系状况。用这一模式确定的议题根据其优先性列在下面。

1. 对残疾孩子，BCCS 应扮演的角色（BCCS 的广泛服务与地方长官强调预防之间的张力）

2. 政治环境（限制 BCCS 的角色与增长的需求之间的张力）

3. 财务方面的利害关系/竞争资金（历史承诺与成本削减的现实之间的张力）

4. 项目管理的复杂性（需要效率和必须遵守规则、制度之间的张力）

要优先解决的议题张力表明资源和变化是如何联系在一起的。在削减资金的政治环境中，BCCS 将其使命扩展至残疾（而不是跛足）情况，这就意味着需要获得新的资金。这一议题说明，如果 BCCS 想要获得成功，就必须采取措施正视这两个利害关系。

政治环境议题给 BCCS 带来了压力，它要求削减 BCCS 的预算并限制其服务，这与需求的增长是存在张力的。财务方面的利害关系议题识别出了机构对跛足孩子的历史承诺和可能要削减预算之间的张力。最后，项目管理议题则表明，决定如何进行决策的规则、制度与对系统进行合理化之间存在张力，同时，这些规则和制度与提高效率之间也存在着张力关系。在每一案例中，进行议题管理都要考虑这些必须处理的议题张力。

15.6　第四阶段：战略选项

SMG 为处理关键议题张力确定了可能的行动，并且，为了确保每一议题都与 SWOT 相关，在讨论各议题时，SMG 都重新审视优势、弱点、机会和威胁的列表。用 SWOT 作为指导方针，SMG 设法调和 BCCS 的广泛角色与地方长官对预防的强调之间的张力。

为了识别战略行动，SMG 成员拿到了一张列有议题与相关的 SWOT 的工作表，正如表 15—1 所展示的那样。他们要考虑 BCCS 的理想，并为管理议题张力提出明确的行动建议，以便增强优势、克服弱点、开发机会和挫败威胁。

238

表 15—1 战略议题工作表

议题：对残疾孩子和他们的家庭，BCCS 应扮演的角色

增强优势
将项目推向市场
使公众意识到照顾成本和不接受照顾的成本
利用外部专家向县、工作人员和处推销项目

克服弱点
宣扬 BCCS 的积极方面（使用好的资料）
影响 PHC 的规则和州的立法
用工作人员和消费群体影响州的卫生部部长、立法者和地方长官
将服务项目重新界定为预防性的，并扩大预防性行动
同遗传学部、家庭规划部和儿童卫生部协调预防性职能

开发机会
教育并游说立法者
与其他州的卫生项目部、其他机构和处合作，以便将活动领域扩展至维护儿童健康项目
将项目规划得具有创新性、预防性，使其具有成本节约的特征
培植地区合作者提高收入标准

挫败威胁
向立法者进行市场化的销售与游说，并获得其他部的支持
强调优质护理、独特性和与福利的不同（如帮助中产阶级家庭）
用 DRG、预期支付和长期方案开展规划工作，如果资金不足，还要用权变性的方案

SMG 用一个结构化的 NGT 替代方法识别战略行动。首先，为每一组 SWOT 识别行动，然后将这些观点根据 SWOT 列表，运用滚雪球技术合并为一张行动表。以下列出的是所确定的主题：

1. 重新界定 BCCS 的客户和服务（它的角色）
2. 找出其他服务提供方法
3. 增强对 BCCS 和它的项目与服务的政治支持
4. 与其他项目进行协调与合作
5. 提高公众意识
6. 确保资金的稳定提供
7. 设法控制服务成本

SMG 以财务影响、畅销性和照顾重点的质量为标准，对这些战略主题评定等级，获得最高分的是角色重新定位战略。

SMG 运用 ISM 程序（见第 10 章）对这些战略之间的关系进行探究，并用图 15—2 对所确定的优先性关系加以归纳。这些关系倾向于确认把角色重新定位作为关键战略行动的评级结果，然而，应该注意的是，这些战略中的四个必须发挥重要作用。在每一个案例中，运用 ISM 程序（见第 10 章），箭头可进可出，这象征着

每一个战略。图 15—2 对所确定的优先性关系进行归纳，这些关系倾向于确认图 15—2 对这些战略的评级。这些战略都至关重要，但是，其中任何一个战略的实现都依赖于其他适当的战略。这说明，在战略中采取线性运动，即每次只考虑它们中的一个，是不可取的。

图 15—3 对每一战略作为一个生产者或一件产品的限度和这种关系的强度进行了归纳，这张图也产生了并非很重要的反冲力，从而使得同时攻击这些战略成为相当困难的事。这些分析使 SMG 认识到，需要在实施中，同时应付这七个战略。

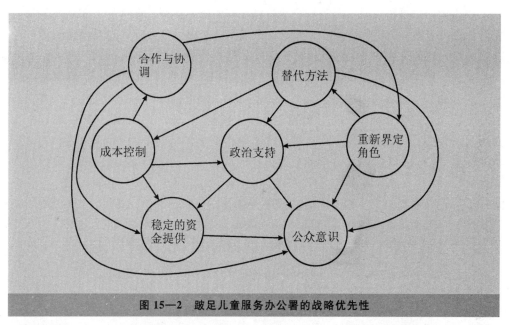

图 15—2　跛足儿童服务办公署的战略优先性

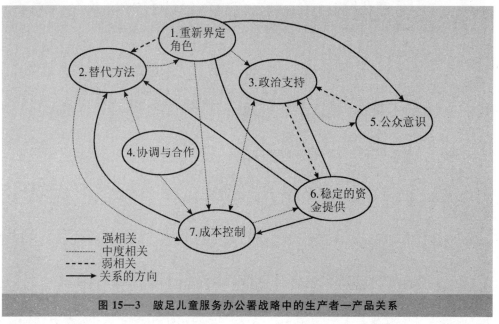

图 15—3　跛足儿童服务办公署战略中的生产者—产品关系

15.7　第五阶段：可行性评估

SMG 用 NGT 为七个战略中的每一个确定利益相关者和资源。第一次分析确定七个战略所需的资源，在列出优先性等等内容之后，重新组织最后的列表，从而将战略与资源提供者联系起来。

下面列出的是跛足儿童服务办公署可以获得的资源类型，在每种资源后面是那一资源的提供者或财务总监，最后，用 I 或 E 表明这些提供者或财务总监是组织内部的还是组织外部的。这些资源包括投资资金［如私人公司（E）和临床医生（E）］、专业支持群体［如医疗顾问委员会（I）、州护士协会（E）和儿科学院（E）］、计算机和电信技术［如这一领域的州机构（E）和公司（E）］、良好形象［有这些群体：户外工作人员（I）、地方卫生部门（I）、BCCS 的客户提供者（E）和 BCCS 医疗顾问分会（I）］、合法性［有像预算管理办公室（E）、获得医学博士学位的 BCCS 主管（I）、整体的配置（E）和 BCCS 的客户（E）等这样的群体］、保护儿童群体［如儿童保护基金会（E）和县儿童服务机构（E）］、联邦法令［如健康与人类服务部（E）和国会（E）］、专业技术［来自于州卫生与法律服务部（E）BCCS 工作人员（I）、COMPASS 咨询团、州卫生成本控制部（E）和州卫生部以及公共信息办公室（E）这样的群体］、决策能力［通过 BCCS 的主管（I）和州的卫生指挥链（E）获得］、用于支付票据的计算机数据［服务于 BCCS 的数据人员（I）、州人类服务部（E）、提供者（E）和其他州的 BCCS 项目（E）］、当前法律的灵活性、赞助金、州外的项目、第三者资源、联邦资金、卫生部、诊断顾问团、调查、州卫生资金、人力和县资金。

资源列表用于启发 SMG 对利益相关者的思考，这些利益相关者通常是关键的资源提供者。SMG 用 NGT 识别利益相关者，并根据战略以及利益相关者是内部的还是外部的对他们加以组织。然后，根据他们的利益进行编码。利益的编码是：（1）专业化关系；（2）客户；（3）服务；（4）经济或利益动机；（5）消费者；（6）专业技术或建议；（7）政治成功；（8）职业化；（9）拥护和（10）公共信息与教育。下面是一个不完全的利益相关者列表。

战略一：重新界定 BCCS 的客户和服务

内部利益相关者（以下为例子）	利益编码
服务办公署的临床医生	1, 2, 3, 6
处	2, 3, 4
卫生法律咨询部	2, 3, 6
处长	2, 3, 4, 6
发挥其他作用的州工作人员	4, 5, 9
外部利益相关者（以下为例子）	利益编码
保险公司/第三支付人	2, 3, 4, 6, 10

残疾儿童和家庭	2, 3, 4, 5
作为提供者的 BCCS 的临床医生	2, 3
康复服务委员会	2, 3, 6

战略二：创造服务提供的替代方法

内部利益相关者（一些例子）	利益编码
服务办公署的临床医生	1, 2, 3, 6
预防内科	2, 3, 6
工会	4, 9, 10
外部利益相关者（一些例子）	利益编码
地方卫生部门	1, 3, 4
保险公司和第三支付人	2, 3, 4, …, 6, 10
残疾儿童和家庭	2, 3, …, 4, …, 5

战略三：增强对 BCCS 和它的项目/服务的政治支持

内部利益相关者（一些例子）	利益编码
服务办公署的临床医生	1, 2, 3, 6
BCCS 的工作人员	3, 4, 10
发挥其他作用的州工作人员	4, 5, 9
外部利益相关者（一些例子）	利益编码
立法者	2, 5, 7
父母支持群体	3, 5, 9
县行政官员	4, 7

战略四：在儿童健康服务提供者之间建立协调与合作关系

内部利益相关者（一些例子）	利益编码
单位领导与行政人员	1, 6, 8
医疗服务	2, 3, 6
妇女、婴儿、孩子的食物增补项目	2, 3
外部利益相关者（一些例子）	利益编码
特定疾病利益集团	2, 3, 5
康复服务委员会	2, 3, 6
服务、治疗等的提供者	3, 4, 6
父母支持群体	3, 5, 9

战略五：提高公众意识

内部利益相关者（一些例子）	利益编码
服务办公署的临床医生	1, 2, 3, 6
单位领导与行政人员	1, 6, 8

预防内科	2，3，6
外部利益相关者（一些例子）	利益编码
地区卫生与人类服务办公室	1，2，3，6
卫生主管	1，2，3，7
基本照顾医生	3，4

战略六：确保资金提供的稳定性

内部利益相关者（一些例子）	利益编码
服务办公署的临床医生	1，2，3，6
处长	2，3，4，6
外部利益相关者（一些例子）	利益编码
健康主管	1，2，3，7
立法者	2，5，7

战略七：设法保持项目与服务的成本

内部利益相关者（一些例子）	利益编码
处长	2，3，4，6
工会	4，9，10
外部利益相关者（一些例子）	利益编码
保险公司和第三支付人	2，3，4，6，10
立法者	2，5，7

通过检测在这些列表中循环出现的利益相关者，SMG 能够精确地找到看起来有益于特定管理的几个群体，包括户外工作人员、BCCS 的医学顾问团、地方上的临床医生和公共卫生部门。SMG 利用 NGT 识别每一利益相关者的期望结果，并确定对每一利益相关者应该采取的行动。表 15—2 归纳了其中的一个评价和所用到的工作表。在下一阶段，要采取措施管理这些利益。

表 15—2　　　　　　　　分析利益相关者、期望结果和行动的工作表

说明：在适当的标题（见表 A—11）下，为左边的每一利益相关者识别出以下内容：

1. 填入最重要的内部或外部利益相关者，它们是那些影响战略或者受到战略影响的利益相关者：重新界定局的客户和服务。

2. 然后，一次考虑一个利益相关者，并明确地指出 BCCS 希望通过这一战略从利益相关者那里得到的期望结果。将这些信息填入第二栏。

3. 接着，在给定的利益相关者和期望结果的情况下，BCCS 要获得这一结果需要采取什么行动？将这些信息填入第三栏。

按照这一方式顺次处理表中的利益相关者，对每一利益相关者都要完成这一过程。

利益相关者和利益	期望结果	对利益相关者采取的行动（直接和间接的）
1. BCCS 工作人员	1. 通告他们 CCS 项目的方向	1. 请他们参与，并告知他们最后的方案
	2. 将有助于期望方案实现的工作明确分配到每个人	2. 考虑日本管理方法和运转良好的公司再造管理

续前表

利益相关者和利益	期望结果	对利益相关者采取的行动（直接和间接的）
1. BCCS 工作人员	3. 剔除"死脑瓜"	3. 人事工作要为这项工作（需要变更的工作）提供帮助
	4. 消除工作人员之间的矛盾	4. 可以建立同事委员会审查并解决问题
	5. 在最底层进行决策	5. 提高与项目的目标相关的责任
	6. 在政策设计中考虑现实性因素	6. 建立评估机制，用案例数据和人员活动评估政策
	7. 战略管理小组继续具有最高的优先权	7. 为工作人员提供商业卡、电话信用卡、免费电话和计算机终端等
	8. 利用计算机数据和其他工具扩大角色	8. 在战略管理中，雇用顾问小组引导战略管理小组
	9. 接受计划	9. 参与机构间小组并向地方政府咨询
	10. 获得整个 BCCS 的方向	10. 让所有的工作人员都参与进来，以培养责任感
	11. 提高生产力和动力	11. 客户、管理者、主管和数据专业人员的直接参与

15.8　第六阶段：实施

通过与关键利益相关者群体一起重复前 SMG 阶段的调查，并对其他利益相关者实施电话调查，战略得以实施。户外工作人员和其他人重复进行这些能够帮助识别趋势、方向等的调查，最终的调查结果显示，人们对各条目与优先性意见相当一致，意见的一致使得 SMG 相信，有把握让利益相关者接受所提议的行动。接着，这些利益相关者群体对这些战略进行讨论并表示支持。

在这一阶段，SMG 对各种外部利益相关者都实施了电话调查，就所提议的战略寻求他们的看法，最后请他们表示同意与否。在每一个案例中，表 15—2 所展示的信息都引导人们将会谈结构化，并探寻能够支持战略的事项。

这些会谈是用图 7—5（见第 7 章）所提供的争论加以结构化的。首先，回答者被问及，哪些客户应该接受服务，哪些不应该，这一议题明显地使 BCCS 可以包容进更多的客户；其次，回答者要识别出应该包括在内或排除在外的服务，这通常产生同样的结果——扩大服务；接着，测试有关合法性的规划。从这些回答中得到的一致意见，使 BCCS 工作人员能够计算所建议战略对收入与支出的影响。

BCCS 成功地实施了它的战略方案，其成功的程度可以从它改变名字得到佐证，现在人们都知道它是残疾儿童服务局，名字的变更表明它要采取新的措施。

服务局运用了第 8 章中所描述的战略管理的持续变革法。SMG 不断地以这种方式识别议题（issue）、开发战略、管理机构方案。

15.9　重塑问题议程

第一轮战略管理过程之后，问题议程上还有 3 个议题没有管理。利用第 5 章给出的处理议题张力的构架，推动者帮助 BCCS 测试议题的综合性，以便重塑问题议程。

议题像下面所列的那样被加以分类（数字代表在最初的问题议程中的优先性）：

生产力—公平

服务办公署对残疾儿童承担的角色（1）

生产力—转变

政治环境（2）

生产力—保存

财务方面的利害关系/竞争资金（3）

项目管理的复杂性（4）

问题议程提出了两点。首先，服务办公署最为关注生产力。我们能够展示生产力如何与其他价值存在张力，也能展示生产力如何提高了 SMG 的竞争理念和利益意识，这导致了第一轮战略管理过程的成功实施。

在第一轮战略管理过程中，有三个议题张力没有呈现：保存—公平、保存—转变和转变—公平。我们劝告 SMG，下一轮行动对问题议程进行重塑时，要考虑这些议题类型。这一步有助于服务办公署正视变革中经常产生而又应该避免的不公平的源泉，也有助于服务办公署正视变革中不同个人将会遇到的议题。对于服务办公署来说，这些价值一个都不陌生，但是，它们并没有被正式考虑过。服务办公署在开始第二轮战略管理过程时，对这些价值进行了思考。

15.10　后果

服务办公署是一个专业组织，它希望在战略发展中更为主动积极，希望能在预测到的事件发生前采取行动，而不仅是被动地做出反应。最初，服务办公署的内部能力相当高而控制适中，它设法提高对事件的控制力以变得更为主动积极。为了成为更为主动积极的组织，服务办公署的领导者希望内部的关键人员提出一个关于未来的远景。所得到的远景要求服务办公署在处理残疾情况时，发挥更为广泛的作用，这意味着要扩大服务办公署的客户群。

为了让人们接受这一广泛角色，服务办公署管理者允许大量利益相关者对服务办公署的方案进行检讨，从而潜在地放弃了对将要实施的战略的某些要素的控制权。通过接受更多的监督（和随之而产生的控制），机构能够在扩大权限的同时，减少威胁，成为一个与现实更有关联性的机构。服务办公署管理者认识到了控制中的反论，通过放弃控制权，让外部的人们在应该做什么的决策中拥有发言权，从而使控制得到了强化。这一实施方法增强了服务办公署的作用，扩大了它的权限，并使其更为主动积极。第一轮战略管理过程的成功，鼓舞了服务办公署的领导者，他们继续采用这一方法，从而塑造了一种更为主动积极的态度。

　　服务办公署曾在一个平静的环境中运作，不需要行动，反应的水平也很低，它使用的战略是官僚战略。后来，服务办公署看到动荡出现的迹象，并想要调整方向，以免被其拉入一种动荡的状态。服务办公署将采取行动与实施合作这两个增长了的要求吸纳进它的方案，从而创造了一个妥协者战略。它试图通过与其他机构达成共识，扩大它的角色，借此提高预算要求。

　　服务办公署继续进行战略开发，并走向了一种共生者战略。通过在战略管理过程的各分循环中寻求具有预防潜力的服务，服务办公署在地方长官办公室确定优先需求之前，就已经预测到这些需求。它还力求与外部群体建立更多的合作性安排，以便向有残疾情况的儿童提供服务。这些行动将服务办公署从一个向他人授权的控制机构，转变成一个主动积极的机构，能够预测需求并引导组织采取正确的行动。

　　根据对议题进行的组合归类，服务办公署识别出的需要优先管理的几个议题都是黑马。而有关服务办公署的角色、政治环境、财务方面的利害关系和项目管理的议题，都是能够加以管理却缺乏利益相关者支持的议题。服务办公署认识到，通过采取行动处理黑马类议题，它能够获得所需的支持，并借助这些支持处理那些可加以管理的议题。如果不采取行动，这些议题就有可能变成怒虎，其中，"角色"议题是最有可能发生这一转变的。假如服务办公署不采取措施，对儿童服务的政治请求就将把其他竞争者引领进这一领域，这些竞争者可能会断言服务办公署逃避了责任。而竞争有可能驱走合作，使共生者战略很难发动和维持。通过扩大支持基础，服务办公署借助合作行动进入了一个防御领域（为残疾儿童服务），它所提出的关注残疾儿童全部需求这一前景也得以明朗化。

组织转型的战略原则

结论既是归纳总结性的也是综合性的，它提供关于如何战略性地管理一个组织的原则性建议。在这一部分，我们对战略管理的理论和过程进行归纳，并提供我们对战略管理未来的看法。战略原则出自于公共部门和第三部门的特定需求，出自于在这类组织中并为了这类组织而进行的变革的方式，出自于对未来战略领导者进行重新定向和引导的转型的要求。

创建战略

为了创建战略，组织领导者必须提出目标、确定关键当事人、识别战略开发的环境、明确时间安排和执行一个过程（见图结论—1）。关键当事人就是那些必须在战略形成与实施中发挥作用的利益相关者，有些利益相关者将成为从事战略开发与实施的战略管理小组（SMG）的成员。在战略实施过程中，一些 SMG 成员会进入或退出，而在评估可行性时，其他人的影响将会被人们认识到并因此加入 SMG。SMG 利用过程（战略管理的"如何"）设计内容（组成战略的东西），他们要将战略设计得能够实现目标（"为什么"），并且能在特定的环境（"哪里"）中，按照特定的时间安排（"什么时候"）实施。这些战略管理因素的关系展现在图结论—1 中。

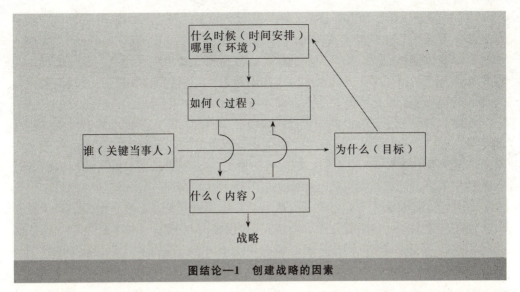

图结论—1　创建战略的因素

战略设计的主导力量是组织领导者，他通过宣传目标而采取行动。请回忆第 5 篇中的案例。县图书馆馆长想扩大图书馆并使其现代化，精神病康复机构的主管要寻找新的方向和持续不断的资金。领导者通过识别变革的需要推动事物的发展，而变革为事态的发展提供推动力和目的，紧随其后的就是有关时间安排和环境的问题，正如图结论—1 所示。领导者还决定什么时候获得结果、谁将被卷入这一变革中来。在精神病康复和儿童服务机构的案例中，SMG 是由关键的内部人员组成的。

在其他情况下，外部人员以协会的形式（见第 5 章）组成 SMG。在协会里，成员们代表着必须共同进行战略设计的机构和组织的利益或观点。当服务提供综合化的呼声提高时，协会将显得尤为重要。例如，伊利诺伊州曾经委任了一个"理事会"。俄亥俄州曾经发动了由所有的州机构组成的"小组帮"（cluster groups），这些州机构各自处理一个特定的问题（如经济发展）。组建"理事会"或"小组帮"的目的是协调战略行动。在处理服务的公平提供、保持重要的价值观问题时需要这样的小组，其中，重要的价值观可以是确保需求得到满足、避免重复建设和确保连续性等。选择使用协会的战略领导者，认识到战略管理需要这种小组形式，而这一认识构造了将要用到的过程。

时间安排的选择也对过程起到构造作用。正如在第 8 章中所提到的，在一天内按比例减少的做法不同于那些要求一个过程循环的做法。而就所做出的承诺和所需的资源来看，一次性循环又不同于进行持续变革的战略管理。

时间安排和环境只是部分地决定构造战略的过程（如何），另一个重要的决定因素是期望。正如在第 12 章中所描述的，目标（为什么）决定了过程所需的信息类型，战略领导者决定对质量、革新、接受度和保存（如确定追求卓越的工作核心不能改变）的需求，这些选择有助于识别收集和组织信息的最佳方式，而战略管理过程需要用这些信息，增加设计出期望类型战略的可能性。例如，第 13 章的精神病康复中心寻求一种综合了质量、接受度和革新的战略。

在图结论—1 中，如何（过程）和什么（内容）之间的箭头，表明过程和内容之间是相互作用的，在构造战略时，一个融入到另一个之中，这一"什么与如何的舞蹈"是我们提供的战略管理方法的核心。战略领导者用观点为过程赋予能量，用过程构造观点，使得学习在双向的努力中不断进行。明智地运用这一过程的战略领导者，能够为他们的组织定位，从而使得变革既是可能的，又是理想的。

战略原则是从我们所提供的指导路线中导引出来的，我们提供的这些指导路线用于处理图结论—1 所展示的战略开发中的谁、为什么、什么时候、哪里、如何和什么六元素。在表结论—1 中所归纳的战略原则用于理解公共和第三部门组织背景下的特定需求，理解这些组织的特征如何限制了战略管理，又如何使战略管理成为可能，关注这些组织应当如何为了变革与转型实施战略管理。当一个组织根据机会与威胁重新定向时，组织就发生了变革；而当组织致力于管理根本性的张力，不断地寻求创新的双赢策略以回应所有正在出现或预期要出现的各式各样的议题时，组织就发生了转型。

表结论—1　　　　　　　　　　　　　　　　　　　　　**战略原则**

战略行动的元素	做了什么
谁（战略领导者做出承诺）	确定为了成为一个主动积极的组织，组织需要进行的组织能力与反应力的变革
为什么（宣传目标与目的）	确定用以管理远景、创建远景或处理需求的理想
哪里（决定要管理的背景）	选择背景并从中挑选 SMG 成员（机构、混合委员会和机构或协会）
什么时候（决定持续的时间）	意味着要建立的过程的类型（试验性的变革、单循环的变革或者持续的变革）
什么（选择战略内容）	注意公共和第三部门组织的特定需求（组织怎样适应变革并产生出新的限制性与可能性？） 环境与战略类型的匹配 1. 官僚战略与平静的环境相配 2. 适应者战略与局部平静的环境相配 3. 指导者战略与骚动的环境相配 4. 共生者战略与动荡的环境相配 5. 用提供计划、活动方法、模式、定位和观念的战略集中各种努力
如何（决定过程）	进行战略变革 1. 运用产生议题张力的测试手段辨明议题的重要性，然后根据价值对它们进行分类。由于这些议题易于处理和获得公众支持，建议组成议题包赢得机构支持 2. 管理什么与如何的舞蹈。可通过以下方式参加舞蹈： a. 决定并评估方向、建立理想、评价 SWOT、形成解决议题张力的议程和实施方案 b. 根据需要重复创立行动管理、议题管理、形势管理和组织管理

续前表

战略行动的元素	做了什么
	可通过以下方式组织舞蹈:
	a. 组织 SMG
	b. 从过程管理者、过程参与人或观察员中选择领导者
	c. 确定过程的时序
	3. 通过让 SMG 解释需求并基于对需求的共同理解做出反应,强化所有权
	4. 挑选信息生成技术以便根据期望结果支持过程
	5. 诱使领导者接受并承担责任,成为一个过程推动者、教师、技术员、管理者和政治家
	进行转型式变革。遵循战略变革原则,并强调:
	1. 持续变革的战略管理
	2. 创新与创造力
	3. 所有类型的议题张力
	4. 共生者战略与协会

公共与第三部门组织的特定需求

带有明显公共特征的组织有着特别的需求,正如在第 2 章和第 7 章中所提到的,公共性要求用一种新的方式考虑战略的性质与战略开发。

公共性源自于市场、限制条件、目标、权力、对行为的授权、责任和不同于公司所面对的绩效期望,其中,公司的绩效期望产生了营利的战略。公共或第三部门的组织之间的市场是由规则制定机构(如受托人或立法者委员会)组成的。当限制条件限定了灵活性和独立性、目标模糊并冲突、领导者的权力受到限制、战略形成中可能有外部力量的政治干预和评审、要求实行委员会负责制以及绩效期望不断变动时,公共性也会产生。

只要这些特征中有一个出现,战略领导者就应当避免使用私营部门的方法进行战略管理。如在第 13 章中,精神病康复中心让控制它的董事会支配消费者,董事会规定要提供的服务的范围、收费哲学,并要求它对贫困者提供免费服务。州和联邦机构规定中心应该做什么才能获得成套资助,而这些资助构成了精神病康复中心预算的绝大部分。中心的目标依据服务范围和客户范围被明白地界定。董事会不断地要求在保持免费服务的同时提高收费,要求在保持对服务的专业控制的同时提高生产力,但是,它并没有看到自己提出的这些要求之间存在着冲突。这些特征中的任何一个都塑造了一种“公共环境”,战略管理必须在这样的环境中进行,用于构造战略的过程必须要考虑到每一个这样的因素。

公共和第三部门组织的变动性

在公共和第三部门组织中,机智的领导者对赋予这些组织特征的限制条件和可能性有着敏锐的洞察力，然而，这些组织面对着动荡的时代，新的发展能够在一夜之间改变公共和第三部门组织的性质。一个新的行政官员进入组织，董事会成员的突然离开，以及旧的承诺被"扔出窗外"，这些新情况都能够以难以预料的方式改变市场、目标、责任、绩效期望和其他特征。具有超前性的领导者必须像在第 2 章中所提出的那样，分析他/她的组织可能会怎样变化以及这些变化所产生的影响。这些新情况也要求他们重新思考历史战略并考虑变化的价值。

创建战略的困难

在构造战略时，具有公共特征的组织面对三类困难。我们发现战略管理的实施是为了管理领导者的远景适合塑造出现的要求，也是为了创建回应环境信号的战略。

为了管理远景，领导者需要将他们的想法付诸实践。将这些远景细节化和得到关键利益相关者的支持是至关重要的，如第 1 章所提到的，为高等教育制定政策的州教育委员会的主任力图创建一个战略，迫使人们读书、工作，为此，主任要求他的参谋人员和委员会根据这些条目重新思考责任，战略管理过程（如何）则被用于提炼战略（什么）和提高责任感。

当一个领导者期望组织扩大或成长，当他认识到组织需要稳定的资金或者新的角色刺激了组织时，远景就出现了；当某一个当权派人物下令整合服务、实施协作时，也会出现远景。这些新的目标引发了一个过程，通过这个过程组织寻求战略变革，以确认并吸纳这些新经营方式，同时寻求凝聚力。这一过程（如何）根据所呈现的对组织产生刺激作用的想法构造一个战略（什么），这一点在第 14 章的图书馆案例中得到佐证。

如果一个远景没有在最初呈现，或者加之于组织的新要求没有部分地暗示远景，就必须由一个过程来创建战略。对董事会进行教育和更换领导人的需要、指导规划的法令的出台、墨守成规或者面对实践的威胁，都暗示需要进行战略变革。这些迹象必须被解读、扩展以形成一个问题议程，然后，为这一问题议程寻求战略。责任感得到提高之后，过程（如何）被用于创建战略（什么），这一点在第 15 章的儿童服务署的案例中得到证明。

战略变革

当公共和第三部门组织的领导者想方设法管理、构造或者创建一个将成为组织的新战略的远景时，就是在寻求变革。在描述过程和理论的那几章里，我们已经提供了几个原则，用于指导如何进行战略变革，下面所归纳的是指导具有公共特征的组织的战略变革的原则。

识别组织对变革的敏感性

具有高度控制且缺乏能力的组织（政治组织）或者具有很强的能力但不承担责任的组织（专业组织）缺乏变革的动力。当能力损失或责任增大时，这些组织就遭受了打击，它们将会通过提高能力或增大责任而成为主动积极的组织。这一条件将激励领导者设法改善事态，从而提供了进行战略管理的机会。

匹配环境与战略类型

如果环境强烈要求采取对行动和预期反应，则必须实行改革。为了达到最佳的结果，战略类型必须与最适于它们的环境相匹配。

当要求处于低水平时，环境是平静的。在这样的环境中，官僚战略得以实施。正如在第 13 章里所讨论的精神病康复中心在出现联邦资金削减之前的情况一样，官僚战略是通过程式化的行动和标准的程序实施的。组织为了保持这些惯例采取了一种防御态度，即预算最大化和为必不可少的预算削减留有余地。组织要寻求保护主义政策的等价物。在这一战略中，战略家成了监护人并利用英雄事迹重申价值观和保护重要的竞争力。如在精神病康复中心，专业人员利用英雄事迹构造战斗的传奇，以保护他们决定费用的特权。

在具有高度反应性和较低行动要求的组织群体构成的局部平静环境中，协调者战略被用来确认、处理每一簇力量的特定需求。可获得的资金必须基于各方要求的强制性特征，在它们之间进行配置。这样的战略被精神病康复中心用来应付资金削减。它通过连本带利的赌博实施资源配置，在这些赌注中，一个行动的实施创造了一个机会并推动了另一个行动的发生。这一策略被用于预算听证、媒体报道等，它逐步将资源配置曝光并察看人们的反应。

当行动的要求增高而反应较弱时，骚动的环境就出现了。这一环境要求实施指导者战略，它通过采取单方面的行动应付新的要求。第 14 章的县图书馆在它的服务领域被侵蚀之前，利用这一战略向全县提供服务。新方法用一种冒险的方式尝试着满足需求，这些新方法对呈现的议题进行推测，并考虑做出反应的方式。

动荡环境产生于反应性与对行动的需求都急剧增长的情况。在这种情况下，组织使用的典型战略是妥协者战略。使用这种战略时，机构要挑起选民之间的互争，以便满足重要的或贫困的选民的需求，或者在资源允许的情况下，同时满足二者的需求。县图书馆采用了这样的战略。共生者战略通常是更好的方法，因为它试图创造一种合作性的安排，以迎合像全国肾脏基金会和道路安全协会这样机构庞大的组织的所有重要需求。这一战略形似探索，新的主动精神不断累积形成一个宏伟的远景，而培育探险意识、检测探索勇气的领导者是这样的远景的创造者。共生者战略使利益相关者寻求新的途径，以满足所呈现的需求，并诱使关键力量通过合作满足至关重要的需求。

通过提供计划、活动方式、模式、定位和观念，战略被组织用来积聚力量、实现目标。作为一个计划，战略提供了采取行动的方法，如发现新的客户和服务。活动方式是被创造出来欺骗对手的战略，应该注意的是，活动方式在共生者战略中是无用的，在妥协人战略中却至关重要。作为一种模式，战略抓住了行动的梦想，即把呈现的机会与计划中的行动聚合在一起。作为定位，战略就是要通过解读环境迹象，寻求为环境所需的服务。定位经常伴随着指导者和适应者战略，如保护预算或以地方自卫队队员的姿态立桩标出服务领域。作为观念，战略把握一个组织的传统和承诺，成为未来行动的试金石。

认识议题的重要性

如同问题在问题解决中所起的关键作用一样，由于议题引导战略的寻找过程，对于战略管理来说，它是至关重要的。趋势或事件的发展引起人们的注意，为了确保这些发展不只是症状的或误导的，要采取两个步骤。首先，对比促发事件的发展与其他发展，以建构我们所称的议题张力。张力表明组织如何在同一时间被所有重要的议题向不同的方向推拉。其次，用一般的张力对议题张力进行归类以确保包容力，这些一般的张力包括生产力—公平张力、生产力—转变张力、生产力—保存张力、公正—转变张力、公正—保存张力和转变—保存张力。通常，组织能认识到那些强调某些价值而不是其他价值的议题，而被忽视的张力却提供了对有用战略的新的洞察。寻找战略其实就是试图平衡每一类张力中存在的相反力量，在这些张力中，双方的价值都是既知的。以这一方式管理张力提高了构造双赢反应的机会。

议题能够根据利益相关者支持和可控性进行归类，当两者都高时，坐鸭类议题就出现了；当两者都低时，就出现睡狗类议题；黑马类议题是在解决办法有效却缺乏利益相关者的支持时出现的；缺乏利益相关者支持而又难以找到解决办法的就是怒虎类议题。以这种分类方式形成的议题组合暗示：人们将如何对战略努力作出反应以及问题议程的可控性。

管理什么与如何的舞蹈

实践者和理论家既把战略描述为内容，也将其描述为过程，使得它既是一个名词，也是一个动词。我们相信，这种观点要求有一个强调从什么到如何再到什么的循环式的时间转换，这种循环导致了"什么与如何的舞蹈"。为了参与这一舞蹈，我们要求采取以下措施：

1. 确定、评估方向以及关键趋势、事件如何影响方向。这些信息建立了历史背景，指出组织正向哪里迈进。

2. 建立理想以指出谁应当被服务、组织应该做什么、组织希望关键利益相关者如何对待它，以及组织想要在将来扮演什么角色。

3. 根据关键的优势、弱点、机会和威胁对组织当前面临的形势进行评估。

4. 创建一个考虑到转变、保存、公平和生产力价值的管理议题张力的议程。

5. 通过增强优势、克服弱点、抓住机会和挫败威胁寻求战略，以便对优先的议题张力做出反应。

6. 评估战略以确定所需的资源和利益相关者的支持度。

7. 设计实施方案，以积蓄所需资源并提高利益相关者对所采取的行动的支持。

8. 根据需要进行循环。首先，从问题议程中挑出额外的议题张力，重复第5、6、7步；第二，定期修改问题议程，重复第4步；第三，重新评估形势，重复第3步，这一步叫作形势管理；最后，重复第1、2步以检查方向和指导转变与变革的理想，这一步叫作组织管理。合在一起，这些循环提供了一个组织实施持续的战略管理的方式。

为了组织舞蹈，领导者必须：

1. 确定 SMG 成员，决定是否要使用一个协会。

2. 从过程管理者、过程参与者或者过程观察员这些角色中选择一个角色。

3. 决定时间安排，正如上面所提到的，要确定过程是要被缩短，还是要一次性实施或持续不断地实施。

强化所有权

SMG 由组织内外代表着权力中心的关键人物组成，让关键人物参与 SMG 有助于战略的设计与实施。

当 SMG 成员探寻并解释他们的见解时，就导致了交互作用，这一作用使 SMG 的群体世界（social world）得以形成。在这一至关重要的过程中，SMG 成员进行了现实的建构，这一现实的社会建构引导他们发现什么或者相信什么。而在帮助 SMG 进行与现实一致的建构中战略管理过程非常关键，并且为形成一致意见创造了机会，一致的意见能被坚持并为行动提供基础。什么与如何的舞蹈要被设计得能扩充信息和提高 SMG 的洞察力，这种洞察力在建构和实施战略变革时是必需的。参与有助于 SMG 成员理解什么能够做，以及他们在实施战略变革中的作用。当 SMG 共同出谋划策时，就能理解需求和利益相关者的利益，从而提供了行动的基础。

根据期望精选信息生成技术

战略管理者应当具备对有关支持战略管理过程的技术的广博知识，这样的知识储存能确保战略领导者根据战略发展的期望，融合几种技术的有用特征，构造出混合的技术。这些战略发展期望源自于在战略中产生质量、接受性、革新或保存的需求。支持战略管理过程的技术要根据这些需求挑选出来。具备这些洞察力的战略领导者，将成为非常出色的技术人员主管。

让领导者接受多项责任

希望战略性地管理组织的领导者，必须从观察员或参与者的角色转换到过程管理者的角色上来，以推动 SMG 的工作，并根据需要更换其成员。除了过程管理者之外，未来的领导者还必须扮演多个角色，包括推动者、教师、技术人员（或技术主管）和政治家。

认识战略管理的意图

实施战略管理是为了实现组织的理想。趋势、事件、方向和导致议题张力产生的 SWOT、为应付议题张力而采取的行动和推动或限制行动的政治与社会力量，都是组织实现理想时必须加以考虑的因素。

未来的组织必须创造一个持续变化的过程，在这一过程中，领导者发挥着积极的作用，他们鼓励创造力和革新，并运用共生者战略实施战略管理。当前这样的变革很少发生，但是，在未来的动荡时代，它是必不可少的。

转型式变革

将来，公共与第三部门组织的领导者必须设法创造和管理转型。公共组织需要通过转型持续改变内部结构和外部承诺，以回应迅速变动的需求，这些需求的变动将会给未来大多数具有公共性质的组织赋予新的特征。动荡环境对行动的需求很高，并要求进行合作性反应。在这种合作性反应中，组织形成联盟，为回应所呈现的需求积蓄并配置资源。这一过程叫作持续的战略管理，它由组织领导者实施，高度关注问题议程中的张力、创造性反应和共生者战略的使用。未来的战略领导者必须遵循战略变革原则，强调在表结论—1 中提到的、对形成转型战略必不可少的原则。下面是这些原则。

发动持续变革的战略管理

根据我们的案例和经验，组织常认为战略发展是一蹴而就的，或者将其作为由外部人推动的协作性努力。将来，这种情况必须改变，我们为持续变革的战略管理开具的这一药方，将成为 21 世纪成功组织的标志。在持续变革的战略管理中，行动、议题、形势和组织管理的循环必须不断地重复进行。如果要发生组织转型，战略开发必须成为组织中正在进行的行为，要占用领导者相当多的时间。没有遵循这一方法的领导者，将要被能够遵循的人取而代之。

促进革新和创造

我们所遇到的最大的难题是对革新和创新技术的抵制（应当指出的是，在私营部门中，这种抵制也是一个难题）。过去，许多具有公共特征的组织，能够凭借法令和其他人的革新而忽略新的要求，在我们能够预见的动荡环境中，具有公共特征的组织将不再享有这种奢华。在领导者能够看到其他人做了什么和进行模仿之前，对行动的要求已经来而又去了。创造性战略将变得越来越重要，不会创新的组织领导者将会被取代。而创造性与革新是组织转型的基本要素。

认识和处理议题张力

创造性战略可以部分地从议题张力所提供的线索中推导出来。议题张力拓展了寻找战略的活动场所，超越了最初引起关注的那些事态变化。

在议题张力理念中，两个互相矛盾的防御性解释同时出现，每一个解释提供的争论都是说得通的，但是，合在一起，它们似乎就互相矛盾。人们要对矛盾进行研究，以便发现理解这些相反的解释的路径。以这种方式看待议题，就会发现，议题将奠定于核心价值观之上的力量辨识了出来，这些核心价值在同一时间将组织向许多方向推拉。如此一来，战略管理就是设法管理相反的力量，如预算削减和呈现的服务需求。隐藏在张力背后并对其加以限定的价值观产生于生产力、公平、转变和保存。基于这些价值观的强烈要求和相反的要求被提出，组织都要对它们做出回应。战略领导者如果只处理这些相反力量中的一个，就会出现一种危险形势，在这种形势下，行动的障碍或可能性遭到忽视。

将议题看作张力，增加了识别出双赢战略的可能性。在张力中，相反力量的"互存"关系使考虑组成张力的相反两端的事态变动成为必要。例如，通过寻找存在于生产力中对公平的关注和存在于公平中对生产力的关注，需要对每一类关注加以处理就成了显而易见的事情。这诱使组织同时为公平与生产力寻求解决措施，从而增大了确定一个双赢战略的机会。将寻找过程拓展至处理六类张力，有助于组织发现过去被忽视的议题，并将战略延伸至这些新的领域。由于发现了被忽视而又必须加以管理的利益集团，战略实施将更为容易。而且，由于所呈现的议题要求新的组织经营方式，创新战略也更易出现。

与议题张力两极的力量进行抗争，增大了找到创新战略的机会。由于每一相反力量都被认为是同等有效、准确，所以，像变革（转变）的需求与保存文化（传统）的需求这样看起来并不相容的发展，为组织提供了创造性的洞察力。例如，为形成战略而对成本和质量加以考虑的管理者，能够想出更具有创新性的战略。卓越的组织知道如何认识和管理议题张力，未来成功的组织就必须具有这样的创造优势。要实现这一目标，组织中所有层次都要具备创造力。

使用共生者战略

共生者战略区分了成长与发展。成长就是要求更多，是规模的增加，而发展寻求净价值（net worth）的提高。发展战略要提高所有利益相关者的净收益，要实现这一目标，就要用共生者战略应对动荡的环境。在动荡的环境中，强制性的需求爆炸式地出现，竞争取代了合作。竞争姿态产生的最好结果，将会是竞争机构为那些被认为属于它们管理范围内的人们提供服务，这样将导致某些重要的需求没有得到满足或没有得到应有的对待，同时，它也鼓励了重复建设。合作姿态要求同主管税收和预算的当局进行谈判，划分服务领域，以便所有的服务责任都能被承担。共生者战略要求创立协会和其他类型的庞大机构，以服务于呈现的需求。虽然有像道路安全项目和国家肾脏基金会这样的榜样，但是，过去这种情况太罕见，而在将来，这会成为更为必要的战略形式。

在一个迅速变动的环境中，必须进行合作，以确保出现的需求得到满足，因此，应通过从多个渠道获取的资源和项目来实行共生者战略。作为这些资源、项目来源的利益相关者，他们的自我利益都要服务于整体的需求这一更大的利益。共生者战略认识到，需要设计新奇的结构安排，开辟新的道路，以满足不断出现的需求。

为了发动共生者战略，将来的战略领导者必须具有远景、责任感和领导才能。远景用于识别什么时候强制性的议题产生，用于构造创造性的反应或者用一种创新性的战略等待需求的出现。责任感是要为别人树立榜样，一个人必须牺牲个人目标和狭隘的个人利益，以便为共生者战略设立基调。领导能力被用于给人留下这样的印象：不是自命不凡，而是品行端正。这种姿态要求采取集体行动，许多人倾向于将这样的姿态理解为一种给领导者带来更大利益的明智之举。

成功的与不成功的领导者都采取了许多相似的行为。成功依赖于将事情放置于一个模式中，在这一模式中，共生者价值观是可信的，这样别人才会接纳并效法这些价值观。未来的成功领导者必须能够整合实现他们的远景所需的资源与责任感。

要点

1. 具有公共特征的组织的特定需求和这些组织进行战略变革的方式暗示着战略原则。

2. 战略变革的原则包括识别组织对战略管理的敏感性、匹配战略与环境、承认议题是张力、促进鼓励实施的所有权、选择接受战略管理每一要素的作用的领导者、根据期望类型的战略挑选信息生成器以及满足战略管理提出的期望。

3. 转型战略的原则要求持续变革的战略管理、创新和创造力，要求识别和处理所有的六个议题张力，并使用共生者战略。在 21 世纪，具有公共特征的组织要想取得成功，必须采取转型战略。

附录 A

经典教材系列
公共行政与公共管理经典译丛

支持战略过程各阶段的表格、工作表和发放资料

表 A—1　德尔菲说明

　　在(日期)，你和战略管理小组中的同事将聚在一起，启动一个战略管理过程。我盼望与你一起工作，并希望有机会帮助你确定自己的战略管理立场。

　　为了充分利用我们在一起工作的时间，或许更为重要的是为了给你时间考虑一些有效的战略管理的核心事情，我们将要求你完成所附上的表格。有效的战略管理以对组织及其特性和运作环境的充分分析为前提，我们所提的问题，其设计目的在于收集你对组织现在处于何种境况和它会走向何方的看法。

　　请注意，表格要求用简短的句子或段落回答。你的回答应该集中于抓住你所考虑到的事情的本质。还应注意，有些问题看起来是建立在其他问题基础之上的，因此，如果你能找到一段充足的时间使你一次完成所有的表格，那将是再好不过的了。

　　我们将基于小组的全部回答提供反馈。我们允许采用匿名方式，但是，如果你想在这一工作过程完成后取回所填表格的话，可以在所填表格上作一个可识别的记号。请在(日期) 将填好的表格交到以下地址。如有任何问题，请与我们联系。

　　谢谢。

表 A—2　战略方向工作表

　　简要描述组织当前的战略方向。组织的基本活动是什么？回顾过去的三到七年时间有助于识别组织所经历的主要变化，展望相似的时间段有助于识别组织将要经历的主要变化。请在下面的位置（维度）描述组织的行动。

维度

要求/需要（为了服务于对客户的需求和需要，或者为了确认对机构重要的群体，我们必须或应当做出反应的事情）

依我看来，我们正离开	依我看来，我们正走向

维度

资源（为实施项目，可以由我们调遣的资产——我们的财政资源、人力资源和物质设施资源，包括资料）

依我看来，我们正离开 | **依我看来，我们正走向**

维度

项目（我们所提供的项目和服务与我们确定的目标客户）

依我看来，我们正离开 | **依我看来，我们正走向**

维度

总的管理与组织实践（组织我们的行政机构所围绕的竞争力和战略）

依我看来，我们正离开	依我看来，我们正走向

表 A—3　外部事件和趋势工作表

请在下面列出，在未来三到七年内，你认为将会影响到机构功能的特定外部事件和趋势。充分思考那些由于其战略影响力而应该加以考虑的经济的、与客户相关的、管理的、技术的、政治的和社会的因素。这是你清晰地识别你认为组织将要面对的外部事件和趋势的一个机会。

1.
2.
3.
4.
5.
6.
7.
8.
9.
10.
11.
12.

表 A—4　理想机构属性工作表

展望未来，你认为哪些属性是对组织所有可能景象的最佳描述？哪些属性将置组织以所有可能景象的最差境地？

最佳情况的属性：

最差情况的属性：

表 A—5　形势评估工作表

优势被界定为一项或更多的技能、明显的竞争力、能力、竞争优势或组织选择战略时能够抽取的资源。请列出组织在任何未来的战略中能够利用的优势。

1. _____	6. _____
2. _____	7. _____
3. _____	8. _____
4. _____	9. _____
5. _____	10. _____

弱点被界定为缺乏一项或更多的技能、明显的竞争力、能力、竞争优势或资源。请列出在任何未来战略中组织必须加以考虑的弱点。

1. _____	6. _____
2. _____	7. _____
3. _____	8. _____
4. _____	9. _____
5. _____	10. _____

机会被界定为一种形势，在这种形势下，利益非常清晰，并且，如果采取了某些行动，也很可能实现这些利益。请列出组织面对的机会。

1. _____	6. _____
2. _____	7. _____
3. _____	8. _____
4. _____	9. _____
5. _____	10. _____

威胁被界定一种形势，如果不及时采取措施，这种形势会引发具有潜在危害性的事件和结果。必须积极挫败威胁，以防止麻烦的发生。请列出组织当前面临的威胁。

1. _____   6. _____
2. _____   7. _____
3. _____   8. _____
4. _____   9. _____
5. _____   10. _____

表 A—6　战略问题议程工作表

战略议题是预期的或事实的情况或紧张，存在于组织内部或外部。如果议题持续存在，就将对组织的功能或组织获取期望目标的能力产生相当大的影响。

请在下面列出组织将来必须成功地进行管理的战略议题。为了将一个议题表述为张力，请遵循两个步骤。首先，用上面的概念来识别议题；其次，找出最重要的将人们拉向相反方向的因素，并将议题与这一因素配对。例如，由于丧失了州的资助而导致在医学院的家庭医学部门的服务减少，可以与低收入病人对服务要求的增多配对。

1.
2.
3.
4.
5.
6.
7.
8.
9.
10.
11.

为了研究议题，通过识别议题的重要特征和它为什么值得组织关注来彰显议题的重要性经常是很有用的。例如，如果你要向一个不像你那样对组织熟悉的人介绍议题，你会说议题的关键方面是什么？为什么它值得你关注？

议题＃1 _____
1.
2.
3.
4.
5.
议题＃2 _____
1.

2.

3.

4.

5.

议题＃3 _____

1.

2.

3.

4.

5.

议题＃4 _____

1.

2.

3.

4.

5.

议题＃5 _____

1.

2.

3.

4.

5.

议题＃6 _____

1.

2.

3.

4.

5.

表 A—7　战略工作表

1. 在所附工作表中，尽可能多地列出与优先议题相关的战略行动。使用与议题相关的 SWOT 来帮助你完成任务。

2. 在应用 SWOT 原则时，不要顾虑所建议的行动是常规的还是新奇的。我们发现如果你考虑可能的行动时，是基于增加优势、克服弱点、开发机会和挫败或阻止威胁，就会产生一系列综合但又有创造性的想法，对这些想法可以进行进一步的讨论和精心的修饰。请在工作表的右边填进你的行动想法。

3. 当你在右边的"战略行动"栏填进你的行动想法时，要确定列出 SWOT 的行动目标数目（如 S1，S2 和 O1）。一个行动可以作为一个或多个 SWOT 的因素。发现同时影响优势、弱点、机会和威胁的战略行动很重要。如果所留空白不够，请写在纸张背面。

4. 无须在表格上署名。请保证字迹清楚，以便别人能够看出所写内容。

5. 当你的想法枯竭时，请告知推动者。

战略管理的定义和指导原则：战略管理是朝向我们的使命的行动，它建立在对我们当前形势的理解和对我们所期望的未来的识别的基础上，它允许我们

增强优势

克服弱点

开发机会

阻止或挫败威胁

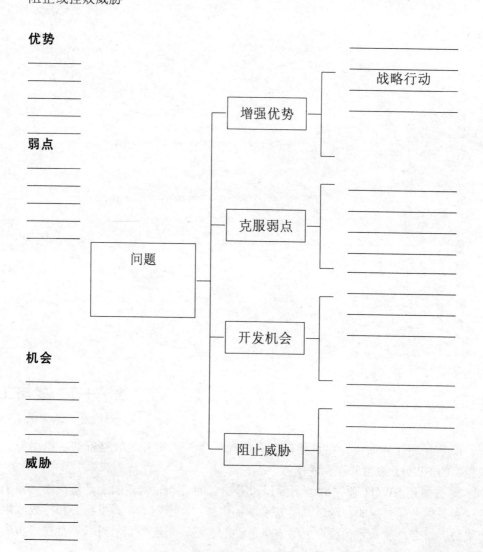

表 A—8　股东识别工作表

在组织内外都有具有共同的利益或在我们所考虑的战略中有利益关系的个人、集体和组织。股东包括所有将被优先战略所影响或将对优先战略施加影响的力量。

请在下面的左边为战略列出股东，在右边列出涉及的利益（服务使用者、客户提供者、服务提供的合作、进入的成本等）。讨论中，我们没有问到股东是内部的还是外部的；你可以在每一力量旁边标上 I 或 E 以传达这一信息。慢慢做。如果你走入了思维的死胡同，请在战略间反复转换。

战略：_____

股东	利益
＿＿＿＿＿＿	＿＿＿＿＿＿
＿＿＿＿＿＿	＿＿＿＿＿＿
＿＿＿＿＿＿	＿＿＿＿＿＿
＿＿＿＿＿＿	＿＿＿＿＿＿
＿＿＿＿＿＿	＿＿＿＿＿＿
＿＿＿＿＿＿	＿＿＿＿＿＿
＿＿＿＿＿＿	＿＿＿＿＿＿

表 A—9　股东对问题的态度工作表

从所列的股东中，找出最有可能支持我们的优先战略的股东，并给他们打＋5分。找出最有可能反对优先战略的股东，并打－5分。中立股东得 0 分。用这些标杆为剩余的股东打分。

对问题的态度
（＋5＝支持，－5＝反对）

股东或编码	等级
＿＿＿＿＿＿	＿＿＿＿＿＿
＿＿＿＿＿＿	＿＿＿＿＿＿
＿＿＿＿＿＿	＿＿＿＿＿＿
＿＿＿＿＿＿	＿＿＿＿＿＿
＿＿＿＿＿＿	＿＿＿＿＿＿

表 A—10　股东重要性工作表

从所列的股东中，找出最重要的股东并为他们打 10 分，找出最不重要的股东并给他们打 1 分，剩余股东根据这些标杆打分。分数在 5 或以下表明在实施过程中，无须与这些股东进行正式接触。

重要性
（1＝最小，10＝最大）

股东或编码	等级
＿＿＿＿＿	＿＿＿＿＿
＿＿＿＿＿	＿＿＿＿＿
＿＿＿＿＿	＿＿＿＿＿
＿＿＿＿＿	＿＿＿＿＿
＿＿＿＿＿	＿＿＿＿＿

表 A—11　资源识别工作表

为下面所列的每一个战略识别战略成功所需的资源，以及谁可能成为资源的提供者或控制者。在思考与战略相关的资源时，既要找出外部资源，也要找出内部资源。要找出可能被我们用作资源来获取战略目标的财政（金钱）资源和非财政资源（如工人、合法性、地位、接受性、知识、专业技术、权力、时间和一个既有的项目），或者能够有助于我们的其他形式的帮助。

战略主题	资源类型	提供者	如何获得
＿＿＿＿	＿＿＿＿	＿＿＿＿	＿＿＿＿
＿＿＿＿	＿＿＿＿	＿＿＿＿	＿＿＿＿
＿＿＿＿	＿＿＿＿	＿＿＿＿	＿＿＿＿
＿＿＿＿	＿＿＿＿	＿＿＿＿	＿＿＿＿
＿＿＿＿	＿＿＿＿	＿＿＿＿	＿＿＿＿
＿＿＿＿	＿＿＿＿	＿＿＿＿	＿＿＿＿

表 A—12　资源关键性工作表

对每一资源和它的控制者的关键性或重要性打分，找出最关键的资源或控制者

并对他们打 10 分，找出最不重要的资源或控制者并对他们打 0 分，剩余的用这些
标杆打分。5 分或以下意味着这一资源对于战略实施不是必要的。

关键性

（1＝最小，10＝最大）

资源控制者或编码　　　　　　　　　　　　　　　等级

　　————————————　　　　　　————————————

　　————————————　　　　　　————————————

　　————————————　　　　　　————————————

　　————————————　　　　　　————————————

　　————————————　　　　　　————————————

　　————————————　　　　　　————————————

表 A—13　资源潜在获得性工作表

对每一资源的潜在获得性（资助或动员的容易度）打分。找出最容易获得的资
源并对它们打＋5 分，对不能获得的资源打－5 分，获得性不确定的资源打 0 分，
用这些标杆对剩余的资源打分。

潜在获得性

（－5＝不能获得，＋5＝容易获得）

资源或编码　　　　　　　　　　　　　　　　　　等级

　　————————————　　　　　　————————————

　　————————————　　　　　　————————————

　　————————————　　　　　　————————————

　　————————————　　　　　　————————————

　　————————————　　　　　　————————————

　　————————————　　　　　　————————————

附录 B

经典教材系列
公共行政与公共管理经典译丛

支持技术的表格和工作表

表 B—1 优先权关系工作表

　　为每一横行中的项目，在其右边的竖行中填进优先（P）或者随后（F），以表明这一项目与竖行中根据粗略的优先和随后次序排在其前面的项目的关系。如果两个项目同时运行，填进（S）。

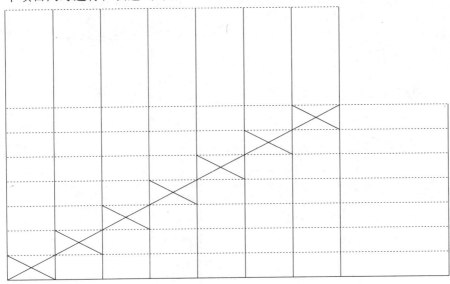

表 B—2 生产者—产品关系工作表

　　填写每一横行中的项目对每竖行中的项目的影响程度，正的影响填为（＋1至＋5），负的影响填为（－1至－5），如果没有明显的影响，填为0。

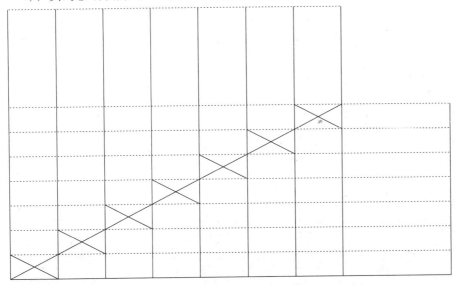

表 B—3　为标准定等的工作表

下面的任何一个标准都能被用于战略选择：

1. 影响
2. 重要性
3. 时间性（timeliness）
4. 控制
5. 问题的优先性*
6. 因果关系*

如果用到标准 1 到标准 4，那么对面的表就要用于对每一标准的分析。

标准 项目	1.	2.	3.	4.	5.			分布100点						
1.														
2.														
3.														
4.														
5.														
6.														
7.														
8.														
9.														
10.														
								100＝全部						

* 由图表暗示。

表 B—4　Q 型记录表

分类之后，在每一张卡片的适当方格内填入种类的价值数。注意每一种类包括特定的卡片数码。

题目：＿＿＿＿＿＿＿＿　　分类人：＿＿＿＿＿＿＿＿＿＿

信息来源：＿＿＿＿＿＿＿＿　　日期：＿＿＿＿＿＿＿＿＿

1	2	3	4	5	6	7	8	9	10	11	12	13	14	15	16	17	18	19	20

21	22	23	24	25	26	27	28	29	30	31	32	33	34	35	36	37	38	39	40

41	42	43	44	45	46	47	48	49	50	51	52	53	54	55	56	57	58	59	60

61	62	63	64	65	66	67	68	69	70	71	72	73	74	75	76	77	78	79	80

81	82	83	84	85	86	87	88	89	90	91	92	93	94	95	96	97	98	99	100

种类价值	1	2	3	4	5	6	7	8	9
各类中的项目数	5	8	12	16	19	16	12	8	5

注意：价值为 9 意味着"最重要"，价值为 1 意味着"最不重要"。

参考文献

经典教材系列
公共行政与公共管理经典译丛

Acar, W. "Organizational Processes and Strategic Postures: Cross-Classification or Continuum." Proceedings of the General Systems Society, 1987, J-70-J84.

Ackerman, R. W., and Bauer, R. A. Corporate Social Responsiveness: The Modern Dilemma. Reston, Va.: Reston, 1976.

Ackoff, R. Creating the Corporate Future. New York: Wiley, 1981.

Allison, G. T., Jr. "Public-Private Management: Are They Fundamentally Alike in All Unimportant Aspects?" In B. Bozeman and J. Straussman (eds.). New Directions in Public Administration. Calif.: Brooks/Cole, 1984.

Andrews, K. R. The Concept of Corporate Strategy. Homewood, Ill.: Irwin, 1980.

Ansoff, H. I. "Managing Strategic Surprise to Weak Signals." California Management Review, 1976, 18, 21-23.

Ansoff, H. I. "The Changing Shape of the Strategic Problem." In D. Schendel and C. Hofer (eds.). Strategic Management. Boston: Little Brown, 1979.

Ansoff H. I. "Strategic Issue Management." Strategic Management Journal, 1980, 1 (2), 131-148.

Ansoff, H. I. Implanting Strategic Management. Englewood Cliffs. N. J.: Prentice Hall, 1984.

Ansoff, H. I., Declerk, R. P., and Hayes, R. L. From Strategic Planning to Strategic Management. New York: Wiley, 1976.

Appleby, P. H. Big Democracy. New York: Knopf, 1945.

Arcelus, F. J. , and Schaefer, N. V. "Social Demands as Strategic Issues: Some Conceptual Problems. " Strategic Management Journal, 1982, 3 (4), 347—358.

Archebalt, D. , and Backoff, R. W. "An Innovation Adopting Perspective for Marketing in the Government. " In M. Mokwa and S. Permut (eds.). Government Marketing. New York: Praeger, 1981.

Argyris, C. , and Schon, D. Organizational Learning: A Theory of Action Perspective. Reading, Mass. : Addison-Wesley, 1978.

Axelrod, R. Structure of a Decision: The Cognitive Maps of Political Elites. Princeton, N. J. : Princeton University Press, 1976.

Backoff, R. W. , and Nutt, P. C. "A Process for Strategic Management with Specific Application for the Nonprofit Organization. " In J. Bryson and R. Einsweiler (eds.). Strategic Planning. Chicago: American Planning Association, 1988.

Baker, R. "Organizational Theory in the Public Sector. " Journal of Management Studies, Feb. 1969, pp. 15—32.

Bales, R. F. Interaction Process Analysis. Reading, Mass. : Addison-Wesley, 1951.

Banfield, E. C. "Corruption as a feature of Governmental Organizations. " Journal of Law and Economics, 1977, 20, 587—605.

Bardach, E. The Implementation Game. Cambridge, Mass. : MTT Press, 1977.

Bass, B. M. "When Planning for Others. " Journal of Applied Behavioral Science, 1970, 6, 151—171.

Benn, S. I. , and Gaus, G. F. Public and Private in Social Life. New York: St. Martin's Press, 1983.

Bennis, W. , and Nanus, B. Leaders. New York: HarperCollins, 1985.

Berger, P. , and Luckman, T. The Social Construction of Reality. New York: Doubleday, 1966.

Blaylock, B. K. , and Rees, L. P. "Cognitive Style and the Usefulness of Information. " Management Science, 1984, 15, 74—91.

Blumenthal, J. M. "Candid Reflections of a Businessman in Washington. " In J. L. Perry and K. L. Kraemer (eds.). Public Management: Public and Private Perspectives. Mountain View, Calif. : Mayfield. 1983.

Blumenthal, M. , and Michael, D. "Candid Reflections of a Businessman in Washington. " Fortune, Jan. 29, 1979.

Boland, R. J. , Jr. Organizational Sense Making and Alternative Accounting Systems: A Case Analysis. Faculty Working Papers, no. 695. Urbana, College of Commerce and Business Administration. University of Illinois, 1980.

Bouchard. T. J. Jr. , and Hare, M. "Size, Performance, and Potential in Brainstorming Groups. " Journal of Applied Psychology, 1970, 54 (1), 51—55.

Boulding, K. The Image. Ann Arbor: University of Michigan Press, 1956.

Bozeman, B. "Dimensions of Publicness: An Approach to public Organization Theory." In B. Bozeman and J. Straussman (eds.). New Directions in Public Administration. Calif. : Brooks/Cole, 1984.

Bozeman, B. All Organizations Are Public: Bridging Public and Private Organizational Theories. San Francisco: Jossey-Bass, 1987.

Bristol, L. II. , Jr. "The Application of Group Thinking to the Problems of Pharmaceutical Education." American Journal of Pharmaceutical Education, 1958, 22, 146-156.

Brown, N. S. Q-Sort Analysis. New Haven, Conn. : Yale University Press. 1980.

Bryson. J. The Role of Forums, Arenas and Courts in Organizational Design and Change. Discussion Paper, no. 6. Minneapolis: Strategic Management Research Center, university of Minnesota, 1984.

Bryson, M. Strategic Planning for Public and Nonprofit Organizations: A Guide to Strengthening and Sustaining Organizational Achievement. San Francisco: Jossey-Bass, 1988.

Bryson, J. M. , Freeman, R. E. , and Roering, W. D. "Strategic Planning in the Public Sector: Approaches and Directions." In B. Checkoway (ed.). Strategic Perspectives on Planning Practice. Lexington, Mass. : Lexington Books, 1986.

Buchholz, R. A. Business Environment and Public Policy. Englewood Cliffs, N. J. : Prentice Hall, 1982.

Burnberg, J. G. , Pondy, L. P. , and Davis, C. L. "Effect of Three Voting Rules on Resource Allocation Decisions." Management Science, 1970, 16, pp. B356-B371.

Burns, T. "The Direction of Activity and Communication in a Departmental Executive Group." Human Relations, 1954, 7, 73-87.

Burrell, G. , and Morgan, G. Sociological Paradigms and Organizational Analysis. Exeter, N. H. : Heinemann, 1979.

Caiden, G. E. The Dynamics of Public Administration. Hinsdale, Ill. : Dryden Press, 1971.

Cameron, K. S. "Effectiveness Paradoxes: Consensus and Conflict in Perceptions of Organizational performance." Management Science, 1986, 32 (5), 539-553.

Chaffee, E. E. "Successful Strategic Management in Small Private Colleges." Journal of Higher Education, 1984, 55, 212-241.

Chaffee, E. E. "Three Modes of Strategy." Academy of Management Review, 1985, 10, 89-98.

Chandler, A. D. , Jr. Strategy and Structure. Cambridge, Mass. : MIT Press, 1962.

Child, J. "Organizational Structure, Environment and Performance." Sociology, 1972, 6, 1-22.

Christenson, P. R. Guilford, J. P. , and Wilson, R. C. "Relations of Creative Responses to Work Time Instructions. " Journal of Experimental Psychology, 1957, 53, 82—88.

Ghristenson, P. R. , and others. Business Policy: Text and Cases. (5ᵗʰ ed.) Homewood, Ill. : Irwin, 1983.

Churchman. C. W. On the Design of Inquiring Systems: Basic Concepts in Systems and Organization. New York: Basic Books. 1971.

Churchman. C. W. The Systems Approach and Its Enemies. New York: Basic Books, 1979.

Cobb, R. W. , and Elder, C. D. Participants in American Politics: The Dynamics of Agenda Building. Newton, Mass. : Allyn & Bacon, 1972.

Collaros, O. W. , and Anderson, L. R. "Effect of Member participation and Commitment on Influence Satisfaction and Decision Riskiness. " Journal of Applied Psychology, 1974, 59, 127—134.

Collins, B. , and Guetzkow, H. A Social Psychology of Processes for Decision Making. New York: Wiley, 1964.

Cummings, L. L. , Huber, G. , and Arndt, S. "Effects of Size and Spatial Arrangements on Group Decsion Making. " Academy of Management Journal, 1974, 17, 460—475.

Cyert, R. M. , Dill, W. R. , and March, J. G. "the Role of Expectations in Business Decision Making. " Administrative Science Quarterly, 1958, 3, 307—340.

Cyert, R. M. , and March, G. G. A Behavioral Theory of the Firm. Englewood Cliffs, N. J. : Prentice Hall, 1963.

Daft, R. L. , and Weick, K. "Toward a Model of Organizations as Interpretative Systems. " Academy of Management Review, 1984, 9 (2), 284—295.

Dahl, R. A. , and Lindblom, C. E. Politics, Economics and Welfare. New York: HarperCollins, 1953.

Dalky, N. Delphi. Santa Monica, Calif. : Rand, 1967.

Dellbecq, A. L. "The Management of Decision Making in the Firm: Three Strategies of Three Types of Decision Making. " Academy of Management Journal, 1967, 10 (4), 329—339.

Delbecq, A. L. "The World Within the Span of Control. " Business Horizons, 1968, 11, 47—56.

Delbecq, A. L. , and Van de Ven, A. "A Group Process Model for Problem Identification and Program Planning. " Journal of Applied Behavioral Science, 1971, 7 (4), 466—492.

Delbecq, A. L. , Van de Ven, A. , and Gustafson, D. H. Group Techniques for Program Planning. Middleton. Wis. : Greenbrier, 1986.

Deutsch, M. "The Effects of Cooperation and Competition upon Group Process." In D. Cartwright and A. Zander (eds.). Group Dynamics. New York: Harper-Collins, 1962.

Dewey, J. How We Think. Lexington, Mass.: Heath, 1910.

Dewey, J. Logic: The Structure of Inquiry. New York: Putnam, 1938.

Dickson, G. W., Senn, J. A. and Chervany N. L. "Research in Management Information Systems: The Minnesota Experiments." Management Science, 1977, 23, 913—923.

Downs, A. Inside Bureaucracy. Boston: Little Brown, 1967.

Downs, A. "Up and Down with Ecology: The Issue Attention Cycle." The Public Interest, Summer 1972, pp. 38—50.

Drucker, K. "On Problem Solving." Psychological Monographs, 1945, 58 (5), entire issue.

Drucker, P. F. The Practice of Management. New York: Harper-Collins, 1964.

Drucker, P. F. Managing the Public Sector Institution. The Public Interest, 1973, 33, 75—93.

Drucker, P. F. Management: Tasks, Responsibilities and Practices. New York: Harper-Collins, 1974.

Dutton, J. E., Fahey, L., and Narayanan, V. K. "Towards Understanding Strategic Issue Diagnosis." Strategic Management Journal, 1983, 4, 307—323.

Dutton, J. E., and Jackson, S. "Categorizing Strategic Issues: Links to Organizational Action." Academy of Management Review, 1987, 17, 76—90.

Dutton, J. E., and Ottensmeyer, E. "Strategic Issue Management Systems: Forms, Functions, and Contexts." Academy of Management Review, 1982, 15 (4), 45—49.

Eadie, D. C., and Steinbacher, R. "Strategic Agenda Management: A Marriage of Organizational Development and Strategic Planning." Public Administration Review, May-June 1985, pp. 434—430.

El Sawy, O. A. Exploring Temporal Perspectives as a Bias to Managerial Attention. Los Angeles: Center for Futures Research. Graduate School of business Administration, University of Southern California, 1985.

Emery, F. E., and Trist, E. L. "Causal Texture of Organizational Environments." Human Relations, 1965, 18 (1), 21—32.

Emshoff, J. Managerial Breakthroughs. New York: American Management Association, 1980.

Engelbert, E. A. "The Professional Competencies of Public Managers." ASPA News & Views, 1974, 23 (7), 7—10.

Etzioni, A. Modern Organizations. Englewood Cliffs, N. J.: Prentice Hall, 1964.

Evered, R. "So What Is Strategy?" Long-Range Planning, 1983, 16 (3), 57—72.

Faust, W. L. "Group vs. Individual Problem Solving." Journal of Abnormal Psychology, 1959, 59, 68−72.

Fiedler, F. "Engineering the Job to Fit the Manager." Harvard business Review, 1965, 43, 115−152.

Filley, A., and Grimes A. J. "The Basis for Power in Decision Processes." Academy of Management Proceedings, Dec. 1967.

Filley, A., House, R., and Kerr, S. Managerial Process and Organizational Behavior. (2nd ed.) Genview, HL.: Scott, Foresman, 1976.

Fleshman, A. "Leader Behavior Descriptions for Industry." In R. M. Stogdill and others (eds.). Leader Behavior: A Description and Measurement. Columbus: Bureau of Business Research, Ohio State University, 1975.

Fredrikson, J. W. "Strategic Process Research: Questions and Recommendations." Academy of Management Review, 1983, 8 (4), 565−575.

Freemna, R. E. Strategic Management: A stakeholder Approach. Boston: Pittman Press, 1984.

French, J., Jr., and Raven, B. H. "The Bases of Social Power." In D. Cartwright, Studies in Social Power. Ann Arbor, Mich.: Institute of Social Research, 1959.

Fryback, D. G., Gustafson, D. H., and Detmer, D. E. "Local priorities for Allocation of Resources: Comparison with the IMU." Inquiry, 1978, 15, 265−274.

Galbraith, C., and Schendel, D. "An Empirical Analysis of Strategy Types." Strategic Management Journal, 1983, 4, 153−173.

Galbraith, J. R. "Matrix Organization Designs." Business Horizons, Feb. 1971, pp. 20−40.

Garfield, C. Peak Performance. New York: Warner Books, 1985.

Garnett, J. L., and Campbell, R. N. "Implementing Governmental Strategies: Models Factors and Games." Paper Presented at National Conference of the American Society for Public Administration, Miami, Apr. 1989.

Gawthrop, L. C. Administrative Politics and Social Change. New York: St. Martin's Press, 1971.

Gilmor, T. N. Making a Leadership Change. San Francisco: Jossey-Bass, 1988.

Gordon, W. J. J. Synectics. New York: HarperCollins, 1961.

Gordon, W. J. J. The Metaphorical Way. Cambridge, Mass.: Propoise, 1971.

Greenblat, K. S., and Duke, R. D. Principles and Practices of Gaming Simulation. Newbury Par, Calif.: Sage, 1981.

Grossman, R. M. "Voting Behavior of HAS Interest Groups: A Case Study." American Journal of Public Health, 1978, 68 (12), 1991−1193.

Gueshka, H. , Shaude, G. R. , and Schlicksupp, H. Modern Techniques of Solving Problems. In Portraits of Complexity Columbus, Ohio: Battelle Memorial Institute, 1975.

Guetzkow, H. "Differentiation of Roles in Task Oriented Groups. " In D. Cartwright and A. Zander (eds.), Group Dynamics: Research and Theory. New York: HarperCollins, 1960.

Guetzkow, H. , and Dill, W. R. Factors in the Development of Task Oriented Groups. Sociometry, 1957, 20, 175－204.

Guetzkow, H. , and Simon, H. "The Impact of Certain Communication Nets upon Organization and Performance in Task Oriented Groups. " Management Science, 1950, 21, 233－350.

Gustafson, D. H. and others. "A comparative Study in Subjective Likelihood Estimates Made by Individuals, Interacting Groups, Delphi Groups and Nominal Groups. " Organizational Behavior and Human Performance, 1973, 9, 280－291.

Halpin, A. W. "The Leadership Behavior and Combat Performance of Airplane Commanders. " Journal of Abnormal and Social Psychology, 1954, 49, 19－22.

Hare, A. P. Handbook of Small Group Research. New York: Free Press, 1962.

Hare, A. P. , Bogatala, E. F. , and Bales, R. F. (eds.) Small Groups: Studies in Social Interaction. New York: Knopf, 1955.

Harrigan, K. R. "Strategies for Declining Industries. " Journal of Business Strategy, f1980, 2, 20－34.

Harrigan, K. R. "Barriers to Entry and Competitive Strategies. " Strategic Management Journal, 1981, 2, 395－412.

Hatten, M. L. "Strategic Management in the Non-profit Organization. " Strategic Management Journal, 1982, 3, 89－104.

Hayes, R. H. "Qualitative Insights from Quantitative Methods. " Harvard Business Review, July-Aug. 1969, pp. 108－117.

Hearn, G. "Leadership and the Spatial Factor in Groups. " Journal of Abnormal Psychology, 1957, 54, 268－272.

Henderson, B. Henderson on Corporate Strategy. Cambridge, Mass. : ABT Books 1979.

Herbert, T. T. , and Yost, E. B. "A comparison of Decision Quality Under Nominal and Interacting Consensus Group Formats: The Case of the Structured Problem. " Decision Sciences, 1979, 10 (3), 358－370.

Hinton, B. L. , and Reitz, H. J. Groups and Organizations: Analysis of Social Behavior. Belmont, Calif. : Wadsworth, 1971.

Hofer, C. , and Schendel, D. Strategy Formulation: Analytical Concepts. St. Paul. Minn. : West, 1978.

Hogarth, R., Judgment and Choice. New York: Wiley, 1980.

Holloman, C. R., and Hendrich, H. W. "Adequacy of Group Decisions as a Function of the Decision Making Process." Academy of Management Journal, 1973, 15, 175-184.

House, R. "Leader Initiating Structure, Performance, Satisfaction, and Motivation: A Review and Theoretical Interpretation." 1974. (Mimeographed.)

Howe, E., and Kaufman, J. "The Ethics of Contemporary American Planning." Journal of the American Planning Association, 1979, 45 (3), 242-255.

Howell, I. T., and Becker, S. W. "Seating Arrangements and Leadership emergence." Journal of Abnormal and Social Psychology, 1962, 64, 148-150.

Huber, G. P., and Delbecq, A. L. "Guidelines for Combining the Judgments of Individual Members in Decision Conferences." Academy of Management Journal, 1972, 15, 159-174.

Jackson, S. B., and Dutton, J. E. "Discerning Threats and Opportunities." Administrative Science Quarterly, 1988, 3 (3), 370-387.

Janis, I. L. Crucial Decisions. New York: Free Press, 1989.

Jantsch, E. Design for Evolution: Self-Organization and Planning in the Life of Systems. New York: Braziller, 1975.

Kaplan, A. The Conduct of Inquiry: Methodology for Behavioral Science. San Francisco: Chandler, 1964.

Keeley. M. "Organizational Analogy: A Comparison of Organizational and Social Contract Model." Administrative Science Quarterly, 1980, 25, 337-362.

Kerlinger, F. N. Foundation of Behavioral Research. (2nd ed.) New York: Holt, Rinehart & Winston, 1967.

Kerr, S. and others. "Toward a Contingency Theory of Leadership Based on Consideration and Interaction Structure Literature." Organizational Behavior and Human Performance, 1974, 12, 63-82.

King, W. R. "Using Strategic Issue Analysis." Long-Range Planning, 1982, 15 (4), 45-49.

King, W. R., and Cleland, C. Strategic Action and Policy. New York: Van Nostrand Reinhold, 1978.

Kingdom, J. W. Agendas, Alternatives and Public Policies. Boston: Little Brown, 1984.

Kolb, D. A. "Problem Management: Learning from Experience." In S. Srivastva and Associates. The Executive Mind: New Insights on Managerial Thought and Action. San Francisco: Jossey-Bass, 1983.

Lawler, E. E. Pay and Organizational Effectiveness: A Psychological View. New York: Wiley, 1971.

Lawrence, P. R. and Dyer, D. M. Renewing American Industry. New York: Free Press, 1983.

Levine, C. H. "Organizational Decline and Cut Back Management." Public Administration Review, July-Aug. 1978, pp. 316—325.

Levine, C. H. and others. "Organizational Design: A Post Minnowbrook Perspective for the New Public Administration." Public Administration Review, July-Aug. 1975, pp. 425—435.

Lewin, K. "Group Decisions and Social Change." In J. E. Maccoby, T. W. Newcomb, and E. Hartley (eds.). Readings in Social Psychology. New York: Holt, Rinehart & Winston, f1958.

Lindblom, C. E. The Intelligence of Democracy: Decision Process Through Adjustment. New York: Free Press, 1965.

Linstone, H. Multiple Perspectives for Decision Making. New York: North Holland, 1984.

Lippitt, M. E., and Mackenzie, K. K. "Authority Task Problems." Administrative Science Quarterly, 1976, 21 (1), 613—660.

Locke, E. A. "Knowledge of Results: A goal Setting Phenomenon." Psychological Bulletin, 1968, 70, 474—485.

Lorange, P. Corporate Planning: An Executive Viewpoint Englewood Cliffs, N. J.: Prentice Hall, 1980.

Lowi, T. The End of Liberalism. New York: Norton, 1969.

Lyles, M. "Formulative Strategic Problems: Empirical Analysis and Model Development." Strategic Management Journal, 1981, 2, 61—73.

Lyles, M., and Mitroff, I. I. "Organizational Problem Formulation: An Empirical Study." Administrative Science Quarterly, 1980, 25, 102—119.

Machiavelli, N. The Prince. L. Ricci, tr. Oxford, England: Oxford University Press, 1952. (Originally published 1903).

Maier, N. R. F "Reasoning in Humans II: The Solution of a Problem and Its Appearances in Consciousness." Journal of Comparative Psychology, f1931, 12, 181—194.

Maier. N. R. F. Problem Solving and Creativity: In Individuals and Groups. Pacific Grove, Calif.: Brooks/Cole, 1970.

Mainzer, L. C. Political Bureaucracy. Glenview, HL: Scott, Foresman, 1973.

March, J. G., and Olsen, J. P. Ambiguity and Choices in Organizations. Bergen, Norway: Universitets for Laget Press, 1976.

March, J, and Simon, H. Organizations. New York: McGraw-Hill, 1958.

Mason, R. "A Dialectic Approach to Strategic Planning." Management Science, 1969, 15 (8), B403—B414.

Mason, R. O., and Mitroff, I. I. Challenging Strategic Planning Assumptions. New York: Wiley-Interscience, 1981.

Meyer, A. D. "Adapting to Environmental Jots." Administrative Science Quarterly, 1982, 27, 515−537.

Miles, R. E. Coffin Nails and Corporate Strategy. Englewood Cliffs, N. J.: Prentice Hall, 1982.

Miles, R. E., and Snow, C. C. Organizational Strategy, Structure and Process. New York: McGraw-Hill, 1978.

Miles, R. E. and others. "Organizational Strategy, Structure, and Process." Academy of Management Review, 1978, 3 (3), 546−562.

Miller, D., and Frisen, P. H. "Archetypes of Strategy Formulation." Management Science, 1978, 24 (9), 921−933.

Millett, J. D. Organization for the Public Service. New York: Van Nostrand Reinhold, 1966.

Milliken, F. V. "Three types of Perceived Uncertainty About the Environment: State, Effect and Response." Academy of Management Review, 1987, 12 (1), 133−143.

Mintzberg, H. The Nature of Managerial Work. New York: Harper-Collins, 1973.

Mintzberg, H. "Planning on the Left Side, Managing on the Right." Harvard Business Review, 1975, July-Aug..

Mintzberg, H. "Patterns in Strategy Formulation." Management Science, 1978, 24, 934−948.

Mintzberg, H. Crafting Strategy. Harvard Business Review, 1987a, July-Aug., 65−75.

Mintzberg, H. "The Strategy Concept I: The Five Ps for Strategy." California Management Review, 1987b, 30 (1).

Mintzberg, H. "The Strategy Concept II: Another Look at Why Organizations Need Strategy." In G. Carroll and D. Vogel (eds.), Organizational Approaches to Strategy. New York: Ballinger, 1987c.

Mintzberg, H., Raisingham, D., and Theoret, A. "The Structure of Unstructured Decision Processes." Administrative Science Quarterly, 1976, 21, 246−275.

Mintzberg, H., and Waters, J. A. "Tracking Strategy in an Entrepreneurial Firm." Academy of Management Journal. 1982, 25 (3), 465−499.

Mitnick, B. The Political Economy of Regulation. New York: Columbia University Press, 1982.

Mitroff, I. I., and Emshoff, J. R. "On Strategic Assumption-making: A Dialectical Approach to Policy and Planning." Academy of Management Review, 1979, 4 (1), 1−12.

Mitroff, I. I., and Kilmann, R. H. "The Stories Managers Tell: A New Tool for Organizational Problem Solving." Management Review, f1975, 64, 18−28.

Mitroff, I., and Kilmann, R. H. Methodological Approaches to Social Science: Integrating Divergent Concepts and Theories. San Francisco: Jossey-Bass, 1978.

Mitroff, I. I., Nelson, J., and Mason, R. O. "On the Management of myth information Systems." Management Science, f1974, 21 (4), 371−382.

Mitroff, I. I., Shrivastra, P., and Udwadia, R. E. "Effective Crisis Management." Academy of Management Executive, 1987, 1 (3) 283−292.

Mohrman, S. "A New Look at Participation in Decision Making: The Concept of Political Access." Academy of Management Proceedings, Aug. 1979.

Mokwa, M., and Permet, S. Government Marketing. New York: Praeger, 1981.

Morgan, G. "Paradigms, Metaphors, and Puzzle Solving in Organizational Theory." Administrative Science Quarterly, 1980, 25, 605−622.

Morgan, G. "Opportunities Arising from Paradigm Diversity." Administration and Society, 1984, 16 (3), 306−327.

Morgan, G. The Image of Organizations. Newbury Park, Calif.: Sage, 1986.

Murray, M. A. "Company Public and Private Management: An Exploratory Essay." In J. L. Perry and K. L. Kraemar (eds.), Public Management: Public and Private Perspectives. Mountain View, Calif.: Mayfield, 1983

Nadler, G. Work Design: A Systems Concept. Homewood, Ill.: Irwin, 1970.

Nadler, G. The Planning and Design Approach. New York: Wiley-Interscience, 1981.

Narayanan, V. K., and Fahey, L. "The Micro Policies of Strategy Formation." Academy of Management Review, 1982, 7 (1), 35−34.

Neustadt, R. E. "American Presidents and Corporate Executives." Paper presented at conference of National Academy of Public Administration, Oct. 1989.

Nisbett, R. And Ross, L. Human Inference: Strategies and Shortcomings of Social Judgment. Englewood Cliffs, N. J.: Prentice Hall, 1980.

Nutt, P. C. "A Field Experiment Which Compared the Effectiveness of Design Methods." Decision Science, 1976a, 7 (4), 739−758.

Nutt, P. C. "The Merits of Using Experts and Consumers as Members of Planning Groups." Academy of Management Journal, 1976b, 19 (3), 378−394.

Nutt, P. C. "An Experimental Comparison of the Effectiveness of Three Planning Methods." Management Science, 1977, 23 (4), 499−511.

Nutt, P. C. "On the Acceptance and Quality of Plans Drawn by Consortiums." Journal of Applied Behavioral Sciences, 1979, 15 (1).

Nutt, P. C. "Comparing Methods to Weight Decision Criteria." Omega: The International Journal of Management Science, 1980a, 8 (2), 163−172.

Nutt, P. C. "On Managed Evaluation Processes." Technical Forecasting and Social Change, 1980b, 4 (17), 313−328.

Nutt, P. C. Evaluation Concepts and Methods. New York: Spectrum, 1982a.

Nutt, P. C. "Hybrid Planning Methods." Academy of Management Review, 1982b, 7 (3), 442−454.

Nutt, P. C. "Implementation Approaches for Planning." Academy of Management Review, 1983, 8, 600−611.

Nutt, P. C. Planning Methods. New York: Wiley, 1984a.

Nutt, P. C. "Types of Organizational Decision Processes." Administrative Science Quarterly, 1984b, 3, 414−450.

Nutt, P. C. "The Tactics of Implementation." Academy of Management Journal, 1986, 29 (2), 230−261.

Nutt, P. C. "Identifying and Appraising How Managers Install Strategy." Strategic Management Journal, 1987, 8, 1−14.

Nutt, P. C. Making Tough Decisions: Tactics for Improving Managerial Decision Making. San Francisco: Jossey-Bass, 1989a.

Nutt, P. C. "Selecting Tactics to Implement Strategic Plans." Strategic Management Journal, 1989b, 10, 145−161.

Nutt, P. C., and Backoff, R. W. "Mutual Understanding and Its Impact on Formulation During Planning." Technological Forecasting and Social Change, 1986, 29, 13−31.

Nutt, P. C., and Backoff, R. W. "The Strategic Management of Public and Third Sector Organizations." American Journal of Planning, 1987, 53, 44−57.

Nutt, P. C., and Backoff, R. W. "Strategic Issues as Tensions." International Journal of Behavioral Science, 1992.

Nutt, P. C., and Hurley, R. "Factors effecting Capital Expenditure Review Decisions." Inquiry, 1981, Summer, 151−164.

Osborn, A. F. Applied Imagination. (3rd ed.) New York: Scribner's, 1963.

Paine, F. T., and Anderson, C. R. "Contingencies Affecting Strategy Formation and Effectiveness." Journal of Management Studies, 1977, 14, 147−158.

Parker, A. W. "The Consumer as a Policy Maker: Issues of Training." American Journal of Public Health, 1970, 60, 2139−2153.

Parnes, S. J. "Effects of Extended Effort in Creative Problem Solving." Journal of educational Psychology, 1961, 52, 117−122.

Parnes, S. J., and Meadow, S. "The Effects of Brainstorming Instructions on Creative Problem Solving by Trained and Untrained Subjects." Journal of Educational Psychology, 1959, 50, 171−176.

Perry, J. I., and Rainey, H. C. "The Public Private Distinction in Organization Theory: A Critique and Research Strategy." Academy of Management Review, 1988, 13 (2), 182−201.

Peters, T. J., and Waterman, R. H. In Search of Excellence: Lessons from America's Best Run Companies. New York: Harper-Collins, 1982.

Pettigrew, A. M. "Strategy Formulation as a Political Process." International studies of Management and Organization, 1977 (7), 78−87.

Pfeffner, J. Power in Organizations. Marshfield, Mass.: Pitman, 1981.

Porter, M. E. Competitive Strategy: Techniques for Analyzing Industries and Competitors. New York: Free Press, 1980.

Porter, M. E. Competitive Advantage. New York: Free Press, 1985.

Posner, M. I. Cognition: On Introduction. Glenview, Ill.: Scott, Foresman, 1973.

Post, J. E., and Epstein, M. C. "Information Systems for Social Reporting." Academy of Management Review, 1977, 2 (1), 81−87.

Quinn, J. B. Strategies for Change: Logical Incrementalism. Homewood, Ill.: Irwin, 1980.

Quinn, R. E. "Applying the Competing Values Approach in Leadership: Toward an Integrating Framework." In M. J. Hunt, R. Stewart, C. Schecieshiem, and D. Hosking (eds.). Managerial Work and Leadership: An International Perspective. Elmsford, N. Y.: Pergamon Press, 1983.

Quinn, R. E. Beyond Rational Management: Mastering the Paradoxes and Competing Demands of High Performance. San Francisco: Jossey-Bass, 1988.

Quinn, R. E., and Cameron, J. "Organizational Life Cycles and Shifting Criteria of Effectiveness." Management Science, 1983, 29 (1), 33−51.

Quinn, R. E., and Cameron, J. Paradox and Transformation. New York: Ballinger, 1988.

Quinn, R. E., and McGrath, M. R. "Moving Beyond the Single Solution Perspective: The Competing Values Approach as a Diagnostic Tool." Journal of Applied Behavioral Science, 1982, 18 (4), 463−472.

Quinn, R. E., and Rohrbaugh, J. "A Spatial Model of Effectiveness Criteria: Towards a Competing Values Approach to Organizational Analysis." Management Science, 1983, 29 (3), 363−377.

Raiffa, H. Decision Analysis: Introductory Lectures on Choices Under Certainty. Reading, Mass.: Addison-Wesley, 1970.

Rainey, H. G. "Public Management: Recent Research on the Political Context and the Managerial Roles, Structures, and Behaviors." Journal of Management, 1989, 15 (2), 229−250,

Rainey, H. G., Backoff, R. W., and Levine, C. H. "Comparing Public and Private Organizations." Public Administration Review, Mar. -Apr. 1976, pp. 233−244.

Ring, P. Strategic Issues: What Are They and Where Do They Come From. In J. Bryson and R. C. Einsweiler (eds.). Strategic Planning, Chicago: American Planning Association, 1988.

Ring, P., and Perry, J. "Strategic Management in Public and Private Organizations: Indications of Distinctive Contexts and Contraints." Academy of Management Review, 1984, 10 (2), 276−286.

Ritti. R. R., and Funkhouser, G. R. The Ropes to Skip and the Ropes to Know: Studies in Organizational Behavior. (3rd ed.) Columbus, Ohio: Grid Publishing, 1987.

Roessner, J. D. "Designing Public Organizations for Innovative Behavior." Paper Presented at Annual Meeting of the Academy of Management. Seattle, Wash., Aug. 1974.

Roessner, J. D. "Incentives to Innovate on Public and Private Organizations: Implications for Public Policy." Administration and Society, 1977, 9k 341−365.

Rothenberg, A. The Emerging Goddess. Chicago: University of Chicago Press, 1979.

Rowe, A. J., Mason, R. O., and Dickel, K. Strategic Management and Business Policy: A Methodological Approach. Reading, Mass.: Addison-Wesley, 1982.

Rubin, M. S. "Sagas, Ventures, Quests and Parlays: A Typology of Strategies in the Public Sector." In J. Bryson and R. Einsweiler (eds.). Strategic Planning. Chicago: American Planning Association, 1988.

Schendel, D. F., and Hofer, C. (eds.). Strategic Management. Boston: Little Brown, 1979.

Schlisinger, L., Jackson, S. M., and Butman, J. "Leader Member Interaction in Management Committees." Journal of Abnormal and Social Psychology, 1960, 61, 350−354.

Schon, D. A. The Effective Practitioner: How Professionals Think in Action. New York: Basic Books, 1983.

Schreisheim, C. J., Tolliver, J. M., and Behling, O. C. "Leadership: Some Organizational and Managerial Implications." In P. Hersey and J. Stinson (eds.). Perspectives in Leader Effectiveness. Athens, Ohio: Center for Leadership Studies, 1980.

Schultze, C. L. "The Role of Incentives, Penalties and Rewards on Altering Effective Policy." In R. Havenon and J. Margolis (eds.). Public Expenditures and Policy analysis. Chicago: Markham, 1970.

Schumaker, E. F. A Guide for the Perplexed. New York: Harper-Collins, 1977.

Scott, W. E., and Cummings, L. I. Readings in Organizational Behavior. (Rev. ed.) Homewood, Ill. : Irwin, 1973.

Selznick, P. TVA and the Grass Roots. Berkeley: University of California Press, 1949.

Simon, H. A. Administrative Behavior. New York: Macmillan, 1947.

Simon, H, A. The New Science of Management Decision. (Rev. ed.) Englewood Cliffs, N. J. : Preneice Hall, 1977.

Simon, H. A. , and Newell, A. "Human Problem Solving: The State of the Art in 1970. " American Psychologist, 1971, 26 145−159.

Simon, M. A. , Understanding Human Action. Albany: State University of New York Press, 1982.

Skinner, B. F. Contingencies of Reinforcement. East Norwalk, Conn. : Appleton and Lange, 1969.

Smart, C. , and Vertinsky, I. "Designs for Crisis Decision Units. " Administrative Science Quarterly, 1977, 22, 640−657.

Sommers, R. "Further Studies on Small Group Ecology. " Sociometry, 1965, 28, 337−340.

Sorensen, T. C. Kenndy. New York: Harper-Collins, 1966.

Souder, W. E. Management Decision Methods for Managers of Engineering and Research. New York: Van Nostrand Reinhold. 1980.

Stahl. O. G. Public Personnel Administration. New York: Harper-Collins, 1971.

Staw, B. M. "Nationality and Justification on Organizational Life. " On B. M. Staw and I. , Cumming (eds.). Research in Organizational Behavior: An Annual Series of Analytical Essays and Critical Reviews. Vol. 2. Greenwich, Conn. : JAI Press, 1980.

Staw, B. M. , Sandelands, L. , and Dutton, J. E. "Treat-Rigidity Cycles in Organizational Behavior. " Administrative Science Quarterly, 1981, 26 (4), 501−524.

Stein, M. I. Stimulating Creativity. Orlando, Fla. : Academic Press, 1975

Steiner, G. Top Management Planning. (Rev. Ed.) New York: Macmillan, 1979.

Steiner, G. A. Strategic Planning. New York: Free Press, 1979.

Stephenson, W. The Study of Behavior. Chicago: University of Chicago Press, 1953.

Stogdill, R. M. Individual Behavior and Group Achievement. New York: Oxford University Press, 1969.

Stogdill, R. M. , and Coons, A. E. (eds.). Leader Behavior: Its Description and Measurement. Monograph, No. 88. Columbus: Bureau of Business Research, Ohio State University, 1975.

Strumpf, S. A, Zand, D. E. , and Freeman, R. D. "Designing Groups for Judgmental Decisions. " Academy of Management Review, 1979, 4 (4), 589–600.

Suchman, E. A. Evaluation Research: Principles and Practice in Public Service Organizations. Newbury Park, Calif. : Sage, 1967.

Sudman, S. , and Bradburn, N. N. Asking Questions: A Practical Guide to Questionnaire Design. San Francisco: Jossey-Bass, 1982.

Sussman, L. , and Herden, R. P. "Dialectic Problem Solving. " Business Horizons, Fall 1985.

Thibaut, J. W. , and Kelley, H. H. The Social Psychology of Groups. New York: Wiley, 1959.

Thompson, J. D. "Common and Uncommon Elements on Administration. " Social Welfare Reform, Summer 1962, pp. 181–201.

Thompson, J. D. Organization in Action. New York: McGrawHill, 1967.

Tichy, N. M. Managing Strategic Change: Technical, Political and cultural Dynamics. New York: Wiley-Interscience, 1983.

Toulmin, S. Knowing and Acting: An Invitation to Philosophy. New York: Macmillan, 1979.

Tversky, A. , and Kahneman, D. "the framing of a Decision and the Psychology of choice. " Science, 1974, 211, 453–458.

Tversky, A. , and Kahneman, D. "Judgment Under Uncertainty: Heuristic and Beasis. " 1985, 185, 1124–1131.

Van de Ven, A. H. , and Delbecq, A. L. "Nominal Versus Interacting Group Process Effectiveness for Committee Decision Making. " Academy of Management Journal, 1974, 14 (2), 203–217.

Van de Ven, A. H. , and Poole, M. S. "Paradoxical Requirements for a Theory of Organizational Change. " In R. Quinn and K. Cameron (eds.). Paradox and Transformation: Toward a Theory of Change in Organization and Management. New York: Ballinger, 1987.

Vanston, J. H. , Jr. , Frisbie, W. P. , Iopreato, S. C. , and Poston, D. L. , Jr. "Alternative scenario Planning. " Technological Forecasting and Social Change, 1977, 10, 159–180.

Volkema, R. J. "Problem Formulation as a Purposive Activity. " Strategic Management Journal, 1986, 7 (3), 267–279.

Wamsley, G. , and Zald, M. N. The Political Economy of Public Organizations. Lexington, Mass. : D. C. Heath, 1973.

Warfield, J. N. Social Systems. New York: Wiley, 1976.

Warwick, D. A Theory of Public Bureaucracy. Cambridge, Mass. : Harvard University Press, 1975.

Wechsler, B. , and Backoff, R. W. "The Dynamics of Strategy in Public Organizations." In J. Bryson and R. C. Einsweiler (eds.). Strategic Planning. Chicago: American Planning Association, 1986.

Wechsler, B. , and Backoff, R. W. "Policy Making and Administration in State Agencies: Strategic Management Approaches." Public Administration Review, July-Aug, 1988, pp. 321-327.

Weick, K. The Social Psychology of Organizing. Reading, Mass. : Addison-Wesley, 1979.

Winberg, M. W. "Managing the Public Portfolio: Strategic Perspectives from the Private Sector." Association of Public Policy Management, Sept. 1986, Austin, Tex.

Weiss, H. L. "Why Business and Government Exchange Executives." Harvard Business Review, July-Aug. 1974, pp. 120-140.

Wheatley, W. J. , Anthony, W. P. , and Maddox, E. N. Enhancing Strategic Planning Through the Utilization of Guided Imagery. Florida State University, Tallahassee, 1987 (mimeographed).

Wildavsky, A. "Rescuing Policy Analysis for PPBS." Public Administration Review, Mar. Apr. 1969, pp. 189-202.

Wildavsky, A. Speaking Truth to Power. Boston: Little Brown, 1979.

Woll, P. American Bureacracy. New York: Norton, 1963.

Wortman, M. S. , Jr. "Strategic Management on Not for Profit Organizations. In D. E. Schendel and C. Hofer (eds.). Strategic Management. Boston: Little Brown, 1979.

Ziller, R. C. "Group Size: A Determinant of the Quality and Stability of Group Decisions." Sociometry, 1956, 20, 165-173.

Zwicky, F. Discovery, Invention, and Research Through the Morphological Approach. New York: Macmillan, 1968.

人大版公共管理类翻译（影印）图书

公共行政与公共管理经典译丛

书名	著译者	定价
公共管理名著精华："公共行政与公共管理经典译丛"导读	吴爱明　刘晶　主编	49.80 元

经典教材系列

书名	著译者	定价
公共管理导论（第四版）	［澳］欧文·E·休斯　著 张成福　马子博　等　译	48.00 元
政治学（第三版）	［英］安德鲁·海伍德　著 张立鹏　译	49.80 元
公共政策分析导论（第四版）	［美］威廉·N·邓恩　著 谢明　等　译	49.00 元
公共政策制定（第五版）	［美］詹姆斯·E·安德森　著 谢明　等　译	46.00 元
公共行政学：管理、政治和法律的途径（第五版）	［美］戴维·H·罗森布鲁姆　等　著 张成福　等　译校	58.00 元
比较公共行政（第六版）	［美］费勒尔·海迪　著 刘俊生　译校	49.80 元
公共部门人力资源管理：系统与战略（第六版）	［美］唐纳德·E·克林纳　等　著 孙柏瑛　等　译	58.00 元
公共部门人力资源管理（第二版）	［美］埃文·M·伯曼　等　著 萧鸣政　等　译	49.00 元
行政伦理学：实现行政责任的途径（第五版）	［美］特里·L·库珀　著 张秀琴　译　音正权　校	35.00 元
民治政府：美国政府与政治（第 23 版·中国版）	［美］戴维·B·马格莱比　等　著 吴爱明　等　编译	58.00 元
比较政府与政治导论（第五版）	［英］罗德·黑格　马丁·哈罗普　著 张小劲　等　译	48.00 元
公共组织理论（第五版）	［美］罗伯特·B·登哈特　著 扶松茂　丁力　译　竺乾威　校	32.00 元
公共组织行为学	［美］罗伯特·B·登哈特　等　著 赵丽江　译	49.80 元
组织领导学（第七版）	［美］加里·尤克尔　著 丰俊功　译	78.00 元
公共关系：职业与实践（第四版）	［美］奥蒂斯·巴斯金　等　著 孔祥军　等　译　郭惠民　审校	68.00 元
公用事业管理：面对 21 世纪的挑战	［美］戴维·E·麦克纳博　著 常健　等　译	39.00 元
公共预算中的政治：收入与支出，借贷与平衡（第四版）	［美］爱伦·鲁宾　著 叶娟丽　马骏　等　译	39.00 元
公共行政学新论：行政过程的政治（第二版）	［美］詹姆斯·W·费斯勒　等　著 陈振明　等　译校	58.00 元
公共部门战略管理	［美］保罗·C·纳特　等　著 陈振明　等　译校	49.00 元
公共行政与公共事务（第十版）	［美］尼古拉斯·亨利　著 孙迎春　译	52.00 元
案例教学指南	［美］小劳伦斯·E·林恩　著 郑少健　等　译　张成福　等　校	39.00 元
公共管理中的应用统计学（第五版）	［美］肯尼思·J·迈耶　等　著 李静萍　等　译	49.00 元

书名	著译者	定价
现代城市规划（第五版）	[美] 约翰·M·利维 著 张景秋 等 译	39.00 元
非营利组织管理	[美] 詹姆斯·P·盖拉特 著 邓国胜 等 译	38.00 元
公共财政管理：分析与应用（第六版）	[美] 约翰·L·米克塞尔 著 白彦锋 马蔡琛 译 高培勇 等 校	69.90 元
公共行政学：概念与案例（第七版）	[美] 理查德·J·斯蒂尔曼二世 编著 竺乾威 等 译	75.00 元
公共管理研究方法（第五版）	[美] 伊丽莎白森·奥沙利文 等 著 王国勤 等 译	79.00 元
公共管理中的量化方法：技术与应用（第三版）	[美] 苏珊·韦尔奇 等 著 郝大海 等 译	39.00 元
公共部门绩效评估	[美] 西奥多·H·波伊斯特 著 肖鸣政 等 译	45.00 元
公共管理的技巧（第九版）	[美] 乔治·伯克利 等 著 丁煌 主译	59.00 元
领导学：理论与实践（第五版）	[美] 彼得·G·诺斯豪斯 著 吴爱明 陈爱明 陈晓明 译	48.00 元
领导学（亚洲版）	[新加坡] 林志颂 等 著 顾朋兰 等 译 丁进锋 校译	59.80 元
领导学：个人发展与职场成功（第二版）	[美] 克利夫·里科特斯 著 戴卫东 等 译 姜雪 校译	69.00 元
二十一世纪的公共行政：挑战与改革	[美] 菲利普·J·库珀 等 著 王巧玲 李文钊 译 毛寿龙 校	45.00 元
行政学（新版）	[日] 西尾胜 著 毛桂荣 等 译	35.00 元
比较公共行政导论：官僚政治视角（第六版）	[美] B·盖伊·彼得斯 著 聂露 李姿姿 译	49.80 元
理解公共政策（第十二版）	[美] 托马斯·R·戴伊 著 谢明 译	45.00 元
公共政策导论（第三版）	[美] 小约瑟夫·斯图尔特 等 著 韩红 译	35.00 元
公共政策分析：理论与实践（第四版）	[美] 戴维·L·韦默 等 著 刘伟 译校	68.00 元
公共政策分析案例（第二版）	[美] 乔治·M·格斯 保罗·G·法纳姆 著 王军霞 贾洪波 译 王军霞 校	待出
公共危机与应急管理概论	[美] 迈克尔·K·林德尔 等 著 王宏伟 译	59.00 元
公共行政导论（第六版）	[美] 杰伊·M·沙夫里茨 等 著 刘俊生 等 译	65.00 元
城市管理学：美国视角（第六版·中文修订版）	[美] 戴维·R·摩根 等 著 杨宏山 陈建国 译 杨宏山 校	56.00 元
公共经济学：政府在国家经济中的作用	[美] 林德尔·G·霍尔库姆 著 顾建光 译	69.80 元
公共部门管理（第八版）	[美] 格罗弗·斯塔林 著 常健 等 译 常健 校	75.00 元

学术前沿系列

书名	著译者	定价
新公共服务：服务，而不是掌舵（第三版）	[美] 珍妮特·V·登哈特 罗伯特·B·登哈特 著 丁煌 译 方兴 丁煌 校	39.00 元
议程、备选方案与公共政策（第二版·中文修订版）	[美] 约翰·W·金登 著 丁煌 方兴 译 丁煌 校	待出

书名	著译者	定价
政策分析八步法（第三版）	[美] 尤金·巴达克 著 谢明 等 译	待出
新公共行政	[美] H·乔治·弗雷德里克森 丁煌 方兴 译 丁煌 校	23.00 元
公共行政的精神（中文修订版）	[美] H·乔治·弗雷德里克森 著 张成福 等 译 张成福 校	48.00 元
官僚制内幕（中文修订版）	[美] 安东尼·唐斯 著 郭小聪 等 译	待出
民营化与公私合作伙伴关系	[美] E.S. 萨瓦斯	待出
后现代公共行政：话语指向（中文修订版）	[美] 查尔斯·J·福克斯 等 著 楚艳红 等 译 吴琼 校	38.00 元
公共行政的合法性：一种话语分析（中文修订版）	[美] O.C. 麦克斯怀特 著 吴琼 译	45.00 元
公共行政的语言：官僚制、现代性和后现代性（中文修订版）	[美] 戴维·约翰·法默尔 著 吴琼 译	待出
领导学	[美] 詹姆斯·麦格雷戈·伯恩斯 著 常健 孙海云 等 译 常健 校	69.00 元
官僚经验：后现代主义的挑战（第五版）	[美] 拉尔夫·P·赫梅尔 著 韩红 译	39.00 元
制度分析：理论与争议（第二版）	[韩] 河连燮 著 李秀峰 柴宝勇 译	48.00 元
公共服务中的情绪劳动	[美] 玛丽·E·盖伊 等 著 周文霞 等 译	38.00 元
预算过程中的新政治（第五版）	[美] 阿伦·威尔达夫斯基 等 著 苟燕楠 译	58.00 元
公共行政中的价值观与美德：比较研究视角	[荷] 米歇尔·S·德·弗里斯 等 主编 熊缨 耿小平 等 译	58.00 元

政府治理与改革系列

书名	著译者	定价
公共决策中的公民参与	[美] 约翰·克莱顿·托马斯 著 孙柏瑛 等 译	28.00 元
再造政府	[美] 戴维·奥斯本 等 著 谭功荣 等 译	45.00 元
构建虚拟政府：信息技术与制度创新	[美] 简·E·芳汀 著 邵国松 译	32.00 元
突破官僚制：政府管理的新愿景	[美] 麦克尔·巴泽雷 著 孔宪遂 等 译	25.00 元
政府未来的治理模式（中文修订版）	[美] B·盖伊·彼得斯 著 吴爱明 等 译 张成福 校	38.00 元
无缝隙政府：公共部门再造指南（中文修订版）	[美] 拉塞尔·M·林登 著 汪大海 等 译	48.00 元
公民治理：引领 21 世纪的美国社区（中文修订版）	[美] 理查德·C·博克斯 著 孙柏瑛 等 译	38.00 元
持续创新：打造自发创新的政府和非营利组织	[美] 保罗·C·莱特 著 张秀琴 译 音正权 校	28.00 元
政府改革手册：战略与工具	[美] 戴维·奥斯本 等 著 谭功荣 等 译	59.00 元
公共部门的社会问责：理念探讨及模式分析	世界银行专家组 著 宋涛 译校	28.00 元

书名	著译者	定价
公私合作伙伴关系：基础设施供给和项目融资的全球革命	［英］达霖·格里姆赛 等 著 济邦咨询公司 译	29.80 元
非政府组织问责：政治、原则与创新	［美］丽莎·乔丹 等 主编 康晓光 等 译 冯利 校	32.00 元
市场与国家之间的发展政策：公民社会组织的可能性与界限	［德］康保锐 著 隋学礼 译校	49.80 元
建设更好的政府：建立监控与评估系统	［澳］凯思·麦基 著 丁煌 译 方兴 校	30.00 元

公共管理实务系列

书名	著译者	定价
新有效公共管理者：在变革的政府中追求成功（第二版）	［美］史蒂文·科恩 等 著 王巧玲 等 译 张成福 校	28.00 元
驾御变革的浪潮：开发动荡时代的管理潜能	［加］加里斯·摩根 著 孙晓莉 译 刘霞 校	22.00 元
自上而下的政策制定	［美］托马斯·R·戴伊 著 鞠方安 等 译	23.00 元
政府全面质量管理：实践指南	［美］史蒂文·科恩 等 著 孔宪遂 等 译	25.00 元
公共部门标杆管理：突破政府绩效的瓶颈	［美］帕特里夏·基利 等 著 张定淮 译校	28.00 元
创建高绩效政府组织：公共管理实用指南	［美］马克·G·波波维奇 主编 孔宪遂 等 译 耿洪敏 校	23.00 元
职业优势：公共服务中的技能三角	［美］詹姆斯·S·鲍曼 等 著 张秀琴 译 音正权 校	19.00 元
全球筹款手册：NGO 及社区组织资源动员指南（第二版）	［美］米歇尔·诺顿 著 张秀琴 等 译 音正权 校	39.80 元

公共政策经典译丛

书名	著译者	定价
公共政策评估	［美］弗兰克·费希尔 著 吴爱明 等 译	38.00 元
公共政策工具——对公共管理工具的评价	［美］B·盖伊·彼得斯 等 编 顾建光 译	29.80 元
第四代评估	［美］埃贡·G·古贝 等 著 秦霖 等 译 杨爱华 校	39.00 元
政策规划与评估方法	［加］梁鹤年 著 丁进锋 译	39.80 元

当代西方公共行政学思想经典译丛

书名	编译者	定价
公共行政学中的批判理论	戴黍 牛美丽 等 编译	29.00 元
公民参与	王巍 牛美丽 编译	45.00 元
公共行政学百年争论	颜昌武 马骏 编译	49.80 元
公共行政学中的伦理话语	罗蔚 周霞 编译	45.00 元

公共管理英文版教材系列

书名	作者	定价
公共管理导论（第四版）	〔澳〕Owen E. Hughes（欧文·E·休斯）著	45.00 元
理解公共政策（第十二版）	〔美〕Thomas R. Dye（托马斯·R·戴伊）著	34.00 元
公共行政学经典（第五版）	〔美〕Jay M. Shafritz（杰伊·M·莎夫里茨）等 编	59.80 元
组织理论经典（第五版）	〔美〕Jay M. Shafritz（杰伊·M·莎夫里茨）等 编	46.00 元
公共政策导论（第三版）	〔美〕Joseph Stewart, Jr.（小约瑟夫·斯图尔特）等 著	35.00 元
公共部门管理（第九版·中国学生版）	〔美〕Grover Starling（格罗弗·斯塔林）著	59.80 元
政治学（第三版）	〔英〕Andrew Heywood（安德鲁·海伍德）著	35.00 元
公共行政导论（第五版）	〔美〕Jay M. Shafritz（杰伊·M·莎夫里茨）等 著	58.00 元
公共组织理论（第五版）	〔美〕Robert B. Denhardt（罗伯特·B·登哈特）著	32.00 元
公共政策分析导论（第四版）	〔美〕William N. Dunn（威廉·N·邓恩）著	45.00 元
公共部门人力资源管理：系统与战略（第六版）	〔美〕Donald E. Klingner（唐纳德·E·克林纳）等 著	48.00 元
公共行政与公共事务（第十版）	〔美〕Nicholas Henry（尼古拉斯·亨利）著	39.00 元
公共行政学：管理、政治和法律的途径（第七版）	〔美〕David H. Rosenbloom（戴维·H·罗森布鲁姆）等 著	68.00 元
公共经济学：政府在国家经济中的作用	〔美〕Randall G. Holcombe（林德尔·G·霍尔库姆）著	62.00 元
领导学：理论与实践（第六版）	〔美〕Peter G. Northouse（彼得·G·诺斯豪斯）著	45.00 元

更多图书信息，请登录 www. crup. com. cn/gggl 查询，或联系中国人民大学出版社政治与公共管理出版分社获取

地址：北京市海淀区中关村大街甲 59 号文化大厦 1202 室　　邮编：100872

电话：010－82502724　　　　　　　　　　　　　　　传真：010－62514775

E-mail：ggglcbfs@vip. 163. com　　　　　　　　　　网站：http：//www. crup. com. cn/gggl

Strategic Management of Public and Third Sector Organizations: A Handbook for Leaders, 1st edition, 2nd printing

Paul C. Nutt, Robert W. Backoff

Copyright © 1992 by Jossey-Bass Inc. Publishers

CHINESE SIMPLIFIED language edition © 2016 by CHINA RENMIN UNIVERSITY PRESS

图书在版编目（CIP）数据

公共部门战略管理/（美）保罗·C·纳特，（美）罗伯特·W·巴可夫著；陈振明等译校. —北京：中国人民大学出版社，2016.8

（公共行政与公共管理经典译丛. 经典教材系列）

"十三五"国家重点出版物出版规划项目

ISBN 978-7-300-23032-0

Ⅰ.①公… Ⅱ.①保…②罗…③陈… Ⅲ.①公共管理-战略管理-教材 Ⅳ.①D035

中国版本图书馆 CIP 数据核字（2016）第 145823 号

公共行政与公共管理经典译丛

经典教材系列

"十三五"国家重点出版物出版规划项目

公共部门战略管理

[美] 保罗·C·纳特（Paul C. Nutt）

　　　罗伯特·W·巴可夫（Robert W. Backoff）　著

陈振明　等　译校

Gonggong Bumen Zhanlüe Guanli

出版发行	中国人民大学出版社		
社　　址	北京中关村大街 31 号	**邮政编码**	100080
电　　话	010 - 62511242（总编室）	010 - 62511770（质管部）	
	010 - 82501766（邮购部）	010 - 62514148（门市部）	
	010 - 62515195（发行公司）	010 - 62515275（盗版举报）	
网　　址	http://www.crup.com.cn		
	http://www.ttrnet.com（人大教研网）		
经　　销	新华书店		
印　　刷	北京鑫丰华彩印有限公司		
规　　格	185 mm×260 mm　16 开本	**版　次**	2016 年 8 月第 1 版
印　　张	19.75 插页 2	**印　次**	2016 年 8 月第 1 次印刷
字　　数	412 000	**定　价**	49.00 元